W0334327

»What if I fall?«

»Oh, but my darling.

What if you fly?«

Dieses Buch ist für all jene, die fälschlicherweise glauben,
dass sie nicht genug sind und es nicht verdient haben,
glücklich zu sein.

KAPITEL 1

Oh Mann, schon wieder erst nach dem 3. Snooze aufgewacht. Ich blicke verschlafen und mit brummendem Schädel auf mein Handy, schon kurz vor Sieben! Dabei wollte ich doch eigentlich um sechs Uhr aufstehen und mit einer heißen Tasse Kaffee und in Ruhe in den Tag starten. Zwar nicht auf dem Balkon, dafür ist es Anfang November in Berlin schon empfindlich zu kalt, aber schön eingekuschelt auf dem Sofa. Hmhmm…

Stattdessen fällt mir siedend heiß ein, dass ich gestern Abend vergessen habe die Wäsche aufzuhängen. Die liegt jetzt also noch in der Waschmaschine. Shit. Meine Großtante würde gleich schon wieder anfangen von Schimmelflecken zu erzählen, aber das bringt mich auch nicht weiter. Schlimmer ist, nach einer Nacht in der Waschmaschine hilft selbst das Knitterfrei-Label bei den Blusen nicht mehr. Das funktioniert meiner Erfahrung nach nämlich nur, wenn es zeitnah aufgehängt wird.

Mist, Mist, Mist. Ohne die getrocknete Wäsche, habe ich jetzt nichts Passendes anzuziehen für das Meeting heute. Meine Kopfschmerzen melden sich zurück und ich bin noch nicht mal aufgestanden. Stattdessen zeigt mir mein Telefon jetzt 7:03 und ich spüre förmlich, wie es mich höhnisch auslacht.

Also jetzt aber. Als erstes ins Bad, Zähneputzen und wach werden. Was mir da im Spiegel entgegenschaut, gefällt mir gar nicht. Wie kann man bitteschön mit 28 sowohl die ersten

Falten haben, als auch noch Unreinheiten? Ich dachte, es gäbe nach der Pubertät einen Zeitraum zwischen Pickeln und Falten.

Also erst mal meine Feuchtigkeitscreme benutzen, für die eindeutig zu viel Anteil meines Gehalts drauf geht. Am besten auch noch das Augenserum, damit ich etwas frischer aussehe. Concealer, Puder und Wimperntusche folgen.

Schon irgendwie komisch, dass ich mich nicht vollständig fühle, wie nackt, wenn ich ungeschminkt bin. Letztens erst habe ich in einem Artikel gelesen, mehr als 90% aller Frauen würden eher ein 1. Date absagen, als ungeschminkt zu diesem zu gehen. Paradox, es gab als Kind Zeiten, da habe ich mir über so etwas keine Gedanken gemacht und mich genauso gut gefühlt, wie ich war. Und...

Emily, mit dieser Träumerei kommen wir hier nicht weiter. Erst mal pragmatisch, alles im Bad erledigt? Ok, dann müssen wir uns jetzt um die Outfit-Frage kümmern. Meine Lieblingsbluse, die mir Sicherheit vermittelt, ist noch nass. Souveränität ist etwas, das ich heute dringend benötige, wenn unser neuer Chef uns auf Herz und Nieren testen will und vor dem ich eine Präsentation halten werde. Mit der Bluse sieht meine favorisierte Jeans für heute schick und angemessen aus, mit anderen von meinen Oberteilen eher leger. Man sollte meinen, dass ich das mittlerweile besser drauf habe.

Stattdessen stehe ich kritisch vorm Spiegel und beäuge meinen Bauch in der eng anliegenden türkisfarbenen Bluse. Vielleicht hätte ich in letzter Zeit etwas weniger Schokolade, Kekse und Eis essen sollen? Aber nach einem langen Tag im Gericht und der Kanzlei, ist etwas Süßes zu genießen eines der Dinge, auf die ich mich freue und eine Belohnung. Jetzt habe ich aber keine Zeit weiter darüber nachzugrübeln, so bleibe ich. Ich muss nun in meinen hohen Schuhen zur Bahn laufen, weil das ganze Umziehen, bis ich einigermaßen zufrieden war, mir zu viel Zeit gekostet hat. Schon wieder. Ich fange an, mich über mich selbst zu ärgern. Jeden Tag will ich früher aufstehen. In Ruhe frühstücken, teilt mir mein knurrender Magen mit. Eine Tasse Kaffee trinken, meldet mein Gehirn. Aber nein, dafür renne ich wieder völlig abgehetzt durch die Straßen von Berlin.

Ein kleiner Junge mit Schulranzen sieht mich stirnrunzelnd an, als ich hechelnd an der Ampel Luft hole. Endlich, ich sehe schon die Haltestellenschilder vom Innsbrucker Platz. Gleich geschafft. Oh nein, das kann doch nicht wahr sein!

Ich sehe die S-Bahn einfahren. Ich versuche nochmal alles zu geben, höre das Geräusch der sich schließenden Türen, während ich die Treppen hoch sprinte und... es ist zu spät. Das war klar, das passt alles zu diesem Tag. Die nächste kommt zwar in 10 Minuten, aber es bedeutet trotzdem, dass ich nicht mehr pünktlich komme.

Und schon wieder beginne ich mir selber Vorwürfe zu machen, was für ein Versager ich bin. Wie konnte ich es nur so weit kommen lassen? Ich kann einfach gar nichts, noch nicht mal mich morgens um mich selbst kümmern. Von meinen transpirierenden Achselhöhlen ganz zu schweigen. Jetzt wo ich stehe, kommt mir der Schweiß aus allen Poren.

Ich ziehe meinen Trenchcoat aus und suche meine Wasserflasche in der Tasche. Oh nein, typisch Emily. Vergessen. Also in den sauren Apfel beißen und eine aus dem Automaten kaufen? Oder bis zum Meeting abwarten und dort wie eine Verdurstende alles trinken, was mir in die Hände kommt?

Eindeutiger Fall, hier kaufen. Ich krame weiter in meiner Handtasche, wo sich fast alles befindet, was man jemals gebrauchen könnte, außer meiner Brieftasche. Das gibt es doch jetzt nicht! Ich habe sie doch nicht aus meiner Tasche geräumt nach der Arbeit gestern. Ich war doch gestern

Abend nirgends… Oder? Während der Zug einfährt, dämmert es mir langsam. Ich habe mein Portemonnaie für meine Kreditkartendaten gebraucht, um mir den neuen Sofa-Vorleger zu bestellen, der mir so gut gefallen hat. Es liegt wahrscheinlich noch auf meinem Wohnzimmertisch. Also jetzt Schwarzfahren, oder nochmal zurück und weitere mindestens 20 Minuten zu spät kommen?

Die Türen der eben eingefahrenen Bahn öffnen sich und ich steige kurzentschlossen ein. Kritisch betrachte ich alle Passagiere in dem Waggon. Seit ein paar Jahren, gibt es von der Berliner-Verkehrs-Gesellschaft (BVG) auch Kontrolleure in Zivil, was ich grundsätzlich gut finde, aber jetzt gerade gar nicht gebrauchen kann.

Gott sei Dank nur eine Station. Südkreuz. Ich springe geradezu aus der S-Bahn und mache weiter mit dem Morgensport, indem ich zur nächsten S-Bahn Richtung Mitte sprinte. Diesmal habe ich Glück. Es fährt gerade eine ein, in die ich direkt einsteigen kann. Nach Yorckstraße fährt die S-Bahn unterirdisch. Noch zwei Stationen, gleich geschafft.

»Fahrkarten bitte!« tönt es in dem Moment von der Mitte des Waggons. Das kann doch jetzt nicht sein! Zwei Leute noch vor mir, beide mit Fahrkarte. Der Kontrolleur, ein junger Mann, etwa 1,85 m, dunkle Haare, braune Augen und mit einem leichten Bartschatten sieht mich auffordernd an, als ich nicht reagiere. Ich wäge noch meine Möglichkeiten ab. Bis Anhalter Bahnhof warten und herausrennen? Aber ich bin nicht so schnell in den Schuhen. Anfangen zu kramen? Nein, dafür habe ich schon zu lange gewartet. Betteln? Nein, dafür habe ich zu viel Stolz. Los, ich schaffe das!

»Es tut mir leid…« beginne ich und sehe wie sein bisheriges Lächeln etwas kleiner wird, was eigentlich schade ist. »Ich habe meine komplettes Portemonnaie vergessen und eigentliche eine Jahreskarte, gleich aber ein wichtiges Mee...« Er lässt mich nicht weiter sprechen.

»Ja ja, wichtig ist es immer bei allen. Na, dann kommen Sie mal mit.« Er gibt seinem Partner ein Zeichen und wie als wäre es geplant, gehen die Türen auf und wir sind am Anhalter Bahnhof. Er steigt aus und fordert mich auf zu folgen. Ich blicke mich um, sein Kollege in der Bahn sieht mich direkt an. Mir bleibt wohl nichts anderes übrig, als ihm hinterherzulaufen. Wir bleiben stehen und er richtet wieder das Wort an mich.

»Wenn sie wirklich eine Jahreskarte haben, dann müssen sie die nur beim BVG-Hauptcenter Ostkreuz vorzeigen und 7 Euro Bearbeitungsgebühr zahlen, ansonsten natürlich 60 Euro Strafe.« Das wusste ich gar nicht. »So oder so, muss ich erst mal Ihre Daten erfassen. Sie sind?«

»Emily Roberts, ich wohne in Nymphenburgerstraße 7, 10825 Berlin.«

»Ihre Handynummer?«, fragt er weiter.

»Wofür brauchen sie diese?«, gebe ich verwundert zurück.

»Darüber bekommen sie das digitale Ticket mit der Vorgangsnummer zum Vorzeigen.« Er lächelt mich an. Eigentlich sieht er ganz sympathisch aus, jetzt wo das Adrenalin etwas nachlässt und ich wieder über sowas nachdenken kann.

Ich bin überrascht, nur wenige Sekunden nach Diktieren der Nummer, erhalte ich den Vorgang und er entlässt mich. Davor hatte ich jetzt so viel Angst? Nur kann ich jetzt natürlich nicht in die nächste Bahn und das macht auch kaum Sinn, da diese erst in sieben Minuten kommt, in der Zeit bin ich schon ins Büro gelaufen.

Nur macht die Bahnhofsuhr mir auch klar, dass in diesem Moment das Meeting beginnt. Ich beginne wieder zu rennen, verlangsame den Schritt nur, um dem Kontrolleur kurz zuzuwinken. Wieder über der Erde, haste ich an meinem Stammbäcker vorbei, wo ich sonst morgens mein Frühstücksteilchen und den Kaffee hole. Sofort beginnt wieder die Stimme in mir, mich für mein Verhalten runterzumachen. Ich versuche es auszublenden, aber es fällt sehr schwer.

›Schon schlimm genug, dass ich meist so ungesund mit Zuckerkram in den Tag starte, aber selbst dafür habe ich jetzt keine Zeit. Was kann ich denn eigentlich? Ich würde mal sagen, das sind beste Voraussetzungen, so unterzuckert in das Meeting zu starten, um es vor allen zu versauen. Das wird eine super Show, wenn ich da gleich noch umkippe, nach dem Rennen heute früh.‹ Die Stimme trieft nur so vor Ironie.

Aber dafür habe ich jetzt keine Zeit, ich muss meinen Atem und Puls beruhigen, denn in diesem Moment erreiche ich das Hauptgebäude. Parallel versuche ich mein Outfit und Haare zu richten, bevor mich Paul, unser Empfangsmitarbeiter, freundlich begrüßt. Ich nicke ihm kurz zu und eile zu den Aufzügen, wo ich die Taste betätige. Als der Aufzug endlich kommt, steige ich ein und drücke den Knopf für Etage Nr.11.

Die Aufzugtüren sind sich schon am Schließen, als noch jemand mit in den Aufzug schlüpft. Wir nicken uns kurz zu, bevor er einen Blick auf die Leiste der Etagenknöpfe wirft und keinen weiteren drückt. Ein Mann ›in den besten Jahren‹, gepflegtes Erscheinungsbild, der Anzug sieht maßangefertigt aus. Dunkelgraues Jackett, hellblaues Hemd und elegante Lederschuhe. Graue Haare, die ihm und seinen blauen Augen aber noch ein charismatischeres Erscheinungsbild geben. Während ich mich noch wundere, wer jetzt von meinen Kollegen einen Klienten erwartet, während wir doch fast alle ein Meeting haben, dämmert es mir langsam.

Das ist kein neuer Mandant, das ist unser neuer Geschäftsführer bei Auerbach&Partner, unserer Rechtsanwaltskanzlei. Das bedeutet, das Meeting hat noch nicht begonnen und ich muss nicht als Letzte den Raum betreten und alle unterbrechen. Während ich noch diesen Gedanken zu Ende denke, beginnt Herr Lechner zu sprechen.

»Sie hatten es wohl auch etwas eiliger heute Morgen.« Bevor ich antworten kann, fährt er mit einem verschmitzten Lächeln fort.

»Sie sind an mir vorbeigerannt, wie ein Blitz, da hatte ich keine Chance mitzuhalten. Ich bin auch etwas spät dran«, sagt er, während er auf seine exklusiv aussehende Uhr blickt. Oh mein Gott. Wo ist das Loch im Boden, wenn man es mal braucht? Ich möchte gerne darin versinken. Super, Emily! Dein neuer Oberchef hat dich abgehetzt und verschwitzt zu spät zum Termin rennen sehen. Ich versuche ein zaghaftes Lächeln. Er lächelt zurück. Na ja, er scheint es wenigstens mit Humor zu nehmen. Langsam finde ich meine Stimme wieder.

»Ich bin heute mit dem linken Fuß zuerst aufgestanden und…« Shit, ich kann schlecht direkt sagen, dass ich das Gefühl habe, dass sich heute alles gegen mich verschworen hat. Deshalb ziehe ich nur etwas hilflos die Schultern hoch. Trotz meinem souveränen Auftreten im beruflichen Umfeld, fühle ich mich gerade wieder wie ein verunsichertes Schulmädchen.

In dem Moment plingt es und die Aufzugtüren gleiten auf. Gerettet! Herr Lechner nickt mir nochmal kurz zu und begibt sich direkt zu Stephanie, unserer Sekretärin. Meine Chance, elegant aber zügig zum Meetingraum zu eilen und mich doch noch zu hydrieren und mir den Koffeinkick am Morgen zu holen. Aber zu früh gefreut, meine Chefin fängt mich auf dem Weg ab.

»Frau Roberts, da sind sie endlich. Sie wissen doch wie wichtig der heutige Termin ist. Darüber müssen wir in unserem nächsten Gespräch ausführlich sprechen. Sind die Folien vorbereitet? Haben Sie meine Änderungswünsche noch eingearbeitet?« Ich nicke.

»Guten Morgen Frau Dr. Weisberg, natürlich, ich habe alles Ihren Wünschen gemäß angepasst.« Oh Mann, schlimm wie unterwürfig ich klinge. Dabei ist es eigentlich nicht meine Aufgabe, ihr die ganze Zeit zuzuarbeiten und ihre an mich delegierten Aufgaben noch um 22 Uhr fertigzustellen.

Ganz ehrlich, wer macht schon seinen Doktor in Jura und bildet sich auch noch so viel darauf ein? Sie nickt mir kurz missbilligend zu, bevor sie sich umdreht und in den Meetingraum geht. Eins muss man ihr lassen, sie sieht unfassbar gut aus in ihrem Bleistiftrock und der gerüschten blass pfirsichfarbenen Bluse, die ihren Teint unterstreicht. Die blonden Haare sind natürlich auch wieder ›auf den Punkt‹ und alle weiteren Details, wie die Farbe der Pumps, Fingernägel und Lippenstift sind perfekt abgestimmt. Wie macht sie das nur? Karotte knabbernd auf dem Trimmdich-Fahrrad während die Maske einzieht?

Emily, jetzt hör mal auf, so böse über andere zu denken. Das bist du doch gar nicht. Wie hat Natalie letztens gesagt? ›Wir missgönnen anderen nur Dinge, weil wir denken, es gibt nicht genug. Wir werden das ganze Leben darauf konditioniert, dass es nicht genug gibt, nicht genug Geld, gute Ideen, Fülle an einfach allen Dingen. Deswegen haben wir Angst, wir könnten noch mehr verlieren, wenn wer anders gewinnt, statt uns einfach für ihn zu freuen.‹ Ach, Natalie. So weise Worte von meiner ältesten Freundin.

Obwohl ich sagen muss, bei unserem ›Weisdrachen‹, wie Isabel und ich unsere Chefin nennen, trifft das wahrscheinlich gar nicht mal so zu. Weil bisher kam sie mir nicht einmal wirklich glücklich vor, sondern nur verbittert, arrogant oder aufgesetzt freundlich zu Kunden, wie jetzt, ihre Begrüßung von Herrn Lechner. In der Zwischenzeit habe ich den Meetingraum betreten, mich neben Isabel gesetzt, ihr zugezwinkert und ein großes Glas Wasser getrunken. Jetzt geht es mir schon etwas besser, während ich mir genüsslich die Tasse Kaffee unter die Nase halte und den Geruch inhaliere. Da kann mich auch das Süßholzgeraspel von der Weisberg nicht aus der Ruhe bringen.

Isabel flüstert mir zu: »Alles ok?« und ich wiege meinen Kopf.

»Geht so«, flüstere ich zurück, »Ich war noch lange wach für unnötige Wünsche von oben und heute Morgen ging ungefähr alles schief. Aber wenigstens hat das Meeting noch nicht angefangen.« Wie um das zu bestätigen, fängt Herr Lechner in diesem Moment an zu sprechen und alle anderen Gespräche verstummen.

»Einen schönen guten Morgen«, sagt er, während sein Blick über die Insassen des Meetingraumes gleitet, bei mir kurz schmunzelnd innehält. Da sind Jason und Noah, vergleichsweise frische Rechtsanwälte, wie ich und Isabel. Dann natürlich Herr Auerbach Senior und sein Sohn Justus Auerbach Junior. Justus ist, wie ich, auch noch nicht lange in der Kanzlei tätig, sein Vater Stefan hingegen hat diese vor 33 Jahren gegründet. Erst alleine, später mit Partnern, hat er aufgrund von herausragender Überzeugungskraft, Verhandlungsgeschick und entsprechenden Ergebnissen für die Klienten, seine Kanzlei an die Spitze des Familienrechts geführt.

Wenn Personen vor herausfordernden Scheidung-, Unterhalt- oder Sorgerechtsstreits stehen, ist unsere Kanzlei für den besten Deal vermutlich die beste Wahl. Über die Jahre hat Auerbach Senior natürlich auch viele Kontakte zu Richtern und Staatsanwälten geknüpft und kennt viele der gegnerischen Anwälte. Er ist gefürchtet und wird verehrt, insbesondere weil er seit Eintritt seines Sohnes nur noch ausgewählte Fälle übernimmt, meist die mit besonders hohen Geldbeträgen. Leider ist dies die Schattenseite, um unsere Kanzlei bezahlen zu können, brauchen unsere Klienten auch ein gewisses Vermögen. Irgendwie muss der Lifestyle von Auerbach Junior finanziert werden...

So sehr ich Stefan Auerbach respektiere und für seine lebenslange Arbeit anerkenne, so sehr hege ich eine Abneigung gegen Justus. Er stolzierte schon hier rum, bevor er seinen 1. Fall gewonnen hatte und macht anzügliche Sprüche gegenüber jedem weiblichen Wesen. Einfach nur widerlich. Und natürlich, wie könnte es anders sein, sieht er auch noch unfassbar gut aus und weiß das auch. Blond, blaue Augen, sehr groß und markantes Gesicht. Also eigentlich dieses perfekte Schönling-Aussehen, dass gar nicht mein Fall ist.

Okay Emy, komm mal runter von deinem bewertenden Blickwinkel. Ich nehme einen Schluck von meinem Kaffee und versuche wieder aktiv der Willkommensrede von Herrn Lechner und Herrn Auerbach Senior zu folgen. Aktuell geht es darum, unsere Kanzlei in Zusammenarbeit mit dem gesamten Team in die Zukunft zu führen. Klingt gar nicht so schlecht, wenn wir das auch umsetzen würden und es nicht bei hohlen Versprechungen bleibt.

Mein Blick gleitet weiter über Frau Dr. Weisberg, stolze Junior Partnerin, zu unseren vier Kanzleiassistenten, Deborah, Annika, Jane und Petra. Ohne diese würde hier alles zusammenfallen. Petra ist unser Urgestein, hier seit dem Beginn mit Auerbach Senior, Fels in der Brandung. Die Vier erledigen alles was mit Verwaltung, Büroorganisation, Rechnungswesen, Korrespondenz und Klientenbetreuung zu tun hat. Insbesondere Petra und Annika sind unfassbar herzlich und mit Isabel ein Grund hier zu arbeiten. Jetzt aber Fokus. Ich habe gleich eine Präsentation zu halten.

Ich atme tief ein und aus. Auch das ist ein Tipp von Natalie, von all ihren Kursen und Büchern, die sie bisher absolviert und gelesen hat. ›Um dich wieder in den jetzigen Moment zu bringen und in Verbindung mit deinem Körper zu bringen, ist deine Atmung ein wunderbares Tool. Sie setzt einen Fokus für dich und du kannst damit gezielt entspannen. Ist dir schon mal aufgefallen, dass wenn du gestresst bist, du viel flacher und schneller atmest? Probiere aktiv immer wieder im Alltag ruhig und gleichmäßig zu atmen.‹ Ich habe das schon paar Mal ausprobiert und es erdet mich wirklich gut. Langsam dringen wieder Stimmen zu mir vor, ich war so konzentriert auf mich, dass ich erfolgreich alles andere ausgeblendet habe. Alle schauen mich auffordernd an. Mist, Mist, Mist. Weisdrachen rollt mit den Augen.

»Worauf warten Sie noch, Frau Roberts? Starten Sie mit der Präsentation!«, spricht sie mich dann direkt an. Ich erhebe mich langsam, nehme meinen Laptop aus der Tasche und versuche weiter ruhig zu atmen, um mich nicht zu verhaspeln und souverän zu sein. Du schaffst das Emily, Brust raus, Bauch rein! Ich merke den nicht mit Frühstück verdünnten Kaffee und mein Herz schneller pumpen. Ich verbinde den Laptop mit dem Beamer, schalte den Beamer mit der Fernbedienung an und spreche mir selber gut zu.

Paradox, dass ich als Anwältin in manchen, eigentlich sogar in ziemlich vielen Momenten noch sehr aufgeregt bin. Meistens merkt man es mir aber nicht an und meine brennenden Plädoyers haben mir schon in der Kindheit den Schulsprecher-Posten eingebracht.

»Guten Morgen zusammen! Frau Dr. Weisberg und ich haben eine Präsentation über die aktuelle Situation der Kanzlei Auerbach&Partner zusammengestellt, sodass Sie, Herr Lechner und unser gesamtes Team einen Überblick erhalten.« Erstes Fettnäpfchen umschifft, ich habe nicht vergessen unseren Weisdrachen zu nennen, denn sie mag die Lorbeeren, aber selten die Arbeit.

»Hier sehen Sie den aktuellen Stand an Klienten, wir betreuen 46 Klienten umfassend und haben im vergangenen

Jahr 813 weitere Fälle und Klienten betreut. 79 von diesen sind noch nicht abgeschlossen. Von den 354 Fällen, die wir vor Gericht verhandelt haben, haben wir in 331 Fällen gewonnen beziehungsweise unsere Ziele erreicht, was einer Erfolgsquote von 93,5 % entspricht. Wir haben im letzten Jahr, 17 % mehr Fälle betreut als im Jahr zuvor und unsere Quote ist von 94 % auf besagte 93,5 % gefallen.«

Ich nenne weitere Zahlen und kann förmlich sehen, wie sich Jason und Tom und unsere Kanzleiassistentinnen heimlich wegträumen. Auerbach Senior lächelt mir entspannt und wohlwollend zu, Hände über seinem Bauch in dem gut sitzenden Anzug gefaltet. Auerbach Junior sieht am meisten gelangweilt aus. Unser Weisdrachen beäugt mich kritisch, lediglich Herr Lechner und Isabel hören aufmerksam und interessiert zu. Noch ein paar Zahlen und ich komme zu meinem favorisierten Part, unsere Vision für die Zukunft.

Natürlich hatte Frau Dr. Weisberg auch dafür ganz konkrete Vorstellungen, aber ich konnte zumindest ein paar eigene Ideen mit einbringen. Also los geht's, erst mal die ganz große Idee, von mehr Fällen und mehr Mitarbeitern, alles größer, schneller, weiter.

Während ich spreche, frage ich mich, wieso wir Menschen so unzufrieden sind, mit dem, was wir schon haben. Haben wir ein Ziel erreicht oder einen Gegenstand in unserem Besitz, können wir es kaum wertschätzen und wollen immer direkt zum nächsten Ziel, oder das nächste Produkt konsumieren, dass uns suggeriert, dass wir dann glücklich sein werden. Langsam fange ich an daran zu zweifeln, dass Glück so funktioniert. Ok, jetzt geht es los:

»Neben dieser großen Gesamt-Vision, wäre unser Vorschlag auch ansonsten nicht stehenzubleiben, sondern unseren ökologischen Fußabdruck als Unternehmen zu verringern sowie auch Klienten anzunehmen, die sich unsere Preisliste nicht leisten können. Wenn wir uns als nachhaltige und gemeinnützige Kanzlei positionieren, wirkt sich dies natürlich wiederum positiv auf potentielle Klienten mit höherem Budget aus.« Ich atme aus und blicke mich um. Ich bin positiv überrascht, insbesondere Herr Lechner, nickt zustimmend, das heißt er findet den Ansatz wahrscheinlich gut. Sehr gut, dann mache ich mal weiter, ich merke richtig wie ich auflebe, weil mich diese Themen bewegen und ich den Eindruck habe einen Unterschied machen zu können.

»Ein paar Beispiele zur Umsetzung, die aufsummiert einen großen Unterschied machen können. Und zwar könnten wir unsere Zulieferer durchgehen, um nachhaltigeres Büromaterial und -geräte zu kaufen, beispielsweise nachfüllbare Stifte und auch möglichst mehr große als kleine Bestellungen aufgeben, um Transport und Verpackung zu reduzieren. Außerdem eine Möglichkeit wäre, dass wir mehr recyceln und dass in den Räumen, in denen wir es nicht benötigen, kein Licht und Klimaanlage oder Heizung an ist.« Nochmal tief einatmen.

»Last but not least, einmal im Monat eine Klientenbetreuung verschenken, dies könnte zum Beispiel via Social Media passieren.« Diese Idee mochte ich am liebsten, weil es gegen meine Grundprinzipien verstößt, dass Dinge nicht allen Menschen zugänglich sind. Ich lasse meinen Blick über die Mimik der Gesichter meine Kollegen gleiten, vornehmlich natürlich Auerbach Senior und Herrn Lechner, um abzulesen, wie ihnen die Idee gefällt. Durchgehend positiv, bis auf Auerbach Junior natürlich. Auch der Weisdrachen schaut etwas miesepetrig.

»Vielen Dank für Ihre Aufmerksamkeit!« schließe ich die Präsentation ab. »Gibt es noch Fragen?«, sage ich und lächle in die Runde. War halb so schlimm, nur mein Magen signalisiert mir, dass er dringend etwas Nahrung braucht. Aber kein Problem, das Meeting ist gleich geschafft und Petra oder Stephanie haben bestimmt, wie immer, etwas

Obst oder süßes Gebäck in der Kaffeeküche bereitgestellt. Nach einer kurzen Pause ohne Fragen, ich sehe schon das Frau Weisberg den Mund öffnet, um etwas zu ergänzen oder anzumerken, bedankt sich Auerbach Senior für die Präsentation und begrüßt nochmals Herrn Lechner.

»Ich spreche für mich und das ganze Team, dass wir uns sehr freuen, Sie hier als neuen Partner an Bord zu haben, herzlich Willkommen.« Herr Lechner beginnt zu lächeln.

»Vielen Dank für die kurze Einführung und das herzliche Willkommen. Ich freue mich auch sehr auf die Zusammenarbeit mit Ihnen hier bei Auerbach & Partner. In den nächsten Wochen möchte ich mit Ihnen allen ein Einzelgespräch führen, um einen Einblick in Ihre täglichen Aufgaben und Routinen zu erhalten. Ich bin sehr beeindruckt, von der Ausarbeitung Ihrer Vision, insbesondere auch der Fokus darauf nachhaltiger und gemeinnütziger zu sein.« Sein Blick fällt auf mich und ich bin begeistert, dass die Ideen gut ankommen.

»Falls ansonsten keine weiteren Fragen mehr bestehen, würde ich Sie gerne in den Tag entlassen«, fragt er, mit einem fragenden Blick auf Herrn Auerbach, ob das okay wäre. Auerbach Senior nickt ihm zu und antwortet simultan.

»Genau, ich zeige Ihnen gleich nochmal alles und alle anderen haben gewiss genug zu tun. Frohes Schaffen!« und grinst in die Runde. Ich bin positiv überrascht, denn insbesondere von Weisdrachen, geführte Runden dauern meist eine gefühlte Ewigkeit und fühlen sich an wie eine Befragung, wie wir unsere Zeit nutzen. Dabei arbeiten wir alle unfassbar viel, auch zu Hause abends und am Wochenende. Trotzdem schafft sie es einem in diesen Momenten ein schlechtes Gefühl zu geben, von wegen die Klienten brauchen uns etc.

Als ich Natalie davon erzählt habe, hat sie mich gefragt, ob mich erfüllt, was ich hier tue und wie ich mich währenddessen und danach fühle. Eher leer oder voller Freude, ausgebrannt, als würde ich nur meine Pflicht tun oder gibt es mir ein gutes Gefühl? Ich fand es sehr schwierig eine Antwort zu finden, denn es erfüllt mich schon, Menschen zu helfen, zum Beispiel zu recherchieren, um der Mutter das Sorgerecht zu entziehen, die ihre Kinder vernachlässigt hat.

Auf der anderen Seite, nimmt es momentan fast mein ganzes Leben ein, sodass ich gar nicht mehr weiß, was mir sonst noch Spaß macht. Ich grüble weiter, während ich aufstehe, meinen Stuhl zurechtrücke und kurz nach draußen schaue. Es ist ewig her, dass ich mal einen Tag in der Natur verbracht habe. Oder mir Zeit für mich genommen habe.

KAPITEL 2

»Erde an Emily, jemand zu Hause?«, reißt Isabel mich aus meinen Gedanken, während wir den Konferenzraum verlassen. Ich blicke sie an und ihr Gesicht verzieht sich zu einem Lächeln. Ihre Grübchen und perfekten Zähne kommen zum Vorschein. Eine ihrer rostbraunen Korkenzieherlocken fällt ihr ins Gesicht und ihre grünen Augen funkeln.

Wenn Isabel lacht, geht die Sonne auf. Ihre Ausstrahlung ist einfach unfassbar und hat mich schon am ersten Tag an der Humboldt-Universität in den Bann gezogen. Und natürlich all unsere männlichen Kommilitonen. Manchmal bin ich etwas neidisch auf ihre Schönheit und Ausstrahlung, während ich mich als sehr durchschnittlich wahrnehme, aber ich versuche es zu unterdrücken.

»Ja, alles gut, ich brauche nur dringend was zum Beißen aus der Kaffeeküche!«

»Du hast Glück!«, antwortet sie, »Petra hat Zimtschnecken gebacken.« Oh mein Gott, dem Himmel sei Dank. Ich beschleunige meine Schritte und strahle Isabel an, die Schritt hält und mit mir gemeinsam die Kaffeeküche betritt, in der auch Petra und Deborah sind. Deborah räumt das Geschirr vom Konferenzraum in die Spülmaschine, während Petra neuen Kaffee kocht. Der Geruch nach Zimt, Gebäck und Kaffee durchströmt die Luft.

»Wenn ihr nicht die guten Feen des Hauses seid, dann weiß ich auch nicht«, kommentiere ich, »und Petra du bist heute ein Lebensretter.« In dem Moment reicht sie Isabel und mir schon Teller mit je einer Zimtschnecke.

»Vielen Dank!«, gurren wir unisono.

»Ach ihr zwei Süßen«, antwortet Petra und Deborah zwinkert uns zu, während sie sagt:

»Ich hatte schon zwei heute Morgen.« Ich beiße genüsslich in die Zimtschnecke und meine Geschmacksknospen explodieren.

»Das ist sooo gut!«, nuschle ich mit vollem Mund und lehne mich an die Küchentheke. Ich schließe für einen Moment meine Augen, um das bewusst wahrzunehmen. Auch das ist eine Inspiration von Natalie. Momentan denke ich echt viel an sie! Das liegt wahrscheinlich daran, dass sie mich wirklich inspiriert und zum Nachdenken angeregt hat.

›Versuche, wann immer es geht, bewusst im Moment zu sein. Beispielsweise beim Essen kurz die Augen zu schließen, die Textur zu erspüren, langsam und bewusst zu kauen oder beim Duschen deinen Körper wahrzunehmen.‹ Wie oft habe ich das vorher bewusst gemacht? Ich kann mich nicht erinnern. In den letzten paar Tagen jedoch, fühle ich mich deutlich bewusster und freue mich jedes Mal, wenn ich mich wieder daran erinnere und dieses ›bewusst-im-Moment-sein‹ praktiziere.

»Wie geht es euch zwei heute Morgen?«, frage ich Petra und Deborah, sobald ich meinen Bissen heruntergeschluckt habe und grinse allen zu. Ich fühle mich gerade schon viel besser. Auch Isabel sieht sehr glücklich aus, mit ihrer halben Zimtschnecke in der Hand, die Augen blitzend vor Schalk. Wir alle versammelt hier in der Kaffeeküche, unser Rückzugsort hier in der Kanzlei.

»Gut eigentlich«, erwidert Deborah »Ich bin positiv überrascht von Herrn Lechner, er hat einen sympathischen Eindruck gemacht. Die Zimtschnecken taten natürlich ihr übriges zu einem schönen Morgen«, fährt sie fort, mit einem Blick auf Petra. Petras Lächeln im Gesicht vergrößert sich noch. Sie ist einfach so warmherzig. Wie eine tolle mütterliche Freundin, die hier nach uns Küken schaut. So einen Schatz von Menschen trifft man selten. Sie hat immer ein aufbauendes Wort für uns, oder Tipps und Tricks. Sie ist auch die Einzige, die Justus gut in die Schranken weisen kann, weil sie ihn kennt, seit er hier in der Kanzlei in Windeln rumgekrabbelt ist.

»Ach Mädchen, ich mache euch gerne eine Freude und backen mag ich auch sehr gerne, also eine Win-win-Situation«, sagt sie, während sie Isabel und mir zu verstehen gibt, noch eine weitere zu nehmen. Isabel winkt ab, während ich beherzt zugreife. Wer weiß, wann ich Mittagspause machen kann? Petra lächelt mir zu.

»Vielen Dank, Petra! Du bist wirklich ein Engel! Und du siehst heute mal wieder zauberhaft aus. Ist das einer deiner selbstgestrickten Pullover?«, gebe ich ihr anerkennend zu verstehen. Und das nicht, weil ich ihr für mehr zukünftige Zimtschnecken schmeicheln möchte, sondern das Muster und die Farben sehen einfach fantastisch aus. Dunkle Rottöne und Grau, dazu eine dunkelgraue Hose und ihr graues hochgestecktes Haar, mit roten Ohrringen, Kette und Armband. Petra hat einfach Stil und sieht jeden Tag umwerfend aus. Da wird Petra doch tatsächlich ein bisschen rot. Wie süß!

»Ja, ist es! Wie gefällt er euch?«, fragt sie uns auch sogleich.

»Fantastisch!«, meint Isabel und lächelt Petra an.

»Insbesondere, wie du ihn kombinierst und mit deinen Haaren!«, antwortet Deborah. Ich nicke zustimmend, da ich schon wieder Zimtschnecke im Mund habe. Petra ist sichtlich gerührt und freut sich aufrichtig. Isabel stellt ihren Teller in die Spülmaschine und streckt ihre Hand nach meinem Teller aus, den ich ihr gebe und das letzte Stück Zimtschnecke in meinen Mund stecke. Währenddessen sagt Isabel

»Langsam werde ich mal an den Schreibtisch machen. Immer schön mit euch Mädels hier morgens oder zwischendurch. Danke, Petra!«

»Ich schließe mich an«, erwidert Deborah. Petra nickt, ich nicke auch, während ich herunterschlucke. Dann ergänze ich ein motiviertes »Auf geht's!«. Draußen auf dem Gang verstreuen sich unsere Wege schnell. Deborah und Petra biegen nach rechts, zu ihren Schreibtischen, während Isabel und ich nach links abbiegen, zu unseren Büros.

»Und was steht bei dir heute an?«, fragt Isabel, kurz bevor wir uns trennen.

»Das übliche«, entgegne ich. »Akten der Gerichtstermine der nächsten Tage, neue Fälle...« Isabel unterbricht mich und wir bleiben vor ihrer Bürotür stehen.

»Ach Schatz, das meine ich doch nicht. Ich meine nach der Arbeit. In der Freizeit. Ich versuche mir bewusst wieder Zeiten zu schaffen, in denen ich nicht arbeite! Aber lass das bloß nicht den Weisdrachen hören…« Den letzten Satz flüstert sie mir verschwörerisch zu.

Ich überlege kurz. Klingt sehr plausibel, was Isabel da sagt. Was habe ich die letzten Wochen so getrieben außer zu arbeiten? Ich kann mich nicht erinnern. Das ist bitter. Außer Haushalt, vielleicht abends während dem Arbeiten was im Fernsehen schauen und manchmal mir auch was zur Belohnung kaufen, mache ich nicht viel anderes.

Ich denke an all die Küchengeräte, die ich mir immer mit guten Vorsätzen kaufe, um mal ein neues Rezept zu probieren, Smoothies zu machen, oder Waffeln zu backen. Und ich denke an meine Malutensilien, die im Schlafzimmer in der letzten Ecke stehen. An meine Staffelei. Wann habe ich das letzte Mal gemalt? Meine Eltern, Schwester und Natalie gesehen? Mir etwas Gutes getan? Außer mehr Dinge zu kaufen, für die ich keine Zeit habe, sie zu genießen oder zu benutzen? Meine Gedanken überschlagen sich. Isabel sieht mich fragend an.

Was ist nur los mit mir? Ich meine, das ist es doch, was

ich wollte, oder? Erfolgreich sein, eigene Wohnung, eigenes Geld, Anwältin sein, damit Menschen helfen. Das wollte ich mein ganzes Leben. Was hatte Isabel nochmal gefragt? Isabel lächelt.

»Süße, du bist ganz gedankenverloren heute!« Sie berührt mich sanft am Arm und führt mich in mein Büro.

»Setz dich erst mal.« Das mache ich doch glatt. Ich stelle meine Tasche ab, gehe um den Schreibtisch und lasse mich in meinen Stuhl gleiten. Während Isabel in dem gegenüberliegenden Stuhl Platz nimmt, hole ich den Arbeitslaptop aus der Tasche und stecke ihn an die Docking Station.

»Hast du für heute Abend Pläne, die nichts mit der Arbeit zu tun haben?«, wiederholt Isabel ihre Frage. Ich denke darüber nach und erinnere mich, wie ich zu meinen Gedanken kam. Langsam schüttele ich den Kopf.

»Das, meine Liebe, sollten wir ändern. Es ist Freitag und ich möchte nicht, dass du und ich wieder ein Wochenende nur arbeiten.« Das klang sogar einleuchtend.

»Okay«, antworte ich gedehnt und lehne mich zurück in dem Stuhl. Ein Wochenende, ausschlafen, vielleicht rausgehen. Je länger ich darüber nachdenke, desto verführerischer klang es. Isabel war plötzlich ganz aufgeregt.

»Also kommst du heute Abend mit uns Feiern ins ›40seconds‹?«

»Auf keinen Fall!«, gebe ich unmittelbar zurück. »Das war schrecklich das letzte Mal, nur so aufgetakelte Mädels und schmierige Typen...« Ich lasse den Satz in der Luft hängen und sehe Isabel bedeutungsschwer in die Augen.

»Ach Emy, komm schon. Ich kann dir auch schon vorher ein Date besorgen.«

»Damit der mir dann den ganzen Abend am Rockzipfel hängt? Aber vielen Dank auch, nein danke!«

»Aber du hast gesagt, dass du heute Abend nicht arbeiten

willst, was möchtest du dann so spontan unternehmen?«, gibt Isabel leicht quengelig zurück. Nicht weil sie so ist als Mensch, sondern weil sie weiß, dass ich Menschen gegenüber, die ich liebe, weich wie Butter bin, schnell nachgiebig. Aber nicht hier und heute. Plötzlich kommt mir ein genialer Einfall.

»Ich habe einen Plan!«, antworte ich triumphierend zu Isabel, während ich mein Handy rauskrame.

»Ach, ja?«, meint sie nur und zieht eine Augenbraue hoch. »Und was? Da bin ich jetzt aber neugierig!« Mein Handy in der Hand, scrolle ich etwas, tippe ein paar Zeilen und zeige ihr dann den Bildschirm mit meinem Chatverlauf mit Natalie. Sie hat mir vor ein paar Wochen geschrieben, dass ein guter Freund von ihr regelmäßig Meditationstreffen anbietet und sie jeden Freitag dort hingeht. Weiter hat sie gefragt, ob ich auch Lust habe und wir danach noch einen Tee trinken könnten. Gerade habe ich ihr geantwortet, ob das Angebot noch gilt.

»Meditieren?«, fragt Isabel skeptisch. »Hast du das schon mal gemacht?«

»Nö, aber einmal ist immer das erste Mal und interessant finde ich es schon. Auf jeden Fall besser als die Option mit dir, sorry.« Izzy, so wie ich sie auch nennen darf, verzieht etwas das Gesicht. Ich rede schnell weiter.

»Auf jeden Fall danke, für den kleinen Aufwecker, ich glaube, das tut echt gut, mal ein Abend und vielleicht das ganze Wochenende ohne Arbeit.« Isabel strahlt schon wieder. So ist sie – zu vielen Gefühlen befähigt. »Wir können, wenn du magst, Sonntag spazieren gehen?«, ergänze ich, um sie komplett zu besänftigen.

»Sehr gerne!«, antwortet sie, während sie sich erhebt. »Ich lege dann jetzt auch mal los«, sagt sie und strahlt mich an. Sie verabschiedet sich und ich widme mich meinen Akten und Mails. Die Zeit fliegt nur so dahin. Vor allem ist es noch viel mehr Arbeit, wenn ich alles heute vor 18 Uhr schaffen will und auch das, was ich sonst immer noch nach Hause mitgenommen habe. Entspann dich Emily, alles ist gut! Und weiter geht's. Erst meine volle Blase erinnert mich daran eine Pause zu machen. Der Kaffee möchte raus. Und vielleicht sollte ich auch etwas trinken und generell ab und zu aufstehen und kleine Mini-Pausen machen. Davon habe ich schon oft gelesen. Wir haben gar nicht so viel hohe Aufmerksamkeit am Tag zur Verfügung und sind produktiver, wenn wir regelmäßig kurze und nach ein paar Stunden auch eine lange Pause machen, als wenn wir uns das nicht zugestehen.

Ich schaue auf die Uhr. Kurz nach eins, ich könnte jetzt auch Mittagspause machen. Kurz an die frische Luft, das würde mir bestimmt guttun. Bevor ich aber raus gehe und mir was hole, denn natürlich habe ich nichts leckeres Selbstgekochtes dabei, schaue ich noch bei den anderen Mädels vorbei, ob ich ihnen was mitbringen kann. Mein Weg führt mich zuerst zu Isabel, ich klopfe an ihre Tür und stecke nach einem kurzen Moment der Stille den Kopf herein. Sie sitzt vertieft in ihre Unterlagen am Schreibtisch.

»Nicht erschrecken!«, beginne ich, nur damit sie sich natürlich doch erschreckt, aber schnell wieder fängt.

»Ich wollte kurz raus zur Suppen-Bar, soll ich dir was mitbringen?«

»Oh ja, das wäre toll, ich bin gerade in den letzten Zügen für den Gerichtstermin gleich. Ohne dich würde Mittagessen wahrscheinlich ausfallen! Einmal bitte die Tagessuppe für mich.« Schon senkt sie wieder die Augen. Ich schließe die Tür. So ist meine Izzy. Partymaus am Abend, aber auch eine fantastische Anwältin. Das war schon während des Studiums so und nur weil sie ein hübsches Mädel ist und auch noch gerne feiert, haben ihr manche Profs nichts zugetraut. Da hatten sie sich aber geschnitten. Mit ihren flammenden

Reden hat sie noch jeden Kommilitonen in die Ecke debattiert.

Ich hatte nicht so mit Vorurteilen zu kämpfen, sinniere ich auf dem Weg zu unseren Kanzlei Assistentinnen. Ich war eigentlich schon immer der Bilderbuchstreber. Klischeehaft mit Brille, die Brillenschlange und das Mauerblümchen in einem. Es kommt mir immer noch vor wie ein Traum, wie ich die Wahl zum Schulsprecher in der Oberstufe gewonnen habe. Das habe ich zum größten Teil Natalie zu verdanken. Sie war mein größter Cheerleader, hatte die Idee für eine Wahlkampagne. Kein Wunder, dass sie jetzt im Marketing eines Berliner Start-Up arbeitet.

Bevor ich Natalie kannte war ich komplett zurückgezogen, wurde auch geärgert. Klassisches Streber-Opfer. Naja. Mir war schon früh klar, dass wenn ich etwas erreichen will im Leben, dann über beste Leistungen. Klassenbeste, Jahrgangsbeste, Gewinnerin bei Debattier-Wettbewerben. Karriere machen, Geld verdienen, das war mein Weg zum Glück.

Jetzt bin ich mir nicht mehr ganz so sicher. Denn ich habe fast alles erreicht, was sich die kleine Emy erträumt hat. Ich bin auch nicht unglücklich. Aber eben auch nicht super glücklich. Und manchmal habe ich das Gefühl, das Leben zieht an mir vorbei. Ich klopfe am Büro von Petra und Deborah.

»Herein!«, ertönt Deborahs Stimme. Ich trete ein in dieses Büro voller physischer Akten, trotz Digitalisierung. Ich nehme den einladenden und wärmenden Touch wahr, den die beiden dem Büro verpasst haben. Mit vielen Pflanzen und Bildern. Bei uns Anwälten sieht es im Vergleich ›sehr clean‹ aus. Aber wir haben auch die Klienten in den Büros sitzen, damit verträgt sich persönliches nicht. Dies ist auch strikte Anweisung von dem Weisdrachen. Ein bisschen heimeliger wäre trotzdem schön. Vielleicht würde das auch den Klienten ein gutes Gefühl geben, wenn sie vor Ort sind. Die Themen sind meist schon schlimm genug. Deborah lächelt mich an, Petra ist nicht an ihrem Platz. Ich schaue sie fragend an.

»Petra, Jane & Annika sind essen gegangen«, erwidert sie auf meine stumme Frage.

»Ok, ich wollte mir auch gerade etwas to-go in der Suppen-Bar holen, kann ich dir was mitbringen?«

»Danke, das ist sehr lieb. Petra bringt mir was mit. Schöne Pause, Emy!«

»Dankeschön, bis später!«, sage ich, drehe mich um und bin schon wieder auf dem Gang. Dort kommen mir Auerbach Senior im Gespräch mit Herrn Lechner und dem Weisdrachen entgegen, ich nicke Ihnen freundlich zu. Ein paar Meter dahinter folgt Stefanie mit einem Berg an Essenstüten. Vermutlich auf dem Weg in den Meetingraum.

»Ach du meine Güte, Stefanie, kann ich dir helfen?«, biete ich daraufhin sofort an, da die anderen sie geflissentlich ignorieren.

»Danke, das ist lieb!«, erwidert Stefanie, während sie mir mit dankbarem Blick einige Tüten übergibt.

»Da hat sich Herr Auerbach mal wieder selbst übertroffen, am ersten Tag für Herrn Lechner«, meine ich nur lächelnd.

»Das kommt schon fast unserer Weihnachtsfeier nahe.« Weihnachten. Eine meiner Lieblingszeiten im Jahr und gar nicht mehr so lange bis dahin, freue ich mich innerlich. Lebkuchen gibt es zwar schon seit Mitte September, aber so in ein, zwei Wochen, finde auch ich es legitim mir Gedanken über Deko, Geschenke und Weihnachtsmärkte zu machen. Stefanie verschnauft kurz, balanciert die Tüten zwischen Hüften und Arm, während sie mit der anderen Hand die Tür zum Meetingraum öffnet.

»Mittagessen, die Herrschaften!«, ruft sie fröhlich gestimmt und platziert die Tüten auf dem Tisch, wo schon

Teller, Besteck, Gläser, eine Karaffe mit Wasser und Servietten bereitliegen. Ich stelle meinen Batzen dazu und helfe Stefanie die Pakete zu öffnen und bereitzustellen.

»Frau Roberts, Frau Schirmer, vielen Dank«, brummt uns Herr Auerbach gutmütig zu, während Frau Dr. Weisberg sehr ausdruckslos aussieht. Zum wiederholten Mal frage ich mich, ob sie da wohl nachgeholfen hat und wie alt sie wohl sein mag. Alles möglich von Mitte 30 bis 50.

»Wollen Sie uns Gesellschaft leisten?«, fragt Herr Lechner.

»Immer gerne, aber ich habe schon zu Mittag gegessen und noch einiges zu tun«, erwidert Stefanie schnell. Und genial. So einen guten Grund habe ich nicht und alleine, ohne Stefanie ist es auch ein bisschen komisch.

»Und Sie, Frau Roberts? Essen ist, glaube ich, genug für alle da«, fragt nun sogar Herr Auerbach und weist mit seiner Hand auf den verführerisch duftenden Tisch. »Oder haben sie auch schon gegessen?« Da habe ich mir wieder was eingebrockt. Dabei war ich nur hilfsbereit. Aber ja, da fällt mir etwas ein.

»Vielen Dank für die Einladung, nein, ich habe noch nicht gegessen, aber ich wollte gerade los und für mich und Isabel etwas in der Suppen-Bar holen.. Sie ist momentan unabkömmlich.« Sehr elegant gelöst, klopfe ich mir selber auf die Schulter, während ich mich schon halb zum Gehen wende.

»Das ist doch perfekt«, meint Herr Lechner. Ich hätte wissen müssen, dass das nicht als Ausrede ausreicht.

»Frau Schirmer, können Sie bitte noch Geschirr für zwei Personen holen und dann Frau Berger einen Teller an den Schreibtisch bringen?«, richtet er seine Bitte liebenswürdig an Stefanie. Diese nickt kurz, bevor sie verschwindet. Und mich zurücklässt. Nur komisch, dass der Weisdrachen noch gar nichts gesagt hat. Vielleicht weiß sie noch nicht genau, wie sie mit Herrn Lechner umgehen soll und observiert erst mal.

Mir soll es recht sein, vielleicht gar nicht so verkehrt hier zu essen. Die Auswahl sieht auf jeden Fall umwerfend aus. Ich entdecke indische Currys, mit Reis und Naan, Pizza, verschiedene Salate und Focaccia, Pasta und Nachos mit Guacamole. Mir läuft das Wasser im Mund zusammen.

»Und wie gefällt es Ihnen soweit hier an Ihrem erstem Tag?«, fragt nun doch der Weisdrachen, während wir uns setzen. Hat sie also doch nicht ihre Stimme verloren, da bin ich aber beruhigt.

»Ich bin positiv überrascht, muss ich ehrlich zugeben. Mir gefallen die flachen Hierarchien und der viele frische Wind durch Ihre jungen Mitarbeiter und die fortschrittlichen Ideen.« Dabei sieht Herr Lechner mich an. Mensch, wer hätte das gedacht, noch mehr unerwartetes positives Feedback, ich bin begeistert. Auch Herr Auerbach Senior nickt zustimmend. Nur Frau Dr. Weisberg verzieht kurz das Gesicht, den Bruchteil einer Sekunde nur, bevor sie wieder die Maske aufsetzt.

»Das freut mich sehr zu hören«, erwidert sie mit einem Lächeln, dass ihre makellos weißen Zähne zeigt.

»Nun denn, lassen Sie es sich schmecken!«, eröffnet Auerbach Senior den Lunch, nimmt sich einen Teller und Pizza, Pasta und Focaccia. Weisdrachen erlaubt sich ein wenig Salat.

Emily, schalte ich mich selbst. Versuche mal weniger alles zu bewerten. Vielleicht verträgt sie auch keine Laktose oder Gluten, oder was auch immer? Wer bist du, dich darüber zu erheben, was andere essen?

»Möchte noch jemand Wasser?«, frage ich in die Runde und auf zustimmendes Gemurmel und Gläser Geschiebe, fülle ich einige Gläser Wasser und trinke schon mal, während sich die anderen Essen nehmen. Da kommt Stefanie mit den zusätzlichen Tellern zurück und beginnt, etwas von jedem auf einen zu schaufeln. Mit dem vollen Teller bewaffnet fragt

Stefanie:

»Brauchen sie sonst noch etwas? Ansonsten guten Appetit die Herrschaften!« und sieht auffordernd in die Runde. Auerbach Senior sieht uns kurz fragend an und erwidert dann:

»Vielen Dank, Frau Schirmer, das wäre alles.« Stefanie nickt kurz und verlässt den Meetingraum. Mein Stichwort, mir jetzt auch einen Teller zu nehmen. Bei all dem leckeren Essen hat sich jetzt auch mein Hunger gemeldet. Aber Moment mal, es ist noch ein Teller da. Wer würde denn noch kommen? Oh nein, wird es mir mit einem Schlag bewusst, Justus. Meine Hand verharrt kurz über dem Curry, bevor ich mich wieder gefangen habe. Ich versuche den Austausch mit ihm weitesgehend zu vermeiden.

Insbesondere seit der letzten Weihnachtsfeier, wo er mir, als ich alleine in der Kaffeeküche war, um mehr Servietten zu holen, angetrunken viel zu nah gekommen ist. Ich schüttele die Erinnerung wie ein unliebsames Insekt ab und fahre fort mir Essen aufzutun.

Frau Weisberg verwickelt derweil Herrn Lechner und Herrn Auerbach in einige Fachsimpeleien, Zahlen, große Erfolge ihrerseits etc. Mir passt das ganz gut, ich kann einigermaßen in Ruhe essen, ab und zu zustimmend nicken und sogar raussehen, wo gerade die Sonne durch die Wolkendecke bricht und sich mit den letzten verbliebenen Blättern an den Bäumen ein schönes Farbspiel ergibt.

Die Natur ist einfach wundervoll mit ihren vielen Facetten und den Jahreszeiten. Schon als Kind habe ich diesen Wechsel geliebt. Im Herbst habe ich viele bunte Blätter gesammelt und bin mit meiner Schwester in große Laubhaufen gehüpft. Das waren noch Zeiten, da war vieles leichter. Eine kindliche Leichtigkeit. Manchmal, gerade wenn die Tage so grau sind, ergreift mich eine gewisse Schwermut. Bestimmt ein Grund, warum ich eigentlich ›gerne‹ viel arbeite. Es lenkt mich davon ab, soviel über alles nachzudenken, wie heute.

Wie sagte Natalie letztens passend dazu: ›Ohne Erkenntnis und teilweise harte Einsichten, können wir auch nichts verändern und damit einem erfüllten Leben näher kommen.‹ Das mag stimmen, aber für mich persönlich sind diese Einsichten und der gewinnbringende Effekt gerade irgendwie noch zu schmerzhaft. Da konzentriere ich mich lieber auf das leckere Essen in meinem Mund. Die öffnende Tür zum Konferenzraum reißt mich aus meinen Gedanken.

»Guten Appetit allerseits. Entschuldigt die Verspätung, ich hatte noch ein wichtiges Telefonat mit einem Klienten.« Justus betritt den Raum grinsend und wirft einen Blick in die Runde, der gefühlt bei mir länger verharrt als bei anderen. Bäh. Die anderen mögen auf sein oberflächlich freundliches Getue vielleicht reinfallen, ich aber nicht.

»Aber nein, kein Problem mein Sohn«, brummt Auerbach Senior da auch schon gutmütig. »Es ist auch noch genug da. Nimm Platz und lass es dir schmecken!« Das lässt Justus sich nicht zweimal sagen, nimmt mir gegenüber Platz und beginnt sich seinen Teller vollzuschaufeln.

»Das ist ja eine schöne Überraschung Sie hier anzutreffen, Frau Roberts«, beginnt er auch schon mit einem verwegenen Augenblitzen. Als würde es nicht reichen ihm gegenüberzusitzen. Da kommt mir Herr Lechner unerwartet zu Hilfe,

»Eine Bereicherung! Falls es so etwas noch nicht gibt, sollten wir dieses Zusammenkommen vielleicht jeden Freitag einführen, für alle Mitarbeiter. Um alles etwas aufzulockern, vielleicht über Wochenendspläne zu sprechen. Etwas Leckeres zu essen und nicht nebenbei Akten durchgehen, wie es vermutlich oft genug üblich ist, oder?« Damit entlässt er seinen Vorschlag in den Raum.

Mienenspiel auf den Gesichtern. Ich liebe es, das zu

beobachten. Der Weisdrachen kurz schockiert, dann gewinnt sie wieder ihre Fassung und lächelt. Ich meine so fortschrittlich, wie etwas anderes am Wochenende zu machen außer zu arbeiten, das ist ihr wohl etwas zu krass. Justus schaut nur amüsiert zu mir, während Auerbach Senior den Kopf hin und her wiegt und uns dann mitteilt:

»Eine sehr gute Idee. Es wird immer viel zu tun geben. Es ist wichtig, dass wir alle, na wie heißt das so schön neumodisch ... eine gute ›Work-Life-Balance‹ haben. Und uns keiner ausbrennt, sondern gescheit Pausen macht, um dann wieder voller Elan zuzupacken.«

Ich krieg mich nicht mehr ein. Isabel, Herr Lechner und jetzt auch noch Auerbach Senior, ich fühle mich, als winke mein Leben mit dem Zaunpfahl und will mir sagen: ›Emily, entspann dich mal, Arbeit ist nicht alles. Und vor allem: Achte auf dich‹ Okay, okay. Anscheinend habe ich in letzter Zeit zu viel mit dem Weisdrachen gearbeitet, der meine andere Meinung diesbezüglich nur verstärkt und gefördert hat. Justus nimmt sich ein weiteres Pizzastück, bevor er ergänzt:

»Dem kann ich nur zustimmen. Ich bin auch immer für engeren Kontakt zwischen den Kollegen…« und schon wieder sieht er mich dabei an. Sehen das die anderen denn nicht? Das waren noch schöne Zeiten, letztes Jahr nach der Feier, wo ich ihn zurückgewiesen habe. Er hatte Angst, ich würde ihn verpetzen und war endlich mal ruhig.

Aber je mehr Zeit verging und nichts passierte, desto mehr bekam er wieder Oberwasser. Schrecklich. Wenn ich nur an seine Hände an meinen Oberschenkeln denke, die versuchen mich festzuhalten und mein Kleid hochzuschieben.

Emily: Contenance! Wie sagte meine Mutter immer? Der beste Weg dem Feind zu begegnen, ist die Zähne zu zeigen. Deswegen hole ich mein schönstes 900-Watt-Strahlelächeln raus und sage:

»Eine ganz wunderbare Idee. Ich denke, alle werden es lieben« und lächle in die Runde. Bähm, Justus. Du kannst mir gar nichts. Das scheint er zwar noch nicht ganz verstanden zu haben, denn er lächelt immer noch siegessicher, wie eh und je, aber ich habe mich wenigstens nicht einschüchtern lassen. Auch Frau Dr. Weisberg bekundet ihre Begeisterung. Natürlich. Sie hat es eigentlich gar nicht gern, wenn alles gemischt wird, sondern beharrt gerne auf ihrer höheren Position. Ich lege mein Besteck auf meinen Teller und erhebe mich langsam.

»Vielen Dank für die Einladung«, beginne ich, »aber langsam ruft mein Schreibtisch. Ich wünsche einen schönen Nachmittag und falls man sich nicht mehr sieht, ein schönes Wochenende!«, verabschiede ich mich. Während Auerbach Senior und Junior zustimmend lächeln, Herr Lechner mir ebenfalls ein schönes Wochenende wünscht, entlässt mich Frau Dr. Weisberg natürlich nicht so einfach.

»Kommen sie bitte um vier nochmal in mein Büro, Frau Roberts.» Und wendet sich dann direkt den Herren zu, die schon wieder im Gespräch vertieft sind. Ich nicke kurz, nehme meinen Teller, ignoriere Justus Blick und mache mich auf in die Kaffeeküche. Nachdem mein Geschirr verstaut ist, genieße ich einen kurzen Moment der Ruhe, bevor ich mein Handy auf eine Antwort von Natalie checke.

Tatsächlich, sie hat schon kurz nach meiner Nachricht heute Vormittag geschrieben! Sie freut sich sehr, dass ich mitkommen will, sie geht heute wieder und hat mir sogar schon die genaue Adresse gesendet. Perfekt! Noch einmal durchatmen und ich mache mich wieder in mein Büro. Tatsächlich bin ich schon ein wenig voller Vorfreude auf einen Abend, der anders wird als viele der letzten.

KAPITEL 3

Beschwingt geht mir die Arbeit leicht von der Hand, als mein Telefon klingelt. Stefanie ist dran und teilt mir mit, dass meine Mutter in der Leitung ist. Sie fragt, ob sie durchstellen soll.

»Ja bitte, ich habe gerade Zeit.« Im nächsten Moment ist Steffi weg und meine Mutter dran.

»Bin ich jetzt hier richtig? Emy, bist du's?«

»Ja, Mama ich bin's.« Meine Mama ist manchmal immer noch überfordert mit dem durchstellen etc. Das beruht aber auch darauf, dass sie schon oft bei großen Firmen von A nach B nach C und wieder nach A durchgestellt wurde.

»Da bin ich aber froh. Wie geht es dir mein Schatz? Noch im Büro? Du arbeitest zu viel!« Das ist meine Mama. Immer fürsorglich und liebevoll. Mir geht das Herz auf.

»Bei mir ist alles gut. Ich arbeite auch nicht zu viel. Nur noch ein bisschen heute, dann ist Feierabend und heute Abend treffe ich mich mit Natalie.«

Ok, nur halb geschummelt. Vielleicht arbeite ich tatsächlich etwas zu viel, aber was bringt es mir und vor allem meiner Mama, wenn sie sich deshalb Sorgen macht? Ich habe es jetzt heute doch schon immerhin erkannt. Mal sehen, was sich damit machen lässt.

»Das ist gut. Hör mal Schnecke, ich will dich auch gar nicht lange aufhalten und vielleicht haben wir bald Zeit länger zu schnacken. Wir wollen dich nämlich für Sonntag zum Kaffee einladen! Emma und Konstantin kommen auch.« Ich spüre ein kurzes Ziehen in der Brust bei der Erwähnung von Konstantins Namen. Das will ich jetzt nicht fühlen.

Ach Emma! Ja, ich weiß, Emma und Emy, nicht unbedingt sehr einfallsreich von meinen Eltern. Aber als Schwestern, die sich immer so nah standen, fanden wir es eigentlich immer toll. Die Zwillinge wurden wir genannt. Ja, genau. Vergangenheitsform. Das WAR so, bis ich zum Studieren auszog und Emma bei unseren Eltern in Kleinmachnow blieb, um erst ihr Abitur und dann eine Ausbildung zur Erzieherin zu machen.

Seitdem ist unser Kontakt nicht mehr so eng, obwohl dass mit dem getrennten Wohnort auch nur die halbe Wahrheit ist. Emma lebt jetzt zusammen mit ihrem Mann Konstantin in Teltow und vorher haben sie sogar auch in Berlin gewohnt. Wem will ich hier etwas vormachen? Was soll‘s, neue Wege an meinem freien Wochenende, also antworte ich:

»Sehr gerne komme ich. Kann ich etwas mitbringen?«

»Da wird sich Papa aber freuen. Und ich mich natürlich auch. Und nicht wieder kurzfristig absagen, ja?« Ich kann sie förmlich vor mir sehen, wie sie im Flur meines Elternhauses steht, am Telefon auf dem Tisch neben der Treppe und mit ihren Füßen wippt. So wie ich sie schon telefonieren sehen habe, als ich noch klein war.

»Ja, Mama. Versprochen! Und etwas mitbringen?«

»Das brauchst du nicht. Dass du kommst, reicht vollkommen. Ich freue mich, liebe Emy. Bis Sonntag 15 Uhr, mein Schatz.«

»Ich freue mich auch. Hab dich lieb. Und liebe Grüße an Papa!«, sage ich und lege auf. Mensch, das wird ein Wochenende. Heute Abend mit Natalie, Sonntag mit der Familie und verwöhnen lassen. Ich schreibe kurz Izzy, dass ich Sonntag zu meinen Eltern fahre und deswegen, wenn dann nur am Morgen spazieren gehen möglich wäre. Dann wende ich mich wieder meinen Akten zu. Kurze Zeit später, klingelt das Telefon wieder, die Anzeige zeigt mir die

Nummer von Frau Dr. Weisberg. Was sie wohl jetzt möchte? Hoffentlich nichts, was super dringend ist.

»Wo bleiben Sie denn?«, schnauzt sie ins Telefon, nachdem ich abgehoben habe. »Ich erwarte Pünktlichkeit von Ihnen!« Ich schaue kurz in meinen Outlook-Kalender, aber da steht nichts von einem Treffen. Es ist jetzt kurz nach vier.

Da fällt es mir wieder ein, sie hatte mich vorhin mündlich darum gebeten und ich habe es nicht aufgeschrieben, so ist es mir einfach durchgerutscht. Ich schlage mir die Hand an die Stirn. ›Das war mal wieder klar. Immer passiert mir so was. Ich bin einfach zu nichts zu gebrauchen.‹ Meine innere Stimme gerät richtig in Fahrt. ›Warum passiert das immer mir?‹ Ich versuche mich wieder darauf zu konzentrieren, was ich dem Drachen antworten kann.

Mist, Mist, Mist. Mit schlechter Laune ist sie noch schwerer zu ertragen. Zuerst erwäge ich es, mich zu rechtfertigen, dann entscheide ich mich aber für den ›einfacheren‹ Weg.

»Ich bin schon auf dem Weg«, formuliere ich deeskalierend.

»Das will ich hoffen. Und bringen Sie mir einen Kaffee mit!«, fordert sie noch, bevor die Verbindung gekappt ist. Sie bildet sich aber auch echt was darauf ein, dass sie Junior-Partnerin ist. Trotzdem will ich es mir nicht mit ihr verscherzen, denn außer ihr und Justus ist das Team toll. Ich begebe mich in die Kaffeeküche, nicht ohne mich darüber zu ärgern, dass sie mich so rumkommandiert und gieße uns beiden zwei Kaffee ein. Damit gewappnet, betrete ich ihr Büro.

»Frau Roberts, schön dass sie es möglich machen konnten«, sagt sie so eisig, dass ihr Ton und Blick ihren Worten Lügen straft. Ich setzte mich und nippe an meinem Kaffee, während ich versuche innerlich ganz ruhig zu bleiben, egal was kommt.

»Ihre Präsentation heute war gut.« Mensch, das ist ein Lob. Ich glaube es nicht. »Aber...« Das war klar, zu schön um wahr zu sein. »...ich dachte, ich hätte ausdrücklich klargemacht, inwiefern ich Ihre Vision für die Zukunft einfließen lassen wollte. Da haben sie eindeutig zu eigenmächtig gehandelt!« Sie sieht mich drohend an und fährt fort »Ihr Glück, dass es Herrn Lechner gut gefallen hat, deswegen will ich Milde walten lassen. Das hätte auch nach hinten losgehen können. Aber ich warne sie, mich nochmals zu übergehen. Das würde Konsequenzen nach sich ziehen. Haben Sie das verstanden?« Ich nicke.

Ohne ein weiteres Wort macht sie eine verscheuchende Handbewegung. Ich bin dann also entlassen. Ich erhebe mich, während sie sich schon wieder ihren Unterlagen zugewendet hat. Innerlich brodelt es in mir, ich gebe mich aber gelassen. Ich lasse mich nicht unterkriegen. Auch wenn sie das nicht mag, ich werde weiter diese Pläne verfolgen. Und mit Herrn Lechner habe ich jetzt einen großen Verfechter dafür, inklusive mehr Stimmgewalt.

Zwei Stunden später ist es Zeit Feierabend zu machen und mich langsam auf den Weg zu Natalie zu begeben. Ich fahre alles runter, bereite meinen Schreibtisch vor, sodass ich weiß, was meine nächsten Schritte sind und überlege, ob ich meinen Laptop hier in der Docking Station lassen soll.

Erfreulicherweise, konnte ich alles Dringende erledigen und es gibt eigentlich nichts, was nicht auch bis Montag warten könnte. Und ich wäre dann nicht so verführt, am Wochenende zu arbeiten. Ich überlege kurz.

Ja! Ich traue mich, Work-Life-Balance ich komme, Juhuuu! Ich glaube fast, das ist das erste Mal, dass ich ihn nicht mitnehme, sonst lese ich eigentlich jeden Abend noch etwas. Der Weisdrachen hat mir bei der Einweisung damals eingebläut, fleißig zu sein, wir seien alle austauschbar etc. Ich verdrehe meine Augen, bei den Gedanken an ihre Führungsqualitäten.

Das Blackberry muss leider mit, für den Notfall. Aber ich werde mich bemühen, keine Mails zu lesen. Ich betrachte meinen aufgeräumten Schreibtisch und bin sehr zufrieden. Und stolz auf mich! Dann schnappe ich mir meine Tasche und verlasse mein Büro. Auf dem Weg nach draußen stecke ich noch kurz den Kopf bei Izzy rein und wünsche ihr ein schönes Wochenende.

»Was ist denn da los«, erwidert sie spöttisch »Du machst vor mir Feierabend, dass ich das noch erlebe!« und lächelt mir anerkennend zu.

»Ja, oder? Ich bin auch ganz begeistert. Danke für den Arschtritt, Izzy! Ich treffe mich jetzt gleich mit Natalie, suche mir noch was zum Reinbeißen«

»Schau ruhig nochmal in die Küche, Steffi war nochmal hier bevor sie gegangen ist und meinte es sind noch Reste da. Vielleicht ist da noch etwas für dich? »

»Gute Idee, vielleicht mache ich mir hier noch was warm und ziehe dann los. Viel Spaß heute Abend und wir schreiben wegen Morgen, ja?«

»Ja, aber mach dir nicht so viele Hoffnungen, heute Nacht wird episch und lang und Morgen mache ich nichts«, erwidert sie augenzwinkernd und schließlich »Ciao Kakao!«

»Lass es krachen!«, antworte ich und schließe die Tür. Fröhlich gestimmt schlendere ich zur Kaffeeküche, summe sogar etwas vor mich hin. Mensch, so gute Laune, hatte ich schon ewig nicht mehr. Ich betrete die Küche und entdecke Justus, der gerade in den Kühlschrank schaut.

»Na, willst du dich auch auf eine lange Nacht vorbereiten?«, fragt er mich auch sogleich aufreizend. Mein erster Impuls ist rückwärts wieder aus der Küche zu gehen und abzuhauen, mein zweiter ihm die Meinung zu geigen. Oh Mann, der Typ bringt mich auch echt immer gleich auf

180. Wie kann man nur so eingebildet sein und vor allem so dreist? Unfassbar. Fehlt nur noch, dass er mich hier auch gleich wieder versucht gegen die Arbeitstheke zu drücken. Oder rumkommandiert wie die anderen Mädels, um ihm Kaffee zu bringen, wenn er Mandantenbesuch hat. Am Anfang war ich sogar noch so höflich, dass ich das gemacht habe. Bis mich Isabel mal zur Seite genommen hat und mir sehr deutlich zu verstehen gegeben hat, dass es nicht zu meinen Aufgaben gehört, Auerbach Junior in den Arsch zu kriechen und ich mehr meine Frau stehen soll.

Also Emily, reiß dich zusammen. Lass dich nicht unterkriegen! Wie sagt Natalie immer? ›Du hast zwar keinen Einfluss darauf, was in deinem Umfeld passiert, aber immer wie du darauf reagierst.‹ Genau. Ich entscheide, wie ich damit umgehe. Ob ich zulasse, dass er mich klein hält, oder ob ich souverän bin. Justus sieht mich immer noch auffordernd an, während ich noch überlege. Ihn ignorieren, einfach gehen und woanders etwas zu essen holen? Andererseits will ich nicht nur seinetwegen meine Pläne ändern. Irgendwie würde ihm das zu viel Macht geben.

»Nein, ich bin fertig für heute und wollte mir nur noch einen Weg-Snack holen«, gebe ich ihm neutral zu verstehen, während ich versuche einen Blick in den Kühlschrank zu erhaschen. Justus postiert sich nun so, dass das fast nicht mehr möglich ist.

»Das gibt es aber nicht umsonst hier, Fräulein!« So eine Scheiße, warum passiert das immer mir? Da habe ich mich auch mal wieder in eine Situation rein manövriert. Normalerweise herrscht hier um sechs noch viel Betrieb, aber auf einen Freitagabend sind dann doch einige schon eher nach Hause. Es ist in fast allen Räumen um uns dunkel und das Licht im Flur, dass durch Bewegungsmelder gesteuert wird, geht in diesem Moment aus. Das Licht würde jemanden der herkommt, frühzeitig ankündigen. Jetzt um die

Uhrzeit eher unwahrscheinlich.

Da hat mich mein Stolz mal wieder weit gebracht, sinniere ich vor mich hin. Vorhin hätte ich noch easy losgehen können mir was zu essen holen und ihm sagen, dass ich nur Wasser wollte. Jetzt haben wir den Salat.

›Ich bin auch so dämlich. Wie hatte ich nur denken können, dass ich mit der Situation gut umgehen werde? Wer dachte ich, dass ich bin?‹ Die Stimme in mir wird ganz laut und ich werde ganz klein. Plötzlich wird mir alles zu viel. Die Kanzlei, Justus, Weisdrachen. Ich merke, wie ich wie innerlich zusammen falle.

›Emily. Atme tief ein. Konzentriere dich auf deinen Bauch, wie er sich aufbläht.‹ Woher kommt diese Stimme? Das ist eine andere als die, als die von eben?!

›Alles ist gut, du schaffst das!‹ Ok, mir ist egal, woher sie kommt, das gefällt mir viel besser, als die Ratschläge der anderen Stimme in meinem Kopf. Diese meldet sich auch sogleich zu Wort.

›So ein Bullshit, du bist ihn auch bisher nicht losgeworden, wie soll das dann jetzt anders sein?‹ Da muss ich ihr auch wieder Recht geben. Fühlt sich an, wie Engelchen und Teufelchen, die sich hier innerhalb von einem Wimpernschlag ein Gefecht liefern.

›Ich meine, schau dich nur an? Was kannst du eigentlich? Noch nicht mal pünktlich aufstehen, deine Wäsche richtig waschen, in Ruhe frühstücken oder dein Portemonnaie mitnehmen? Du bist einfach komplett unfähig. Kein Wunder, dass dich kein Mann liebt. Und sich Konstantin nicht für dich entschieden hat, sondern für Emma.‹ Bäm, dieser Schlag sitzt, perfekt in die Magengrube. Ich fühle mich elend.

Da meldet sich kurz mein Gehirn, Moment mal, Portemonnaie vergessen? Schöner Mist, das hatte ich ganz vergessen. Und ich wollte heute Mittag noch los Essen holen. Das wäre wieder peinlich geworden. Ich merke, wie Die-alles-madig-machende-Stimme schon wieder starten will, aber ich bin schneller. Ich bin nämlich plötzlich sehr froh, dass ich hier Essen konnte und mir das erspart blieb. Und irgendwoher gibt mir das plötzlich eine Kraft, hier weiter meine Frau zu stehen, nicht nachzugeben und mir was zu essen zu organisieren.

»Nein, das sehe ich nicht so«, erwidere ich, trete einen Schritt nach vorne, öffne den Kühlschrank weiter und greife den erstbesten Karton, sowie eine Alu Folienverpackung. Justus ist sichtlich überrumpelt, damit hat er wohl nicht gerechnet, sondern eher mit einem Rückzug meinerseits. Flink öffne ich die Besteckschublade, um mir Besteck zu nehmen, da hat er sich auch schon wieder erholt, um zum nächsten Schlag auszuholen

»Und was macht so eine schöne Frau, allein am Freitagabend? Mir würde schon etwas Passendes für uns beide einfallen, damit du nicht so allein sein musst« Jetzt geht es aber langsam wieder zu weit. Während mein innerer Kritiker schreit ›Ja, es stimmt, ich bin immer allein und werde allein sterben‹ hat ein anderer Teil von mir langsam genug.

»Ich wüsste nicht was, dich das angeht. Und ich würde lieber alles andere auf der Welt tun, als mit dir meinen Abend zu verbringen. Also lass all das einfach zukünftig sein.« Damit drehe ich mich um, stopfe im Gehen Essen und Gabel in meine Tasche und verlasse die Küche.

Das Licht im Gang geht automatisch an und ich halte einen Moment den Atem an, während ich zügig gehe und überprüfe, ob er mir folgt. Hoffentlich ist Izzy noch da, aber bestimmt schon. Das ganze Intermezzo hat keine drei Minuten gedauert, auch wenn es mir viel länger vorkam. In Isabels Büro brennt noch Licht. Soll ich sie damit belasten? Lieber nicht. Sie wird das Ganze nur aufbauschen und vermutlich selbst nochmal zu Justus rennen, um ihm die Meinung zu sagen und dann würde er sich wieder nur mächtig was darauf einbilden. Ich klopfe und trete ein. Izzy schaut überrascht hoch.

»Ich dachte, du bist schon weg?«

»Ja, das dachte ich auch schon, aber mir ist noch eingefallen, dass ich mein Portemonnaie vergessen habe. Kannst du mir was leihen?«

»Na klar, Emy« meint sie und greift nach ihrer Tasche. Isabel holt ihren Geldbeutel heraus und zaubert einen 50 und einen 10-Euro-Schein hervor.

»Für einen Fahrschein etwas kleiner und der Rest für deine anderen Pläne heute Abend.«

»Danke, Izzy, du bist ein Schatz« gebe ich zurück und mache einen Luftkuss. Izzy schmunzelt nur und macht wegscheuchende Handbewegungen.

»Und nun mach, dass du wegkommst. Ich bin auch gleich fertig. Wollte mich noch kurz vor dem Feiern ausruhen «

»Alles klar, bis Montag«, flöte ich noch bevor ich die Tür schließe und zum Aufzug schreite. Während ich auf den Aufzug warte, merke ich, dass der Tag doch nicht spurlos an mir vorbeigegangen ist. Eben noch war ich so positiv gestimmt, jetzt fühle ich mich sehr deprimiert und zu nichts fähig. Da half auch das kurze Gespräch mit Izzy nicht, für das ich mich extra zusammengerissen hatte.

›Richtig so, du bist ja auch nichts wert und zu nichts zu gebrauchen. Sonst würde dich auch jemand lieben und du alles richtig machen‹ kommt da auch gleich wieder die Nieder-Mach-Stimme zum Einsatz. Gleich fühle ich mich noch schlechter.

Der Aufzug kommt, ich steige ein und drücke den Knopf ins Erdgeschoss. Beim Verlassen des Gebäudes und auf dem Weg zur U-Bahn kann ich nur daran denken, dass ich mich am liebsten mit einer großen Packung Eis und Keksen auf meiner Couch verkriechen möchte und dabei einen romantischen Film schauen will.

Das ist doch alles Scheiße. Beim Überqueren des Potsdamer Platzes sehe ich nur glückliche Leute, die froh gestimmt zu ihrem Freitagabend eilen. Wie oft habe ich mir schon gewünscht, auch eines der Pärchen zu sein, die gerade Hand in Hand auf dem Weg ins Restaurant und dann vielleicht ins Kino am Potsdamer Platz sind. Aber ich bin immer nur zweite Wahl. Niemand will mich.

Auf den Treppen auf dem Weg in die U-Bahn werde ich angerempelt. Na, toll. Wahrgenommen werde ich auch nicht mehr. Ich bin kurz vorm weinen und laufe fast am Ticketautomaten vorbei. Mist, ich sehe auf die Bahnhofsuhr. Die U2 kommt zwar im 5-Minuten-Takt, allerdings bin ich mit dem ganzen Hin und Her jetzt doch knapp mit der Zeit.

Hilft ja nichts, ich möchte nicht nochmal Schwarzfahren. Wenigstens ist gerade keiner vor mir. Dann hole ich mir doch gleich zwei Einzelfahrttickets für den Tarifbereich A/B, dann muss ich das nachher nicht mehr machen. Irgendwann die nächsten Tage muss ich dann wohl auch noch zum Ostkreuz, das klären. Ich bin aber auch ein Pechvogel.

Während ich versuche, dass der Automat den Zehn-Euro-Schein akzeptiert, sehe ich gerade die U2 in Richtung Pankow einfahren. Meine Richtung! »Komm schon«, murmle ich halblaut vor mich hin. Aber er spuckt den Schein zum wiederholten Male aus. Ich sehe, wie die meisten Leute in die Bahn einsteigen und wäge ab. Wie wahrscheinlich ist es nochmal kontrolliert zu werden? Kann schon sein im Berufsverkehr, aber trotzdem.

Als der Bahnsteig leer ist, entscheide ich mich zu rennen. Schon wieder heute, mit hohen Schuhen. Da ertönt auch schon das bekannte ›Dö Döö Dööö‹ der Türen, bevor sie sich automatisch schließen. Ein Mann stellt seinen Fuß in die

Tür, sodass ich gerade noch hinein huschen kann. Dankbar blicke ich auf, um mich bei ihm zu bedanken und glaube meinen eigenen Augen kaum. Meine Augen werden ganz groß und ich bin erst mal sprachlos, öffne den Mund, um etwas zu sagen und schließe ihn wieder. Er kommt mir zuvor.

»So schnell sieht man sich wieder, hmm?« und lächelt mich an. Als ich immer noch nichts sage, weil ich mal wieder meine Möglichkeiten abwäge, fährt er fort »Keine Sorge, ich bin nicht mehr im Dienst, falls das ihre Befürchtung ist. Also behalten sie Ihre Fahrkarten Situation einfach für sich, ja?«

»Tatsächlich, habe ich eben prob...« Er unterbricht mich jedoch sofort. »Wie gesagt, ich habe jetzt auch Feierabend. Also lassen sie uns über etwas anderes sprechen. Sie haben auch noch was vor? Denn unser Treffen heute Morgen, das war die vom Süden kommende S2, also vermute ich, dass sie noch nicht nach Hause fahren?«, fragt er und lächelt mich schon wieder aufmunternd an.

Da wird mir doch glatt etwas warm ums Herz. Vor allem, dass er sich das gemerkt hat, hätte ich nicht gedacht. Und wie war das nochmal mit Wahrscheinlichkeiten? Schon verrückt, dass ich ihn jetzt hier wieder treffe.

In diesem Moment fahren wir in eine Kurve und ich verliere meinen Halt, da ich mich bisher auch nirgends festgehalten habe und falle gegen ihn. Shit, ich bin aber auch ein Tollpatsch. Es ist komisch, aber irgendwie auch vertraut und ich muss zugeben, er riecht sehr gut... Hastig versuche ich wieder sicheren Stand zu bekommen und mich zusammenzureißen. Da öffnen sich auch schon die Türen und einige Passagiere steigen am U-Bahnhof Mohrenstraße aus.

»Wollen wir uns setzen?«, fragt er und zeigt auf zwei Sitze, die gerade frei geworden sind,

»Gerne!«, gebe ich zurück und nicke zustimmend.

Wenigstens kein Fallen mehr, denke ich bei mir und folge ihm. Während wir uns setzen, versuche ich mich daran zu erinnern, was er vor dem Fall gefragt hat.

»Tatsächlich, fahre ich noch nicht nach Hause, sondern treffe eine Freundin und wir besuchen eine geleitete Gruppenmeditation«, schaffe ich es dann herauszubringen. Denn irgendwie bin ich ganz schön nervös und k.o. Der ganze Tag war ein ständiges auf und ab. Rennen am Morgen und Abend, Herausforderungen über den Tag und jetzt spielen meine Hormone komplett verrückt.

Obwohl ich auch schon darüber gelesen habe, dass wir von uns als Frauen nicht fordern sollten, jeden Tag gleich drauf sein. Wie es uns physisch sowie psychisch geht, verändert sich nicht nur im Laufe des Tages, sondern auch im Rahmen unseres Monatszyklus. Ich meine, das ist an sich nichts Neues, unsere Hormonspiegel verändern sich in der Zeit auch, dann sollte es eigentlich logisch für uns sein, dass uns in unterschiedlichen Phasen verschiedene Dinge wesentlich leichter fallen als in anderen, oder?

Als ich all dies gelesen habe, dachte ich so bei mir - na klar, natürlich. Aber wo leben wir das als Frauen in der aktuellen Welt? Eigentlich versuchen wir oft nur mehr ›männlich‹ zu sein. Nicht zu emotional, sondern stark und taff und selbstständig.

Das ist an sich nicht verkehrt, nur habe ich den Eindruck dafür vernachlässigen wir diesen anderen Teil von uns, der mehr in Gefühle reingehen möchte. Und damit verleugnen wir einen Teil von uns. Genauso wie Frauen sich oft dafür schämen, von ihrer Periode zu erzählen, oder damit verknüpfte Beschwerden herunterspielen, besonders wenn Männer anwesend sind.

Das sind Informationen, die auch noch nicht so präsent in den Medien sind. Noch so etwas, wo ich mich reinsteigern könnte…

Obwohl mir all dies nur in Sekundenbruchteilen durch den Kopf schießt, während ich ihn – ich kenne noch nicht mal seinen Namen – betrachte, versuche ich wieder im Hier und Jetzt anzukommen, um aufzunehmen, was er gerade sagt, als er seinen Mund öffnet, um zu antworten:

»Wie cool! Ich finde eine konstante Meditations-Routine aufrecht zu erhalten ist super herausfordernd. In einer Gruppe zu meditieren ist bestimmt toll, machen Sie das öfter?«

»Eigentlich ist es mein erstes Mal«, gebe ich zu und versuche mich an einem schiefen Grinsen, während ich ihm in die Augen schaue. Braun mit grünen Sprenkeln. Ein bisschen zum Versinken.

»Sehr cool, dann wünsche ich dir auf jeden Fall eine besondere Erfahrung.« Jetzt sind wir plötzlich beim Du angekommen. Irgendwie gefällt mir das.

»Ich bin übrigens Tim«, ergänzt er, während er mich unvermittelt anschaut.

»Emily«, erwidere ich lächelnd.

»Schön dich kennenzulernen, Emily! Ich muss hier leider raus. Ich wünsche dir ein schönes Wochenende!«, sagt er, während er sich schon erhebt.

»Gleichfalls« gebe ich nur zurück, so überfordert bin ich von der ganzen Situation, seiner Freundlichkeit und der intensiven Blicke. Da öffnen sich auch schon die Türen zum Bahnsteig der Haltestelle des Alexanderplatzes. Tim dreht sich nochmal kurz um, hebt die Hand zum Gruß, lächelt und steigt dann aus. Ich tue es ihm gleich und folge ihm dann mit Blicken. Schnell ist er aber nicht mehr zu sehen, die Türen tröten und die Bahn setzt sich wieder in Bewegung.

Was ein Zufall. Ein schöner Zufall. Ich fühle mich viel besser als noch vor ein paar Minuten. Als könnte ich die Welt umarmen. Langsam erhebe auch ich mich und begebe mich zur Tür, denn die nächste Station, Rosa-Luxemburg-

Platz möchte ich aussteigen. Langsam, aber bestimmt meldet sich auch mein Magen.

Als ich den Bahnsteig betrete, checke ich die Bahnhofs Uhr: 18.42. Etwas Zeit, um meinen Magen zu beruhigen. Ich entdecke eine leere Bank und lasse mich darauf gleiten. Dann krame ich in meiner Tasche und hole meine beiden Mitbringsel aus der Kaffeeküche heraus, um sie genauer zu untersuchen.

Das kleine Paket trägt die Aufschrift unserer Salatbar um die Ecke. Jackpot, ich öffne es und drinnen befindet sich ein Bulgursalat mit Gemüse und Feta. Ich krame nach der Gabel und beginne mir sofort als ich sie habe, etwas in den Mund zu schieben. Himmlisch! Während ich kaue, entpacke ich die Alufolie. Das Focaccia! Wieder Jackpot. Mensch, da kann ich jetzt schlemmen. Ich nehme einen Bissen des lecker duftenden Brotes und schließe die Augen. Essen kann soo gut sein.

»Emily!« höre ich in dem Moment eine mir bekannte Stimme rufen und öffne die Augen. Vor mir steht Amelie, meine Erzfeindin aus dem Anne-Frank-Gymnasium, eingehakt bei einem jungen Mann, der freundlich lächelt. Gut sieht sie aus, Schwarze hohe Stiefel, die ihre Beine in einer raffinierten Strumpfhose betonen. Kleid oder Rock sieht man nicht, sie sind verdeckt von einem anbetungswürdigen Mantel in Bordeauxrot, ebenso die Farbe ihrer Lippen. Ihr langes blondes Haar glänzt seidig und als würde die November Feuchte ihm, im wahrsten Sinne des Wortes, kein Haar krümmen.

Auch ihr Gefährte ist nicht zu verachten, markantes Gesicht, ein bisschen wie aus einer GQ-Werbung. Oh Mann, wenn ich nur daran denke, wie sie mich während meiner Teenagerjahre gepiesackt hat, wird mir übel. Jede Woche ist ihr etwas Neues eingefallen, um mich runterzumachen und zu verspotten. Oder nach dem Sport mein Lieblingskleid zu verstecken. Als ich schließlich mit Konstantin zusammen war, hat sie nichts ausgelassen, um einen Keil zwischen uns zu bringen. Einschließlich sich an ihn ranzuwerfen. Mensch, was für tolle Erinnerungen da hoch kommen. Die fette-Kuh-Rufe hängen mir manchmal immer noch nach, oder ich träume davon.

»Amelie!«, schaffe ich schließlich zurückzugeben, nachdem ich heruntergeschluckt habe. Ich muss ein erbärmliches Bild abgeben, hier auf dem Bahnsteig mit verschiedenen Essenspaketen um mich rum.

»Was für eine schöne Überraschung!«, säuselt sie. »Mein Verlobter und ich sind gerade auf dem Weg in das neue In-Lokal der Stadt zum Abendessen«, erklärt sie weiter, während sie einen abschätzigen Blick auf mein Essen wirft. Ihr ›Verlobter‹ räuspert sich.

»Ach«, seufzt sie theatralisch. »Ich habe es schon wieder vergessen. Oskar, das ist Emily, eine ehemalige Schulfreundin.« Als Freundin würde ich sie zwar wirklich nicht bezeichnen, aber nun gut. Ich kann auch bei dieser Scharade mitspielen. Ich lächle und nicke Oskar freundlich zu.

»Emily, das ist Oskar, Arzt an der Charité, mein Verlobter«, spricht sie weiter und sieht ihn dabei anhimmelnd an.

»Sehr erfreut«, kommentiert Oskar diese Vorstellung. Ich bleibe beim Nicken. Mir bleibt heute aber auch nichts erspart. Ich könnte kotzen, wenn es nicht schon fast urkomisch wäre. So ein Klischee. Ihr Verlobter ist natürlich Arzt.

»Wir planen gerade unsere Hochzeit. Vor kurzem sind wir in unser Haus am Wannsee gezogen. Ein Traum!« Ich verkneife mir, mit meinen Augen zu rollen. Noch mehr Klischee geht doch gar nicht, oder? Ihre Augen hingegen glänzen schwärmerisch. »Ein riesiger Garten und Steg, wie für uns gemacht!« Dann verschwindet der verträumte Ausdruck aus ihren Augen und an dessen Stelle tritt ein anderer. Bevor ich diesen deuten kann, spricht sie auch schon weiter.

»Und bei dir, Emily, läuten da auch bald die Hochzeitsglocken?«

Bäm. Sie wusste schon immer, wo meine Schwachstellen sind und legt zielgerichtet den Finger in die Wunde. Autsch. Ich überlege gerade, wie ich ihr sagen kann, dass sie sich ihre Sprüche sonst wohin stecken kann, aber sie lässt mir gar keine Zeit zum Antworten, sondern holt schon zum nächsten verbalen Schlag aus.

»Ich habe gehört, dass deine kleine Schwester letztes Jahr Konstantin geheiratet hat. Wie haben dir die Festlichkeiten gefallen?«, fragt sie scheinbar interessiert weiter und ich merke wie meine Augen groß werden bei einer solchen Dreistigkeit. Allerdings ist mir meine Schlagfertigkeit abhandengekommen. Ich spüre, wie ich falle.

Ich falle und falle und falle und nichts kann mir helfen. In ein großes, schwarzes Loch.

Nach einer Weile wird mir bewusst, dass mich beide interessiert anschauen. Obwohl, Amelie sieht mehr triumphierend aus. So wie, als ob sie einen Krieg gewonnen hätte. Den Krieg um ›Ich habe das tollste Leben, kommt und schaut und beneidet mich‹.

Das Problem ist, gerade habe ich keine Kraft mehr, um ihr zu sagen, dass ich eine erfolgreiche Anwältin bin. Was ich schon alles erreicht habe. Und dass ich keine Lust auf diese Spielchen habe. Ich habe keine Energie mehr für dieses Tauziehen und zu erklären, dass man auch als Single sehr glücklich sein kann. ›Weil es auch nicht stimmt‹, ruft meine innere Stimme. ›Du hast es nicht verdient glücklich zu sein und geliebt zu werden.‹

»Ähm«, bringe ich nur heraus. Mir fällt keine passende

Antwort dazu ein, Amelie schaut dagegen siegessicher.

»Wie auch immer. Wir müssen jetzt los, wir wollen unsere Freunde nicht warten lassen. Wir wünschen dir einen schönen Abend«, bedeutungsschwere Pause, »und noch guten Appetit!« Mit einem letzten Beifall-heischenden Blick, stolziert sie los und Oskar, immer noch eingehakt, hat keine Chance außer mitzukommen. Er nickt mir nochmal kurz zu, wahrscheinlich komplett ahnungslos, wie zweideutig dieses Gespräch war und wie fies seine Verlobte sein kann. Der Arme kann einem leidtun.

Der Appetit ist mir vergangen und ich packe meine Sachen zusammen. Ich suche mir die Wegbeschreibung und Adresse aus Natalies Nachricht und verlasse die U-Bahn-Station. Oberhalb ist es schon deutlich kühler geworden. Trotzdem tut die frische Luft gut, ich habe nicht mehr das Gefühl zu fallen, sondern konzentriere mich einfach nur auf atmen und einen Schritt, nach dem nächsten.

Ich biege um die erste Ecke, dann bis zur nächsten Kreuzung und links, dann ist es auch schon fast geschafft. Hier in den Seitenstraßen ist die Wohngegend sehr schön und ruhig. Als ich näher komme, sehe ich Natalie vor der Haustür stehen. Als sie mich erblickt, beginnt sie zu strahlen.

»Emily, wie schön! Ich freue mich so, dass du heute dabei bist«, freut sie sich, während wir uns umarmen.

»Ich freue mich auch, danke für die Einladung! Was passiert jetzt?«

»Erst mal gehen wir hoch«, erwidert sie und öffnet die Tür.

»Alles weitere erklärt Pierre. Sei einfach offen, stell dein Handy auf stumm und nutze die Hilfsmittel, um einen bequemen Sitz zu finden.«

»Klingt spannend!« Während wir Treppen steigen stelle ich mein Arbeitshandy und mein eigenes in Flugmodus. Den Rest des Weges gehen wir schweigend, vermutlich weil jeder seine eigene Puste braucht, um in den 6. Stock zu gelangen.

Oben angekommen, ziehen wir unsere Schuhe aus und betreten den Ort des Geschehens. Der Raum strahlt eine unglaubliche Wärme aus. Er ist ziemlich hoch in der Mitte, höher als gewöhnlich, da wir direkt unter den Dachgiebeln sind. Die Balken und das Parkett in Kombination mit den Fenstern sehen wunderschön aus. Es riecht sehr gut. Ich überlege erst einen Moment was es sein könnte, aber dann wird mir schnell klar, dass es Räucherstäbchen und Kerzen sind. Ich folge Natalie weiter in den Raum, wo sie einen mittelalten, sehr vital aussehenden Mann herzlich begrüßt. Ich bin weiterhin in die Betrachtung des Raums, mit seinen indirekten Lichtquellen versunken.

Einige Personen sind schon anwesend, sie sitzen in einem Kreis und an jedem Platz liegt ein rundliches Kissen und Holzblöcke. In der Mitte stehen Kerzen und die Räucherstäbchen. Einige der Anwesenden unterhalten sich leise, andere haben schon in meditativer Sitzhaltung ihre Augen geschlossen.

»Emily«, reißt mich Natalie aus meinen Beobachtungen, »ich möchte dir Pierre vorstellen. Pierre, das ist Emily«, sie deutet auf mich, »Emily, das ist Pierre«, sie deutet auf Pierre. Ich lächle und Pierre nickt uns wohlwollend zu.

»Wie schön, dass du zu uns gefunden hast, Emily. Egal was passiert, nimm es einfach nur wahr und versuche es nicht als gut oder schlecht zu bewerten, nur wahrzunehmen, was in dir und in deinem Körper passiert.«

»Okay«, erwidere ich gedehnt. »Sonst noch etwas was ich beachten sollte?«

»Eigentlich nicht, versuche einfach zu entspannen«, meint Pierre lächelnd. »Sucht euch jetzt einen Platz, richtet euch ein und wir sprechen nachher nochmal, ja?«, gibt er uns zu verstehen und geht die nächsten Gäste begrüßen.

Natalie zeigt auf zwei noch freie Plätze, ich nicke

zustimmend und wir begeben uns dorthin, nicken dabei anderen Teilnehmern freundlich zu. Alle sehen schon jetzt sehr entspannt aus und ich fühle mich wohl.
Als wir Platz genommen haben, beginnt Natalie ihre Sitzposition zu verändern.

»Schau mal, es gibt verschiedene Möglichkeiten, dich hinzusetzen ohne dass dir die Beine einschlafen. Entweder ganz klassisch im Schneidersitz, so wie ich jetzt.« Sie zeigt auf ihre Beine.

»Oder unterstützt. Wenn du möchtest kannst du dich auf ein Meditationskissen setzen, durch den anderen Winkel fällt es leichter aufrecht sitzen zu bleiben.« Sie demonstriert wie sie übertrieben krumm und dann sehr gerade sitzt und wir kichern beide.

»Oder du nimmst je ein Kissen unter deine Knie, falls sie dir sonst Beschwerden machen.« Sie stopft sich Kissen unter beide Knie.

»Oder sogar beides!«, lacht sie.

»Alles ist möglich. Du kannst auch im Fersensitz meditieren.« Schon sitzt sie auf ihren Fersen.

»Alternativ wieder mit Kissen. Das Ganze geht auch mit den Blöcken«, ergänzt sie. »Aber meistens sind gerade am Anfang und oft auch für immer Kissen angenehmer«, flüstert sie mir verschwörerisch zu, während ich beginne eine ihrer Schneidersitzpositionen einzunehmen.

»Und?«, fragt Natalie, »kannst du so eine Weile sitzen bleiben?« Ich wackle mit den Zehen und bewege meinen Rücken ein wenig.

»Ich denke schon!«, erwidere ich. Ich weiß es nicht genau. Ich hoffe es!

»Dann lass uns schon mal auf gleich einstimmen, in uns gehen und nicht mehr reden. Du kannst dich zum Beispiel auf die Kerze in der Mitte fokussieren, wenn du möchtest.«

»Okay, du bist der Profi«, gebe ich ihr zustimmend zu

verstehen und verstumme dann. Also Fokus auf die Kerze. Das Licht flackert etwas, neue Leute kommen herein. Ich betrachte sie kurz und frage mich, ob sie schon länger meditieren. Alle sind super fokussiert. Außer ich. Also zurück zur Kerze. Die unterschiedlichen Farben sind interessant. Was wohl die anderen gerade so machen? Ich schaue mich um. Natalie hat schon die Augen geschlossen.

Da ertönt ein Gong. Ich blicke mich rasch um. Anscheinend kein echter, sondern nur aus der Musikbox, die vor Pierre steht.

»Herzlich willkommen zum heutigen Meditationsabend. Schön, dass ihr heute hierher gefunden habt. Wir wollen auch gleich beginnen, im Anschluss können wir uns austauschen«, ertönt die Stimme von Pierre.

»Finde einen bequemen Sitz und schließe deine Augen. Atme ganz bewusst ein, spüre wie sich deine Bauchdecke hebt und atme ganz langsam wieder aus, spüre wie die Luft aus deiner Lunge entweicht.

Nehme ganz bewusst wahr, wie du einatmest, erst in den Bauch, dann in die Brust … und ganz langsam wieder ausatmest.

Ein... und Aus... folge deinem natürlichen Atemrhythmus. Atme Ein... und aus. Noch ein paar Mal in deinem Rhythmus.

Bringe nun deine Aufmerksamkeit zu deinen Füßen. Spüre deine Füße.

Spüre wie sie deine Beine berühren, hier auf dem Boden liegen und erlaube ihnen zu entspannen. Nimm wahr, was für ein Wunder deine Füße sind. Sie tragen dich den ganzen Tag wohin du willst. Sie lassen dich springen und tanzen.«

Hmm. So habe ich noch gar nicht darüber nachgedacht, überlege ich. Ich sehe meinen Körper oft genug als selbstverständlich an und ärgere mich nur, wenn ich es nicht schaffe irgendetwas zu machen, zum Beispiel im ›BodyFit‹-

Kurs meines Fitnessstudios mitzukommen. Das fühlt sich jedes Mal wie scheitern an, neben all den hübschen trainierten Mädels in toller Sportkleidung rumzuhampeln und nicht so lange einen Unterarmstütz halten zu können oder ähnliches. Da fühle ich mich immer wie der größte Loser auf Erden. Als könnte ich nichts. Und schon höre ich die fiese Stimme flüstern: ›Kannst du ja auch nicht...‹ Und fühle mich elend. Ich kann förmlich spüren, wie sich alles in mir anspannt. Dabei will ich doch entspannen! Fokus Emily, konzentriere dich wieder auf Pierres Stimme!

»... Oberschenkel und erlaube ihnen alles loszulassen, was sie nicht mehr brauchen. All den Schmerz. Atme in deine Oberschenkel und mit dem nächsten Ausatmen, lass es los!

Komme mit deiner Aufmerksamkeit in deine Hüfte. Entspanne dich völlig. Fühle wie dein Steißbein mit der Erde hier verbunden ist.

Du bist sicher. Du darfst hier entspannen. Deine Hüfte hält nicht nur deinen Körper zusammen sondern auch dich und deine Emotionen, deiner Energie.

Erlaube hier alles gehen zu lassen, was du nicht länger brauchst.«

Ich fühle mich, wie als müsste ich gleich losweinen. Dabei bin ich doch sonst nicht so emotional. Es fühlt sich an, als liege eine zentnerschwere Last auf meiner Brust und ich könnte nicht richtig atmen. Was ist da nur los?

»...Entspanne deine Schultern. Lass alle deine Anspannung, deine Sorgen, dein Kummer, Ängste über dein Steißbein in den Boden fließen, lass es los.«

Ich schluchze auf, kann es nicht länger unterdrücken. Die Tränen laufen mir übers Gesicht

»... nun mit deiner Aufmerksamkeit zu deinem Kiefer, löse deine Zunge vom Gaumen, erlaube deinem Gesicht zu entspannen. Deine Wangen, deine Augen, all die kleinen Muskeln um deine Augen. »

Ich weine wie ein Schoßhund. Es tut gut, aber ich will die anderen nicht stören.

»Fühle, wie dein ganzer Körper tief entspannt ist. Wie gut sich das anfühlt«

Das fühlt sich an wie ein geheimes Signal und ich merke wirklich, wie ich langsam entspanne und mich beruhige.

»Alles ist gut«, höre ich dann.

»Stell dir vor, du stehst oben an einer wunderschönen Treppe. Sehe sie vor deinem inneren Auge. Ergreife den Handlauf und gehe die erste Stufe hinab. Merke wie du noch mehr entspannst. Nimm die nächste Stufe nach unten und lasse alles los...«

KAPITEL 4

»... spüre wie du mit jeder Stufe wieder wacher und frischer wirst, die du nach oben gehst. Drei, nehme die vorletzte Stufe. Fühle deinen Körper, die Verbundenheit und wie es dir jetzt geht. Zwei, gehe die letzte Stufe. Du bist erfrischt, klar und entspannt. Und eins, öffne deine Augen.«

Langsam öffne ich meine Augen und sehe wieder den Raum vor mir. Ich blinzle ein wenig. Sehe wieder die Kerze vor mir und versuche zu verstehen, was da gerade passiert ist. Erst mal anders hinsetzen, denke ich und strecke dankbar die Beine aus. Geht auch noch einigen anderen so, schmunzle ich in mich hinein, als ich sehe wie fast alle sich strecken und recken.

»Bleibt noch einen Moment bei euch und euren Gedanken, in wenigen Minuten besprechen wir uns in der Gruppe.«

Gute Frage. Wie fühle ich mich gerade? Anders als sonst auf jeden Fall. Die Frage ist nur, ob gut anders oder schlecht anders. Gut anders stelle ich fest. Leicht und irgendwie auch... befreit. Ich war schon noch ein bisschen skeptisch vorher. Es hatte schon einen Grund, dass ich, bevor ich quasi indirekt von Izzy gezwungen wurde, mit der anderen Option mit ihr feiern zu gehen, meditieren noch nicht probiert hatte.

Ich meine in der Zeit, könnte man auch etwas Produktives tun, oder? Ich habe bisher nicht viel Sinn darin gesehen, sich auf den Boden zu setzen und nichts zu tun. Jetzt würde ich auf jeden Fall nicht mehr sagen, dass es nichts tun ist. Erst mal ist es schwierig, überhaupt fokussiert zu bleiben und seine Gedanken nicht schweifen zu lassen. Das habe ich heute selber gemerkt und das hat mir Natalie auch schon oft erzählt. Und zweitens mag ich es, wie ich mich jetzt fühle. Es ist extrem ungewohnt, aber ich fühle mich nicht mehr so verloren, irgendwie geerdet. Und weiß irgendwoher, dass alles gut wird. Das fühlt sich gut an und tut mir gut. Um ehrlich zu sein, habe ich mich schon lange nicht mehr so hervorragend gefühlt, lächle ich in mich hinein. Ich glaube, das mache ich nochmal. Wer hätte das heute Morgen gedacht? Ich bestimmt nicht. Ich blicke dankbar zu Natalie, die auch ganz beseelt da sitzt.

»Meine Lieben, ich hoffe es geht euch gut und euch hat die Meditation gefallen. Ich bin immer wieder aufs Neue von Gruppenmeditationen begeistert, dass ist einfach nochmal eine ganz andere Energie. Ich eröffne hier jetzt den Raum, um über eure heutigen Eindrücke und Emotionen zu sprechen, alles bleibt natürlich hier.« Pierre lässt seinen Blick über die Gruppe schweifen.

»Wir beginnen links von mir und gehen im Uhrzeigersinn, Sandra, beginne bitte«, spricht er die junge Frau neben ihm an. Die Angesprochene startet auch direkt los.

»Also ich konnte heute die Energie ganz deutlich in…« Weiter kann ich nicht zuhören, da ich plötzlich wieder etwas aufgeregt bin. Meine Gefühle und Eindrücke hier teilen? Mit Natalie ja. Aber in einer großem Runde fühle ich mich dabei unwohl. Ich blicke hilfesuchend zu Natalie, die mir einen aufmunternden Blick zu wirft. Okay, so schwer kann das nicht sein. Ich kann auch etwas Ähnliches sagen wie die vor mir. In dem Moment, wo ich mich wieder konzentrieren will, ist es plötzlich still und alle schauen mich an. Shit. Ich bin jetzt dran!

»Ähm, ... Das war heute meine erste Meditation überhaupt. Es hat mir gut gefallen.« Super Emily, schon mal etwas, wenn auch sehr grundlegendes. Aber statt lauernder Blicke auf weitere peinliche Aussetzer, blicke ich nur in freundliche, interessierte Mienen. Das ermutigt mich weiterzusprechen.

»Ich fühle mich wirklich gut, befreit und leicht. Ich bin sehr froh, es gemacht zu haben und komme gerne wieder. Ich glaube tatsächlich, ich habe das heute gebraucht. Und vielleicht generell in meinem Leben.« Huch, wo ist das jetzt hergekommen? Mein Mund scheint schon weiter zu sein, als mein Herz und Verstand. Aber das klingt nicht schlecht. Ich beginne zu lächeln und blicke zu Natalie, als Zeichen, dass ich fertig bin und sie beginnen kann.

»Pierre, ich kann dir nur zustimmen«, beginnt sie, »die Energie ist immer wieder magisch. Ich hatte auch eine intensive Meditation, konnte meine Zukunft bereits sehr genau vor mir sehen und das hat sich sehr gut angefühlt. Vielen Dank!«, beendet sie und lächelt Pierre zu und in die Runde. Ihre Sitznachbarin beginnt daraufhin. Ich bin aber wieder in meinen Gedanken. Zukunft? Haben wir die gleiche Meditation gemacht? Eingeschlafen bin ich aber nicht, oder? Hmhmm. Das frage ich gleich mal Natalie. Da höre ich auch schon wieder Pierres Stimme.

»Wie immer, könnt ihr gerne noch hier bleiben, euch austauschen, Tee trinken. Der Raum ist noch bis 21 Uhr geöffnet. Und wenn ihr geht, nehmt bitte eure Utensilien und räumt sie ins Regal. Danke und schönen Abend euch!«

Zustimmendes Gemurmel, dann stehen einige auf. Ich wende mich Natalie zu.

»Zukunft visualisieren? Das habe ich nicht mitbekommen. Das letzte an was ich mich erinnern kann, ist wie wir eine Treppe runter und dann auch wieder hoch gegangen sind.«

»Interessant, das kann sehr gut sein. Diese Treppen-Technik dient dazu, dich noch tiefer zu entspannen, sodass du den Theta-Gehirnwellenbereich erreichst und nicht in dem Beta bleibst, in dem unser bewusster Verstand arbeitet. In dem Theta Bereich bist du nämlich tief entspannt und mit deinem Unterbewusstsein direkt verbunden. Deswegen ist es ideal, um dort positive Ideen zu pflanzen, wie ›ich bin gut so, wie ich bin‹. Oder die Zukunft zu visualisieren. Allerdings kann es auch ähnlich wie bei Hypnose sein, dass du dich nicht erinnern kannst. Du hast aber sehr wahrscheinlich nicht geschlafen.«

Das muss ich erst mal verarbeiten. Ich war zwar wach, aber kann mich nicht erinnern?

»Ein bisschen gespenstisch ist das schon...«, meine ich nur und schaue wahrscheinlich sehr skeptisch.

»Auch nicht krasser als, wie Radios funktionieren und dass du die Radiowellen nicht siehst. Oder Handys. Oder dass wir auf einer Kugel sind, die sich um sich selber dreht und um andere Kugeln in einem unfassbar großen Universum«, meint Natalie mit einem kessen Blick.

»Hmhmm, wir können das erst mal so stehen lassen.«

»Ja, wie geht es dir? Wie fühlst du dich? Alles ok? Wie war das Weinen?«, fragt sie mich mit einem mütterlichen Blick.

»Oh nein, hast du das gehört? Hat dich das gestört?«, gebe ich zurück und fühle mich gleich etwas schlecht.

»Nein, ach quatsch. Das gehört dazu. Haben wir alle schon und mehr als einmal.«

»Echt? Das hätte ich nicht gedacht. Ich habe mich schon schlecht gefühlt deswegen.«

»Das solltest du wirklich nicht, liebe Emy. Alles ist gut! Im Gegenteil, mehr als gut. Ich weiß ja, dass es dir schwer fällt, Gefühle zuzulassen, du immer stark bist und auch schon lange nicht mehr geweint hast. Dabei ist weinen sehr befreiend! Es ist, zusammen mit der Bewegung, eine Möglichkeit, Schmerz oder negative Energien im Körper loszulassen. Sonst packen wir all das nur in unseren Keller, wo es uns unterbewusst steuert.

Traurigkeit, Wut und alle weiteren Gefühle sind nicht per se schlecht. Sie zeigen dir nur etwas. Es sind die

Mitteilungsboten deiner Seele, die dir sagen möchten. ›Das ist nicht ok, wie derjenige mich behandelt‹ oder das ist Unrecht. Oder ein Verlust. Du musst sie nicht unterdrücken oder wegdrücken. Denn sie suchen sich immer einen Weg. Ob über dein Verhalten, das unterschwellig genervt oder aggressiv ist, oder über körperliche Beschwerden, die dir auch meist nur aufzeigen wollen, dort mal genauer hinzuschauen.

Es hat mir extrem geholfen zu wissen, dass jedes Gefühl nur wenige Minuten andauert, wenn man nicht daran festhält. Ich kann sie durchleben, ohne daran zu zerbrechen.« Natalie macht eine kurze Pause und ich merke, wie sehr mich ihre Worte berühren.

»Die Angst davor, dass wir es nicht aushalten würden, ist der häufigste Grund, dass wir nicht fühlen wollen und uns stattdessen lieber ablenken. Weil wir nie richtig gelernt haben, diese Gefühle da sein zu lassen und dass wir nicht daran kaputt gehen. Deswegen betäuben wir uns lieber durch die unendlichen Möglichkeiten am Handy, PC und Fernseher, mit Alkohol, Essen, Dinge zu kaufen, exzessivem Sport oder arbeiten.« Dabei schaut sie mir eindringlich in die Augen.

»Das sind alles nur Kompensationsmechanismen, weil wir es als Kind nicht besser wussten, wenn wir uns alleine und überfordert gefühlt haben mit solch großen Gefühlen. Oder sogar Dinge gesagt bekommen haben, die wir so interpretiert haben, dass wir unsere Gefühle nicht zeigen dürfen, weil wir sonst nicht geliebt werden.« Natalie holt tief Luft.

»Du siehst, ich könnte da ewig drüber reden. Zusammengefasst: Erlaube ALLEN deinen Gefühlen da zu sein, sie dann aber auch wieder gehen zu lassen. Also möglichst kein festhalten und reinsteigern.«

»Irgendwie ist das traurig, dass auch die guten Gefühle nicht für immer sind«, gebe ich grüblerisch meinen Senf dazu.

»Das stimmt. Zum Teil. Stell dir mal vor, wie es wirklich wäre, wenn alles Sahnetorte, Ponyhof und Einhornstaub wäre. Könnten wir das noch wertschätzen? Wir brauchen die dunklen Stunden, um uns selbst zu erfahren und zu sehen, dass es auch Licht gibt. Außerdem gehört all das zu der menschlichen Erfahrung dazu.«

»Hmhmm, vieles davon klingt sehr einleuchtend und ich werde es mir zu Herzen nehmen. Aber glaubst du wirklich, diese Mechanismen stammen aus unserer Kindheit? Ich kann mich nicht daran erinnern, mich überfordert gefühlt zu haben.«

»Das eine hat mit dem anderen nichts zu tun, Emy. Das sind Muster, die ziehen sich durch Generationen. Hier geht es nicht darum, dass deine Eltern dich in bestem Wissen und Gewissen erzogen und über alles geliebt haben. Dennoch haben sie wiederum von ihren Eltern Dinge übernommen, die nicht unbedingt zielführend sind, um extrem erfüllt und glücklich zu sein. Einfach weil das damals keine Priorität hatte und es auch noch nicht diesen Zugang wie heute zu diesem Wissen gab. Generell ist es ein unfassbares Privileg, sich überhaupt damit zu beschäftigen.«

»Das stimmt. Viele Menschen auf der Welt kämpfen jeden Tag um ihre Existenz«, erwidere ich und werde gleich etwas traurig, im Angesicht der Ungerechtigkeit auf der Welt.

»Umso wichtiger ist es, dass wir ›Privilegierten‹«, Natalie malt Anführungszeichen in die Luft, »diese Privilegien nutzen, um selber aus unserem persönlichen Mangel in die Fülle zu kommen. In Verbindung mit dem, wie wir sein können, wenn wir voller Vertrauen in uns und das Leben sind und nicht mehr im Meckermodus. Je mehr Menschen das tun, desto mehr sind dabei, die tolle Ideen haben, etwas dagegen zu unternehmen, oder sich dessen bewusst werden, oder sich engagieren, oder, oder, oder...«

Natalies Augen blitzen. Ihr Lieblingsthema. Ich weiß es. Ich muss sagen, es klingt auch schön, fast schon utopisch. Halt zu schön, um wahr zu sein. Aber irgendwie hoffe ich trotzdem...

»Was genau meinst du mit Mangel und Fülle?«, frage ich. »Ich meine woran würde man das merken? Das man eher im einen, oder im anderen lebt?«

»Sehr gute Frage. Im Mangel sind Gedanken dominant, wie ›es ist nicht genug XYZ da‹, man will immer mehr, kauft sich das nächste, immer in der Hoffnung, dass das dann das Loch im Herz stopft. Wenn du mehr den ›Fülle‹ Gedanken lebst, dann bist du dankbar morgens aufzuwachen, weil dir ein neuer Tag geschenkt wird, den du gestalten kannst. Menschen, die gestern gestorben sind, haben diese Chance nicht. Du freust dich über dein kuscheliges Bett, eine warme Dusche, dein leckeres Frühstück, den Duft von Kaffee, wie die Kinder auf der Straße in Pfützen springen. Rundum, alles ist da, du bist schon glücklich. Und deswegen ziehst du noch mehr davon in dein Leben. Das ist das Gesetz der Anziehung.«

Ich verdrehe innerlich die Augen. Die Leier kenne ich schon. Ich kann es mir aber beim besten Willen nicht vorstellen, dass das funktionieren soll. Trotzdem lasse ich sie weiterreden.

»Gleiches zieht gleiches an. Wenn du auf einer hohen Schwingung bist, ziehst du wiederum das in dein Leben. Es funktioniert nicht, wenn du im Mangel bist und dir verzweifelt den Ferrari vor deiner Tür vorstellst, weil du erst dann glücklich bist.« Sie lächelt.

»Aber das kennst du schon. Mal was ganz anderes, vielleicht möchtest du gleich mal kurz auf Toilette verschwinden und dir die Wangen waschen, bevor wir weiterreden«, flüstert sie mir verschwörerisch zu.

»Und dann quatschen wir weiter, was so bei dir und mir

los ist.« Währenddessen fasse ich mir schon in mein Gesicht.

»Was ist denn damit?«, frage ich bestürzt.

»Keine wasserfeste Wimperntusche«, erwidert Natalie und schmunzelt.

»Deswegen wusste ich auch, dass du geweint hast.« Oh nein. Ich sitze hier die ganze Zeit und im Sitzkreis und habe Pandaaugen? Ich möchte im Boden versinken. Böse funkle ich Natalie an.

»Das hättest du auch mal eher sagen können!«, gebe ich zurück und stehe auf.

»Ach Emy, das ist doch halb so schlimm«, ruft sie mir noch hinterher. Im Bad sehe ich das ganze Ausmaß der Bescherung. Gottseidank war es im Raum etwas schummrig. Ich schrubbe mein Gesicht, bis keine schwarze Schlieren mehr auf meinen Wangen zu erkennen sind und tupfe es mit Papiertüchern trocken. Dann blicke ich in den Spiegel, sehe meine braunen Augen, braunen Haare. Ich kann schon spüren, wie die gemeine Stimme in mir, einige Kommentare zu mir parat hat. Aber nicht jetzt. Deswegen lächle ich mir zu und sage das erstbeste Positive was mir in den Sinn kommt.

›Alles ist gut, Emily. Alles ist gut‹ Das hatte Pierre vorhin gesagt, oder? Fühlt sich gut an. Ich entspanne mich wieder und merke auch, dass ich trotz dem kurzen Schreck und meiner Scham immer noch entspannter bin als vorher. Alles ist gut, wiederhole ich nochmal in Gedanken, atme tief ein und aus und begebe mich wieder in den Raum, wo ich quasi in Pierre reinstolpere.

»Hoppla, Emily, nicht so schnell. Du hast Zeit. Alles gut bei dir?« Witzig, dass er genau das jetzt fragt, lächle ich in mich hinein.

»Ja, vielen Dank, es ist alles gut. Ganz im Gegenteil, es hat mir echt gut gefallen und auch mein Körper ist immer noch sehr entspannt.«

»Wie schön! Bis gleich«, erwidert er und legt mir kurz eine Hand auf die Schulter. Wie um mich zu bestärken, bevor er sich dann zu einer Gruppe von Leuten in der anderen Ecke des Raumes begibt.

Ich versuche ganz bewusst zu Natalie zu gehen, die mich schon erwartungsvoll anlächelt. Ich bemerke, dass sie in der Zwischenzeit sogar Tee geholt hat.

»Und liebe Emy«, beginnt sie, nachdem ich es mir wieder gemütlich gemacht habe. »Wie ist es dir in der letzten Zeit ergangen. Und was wünscht du dir für die kommende Zeit?«, fährt sie fort und trinkt einen Schluck Tee. Ich überlege und hebe dann auch die Tasse an und versuche abzuschätzen, ob der Tee schon ausreichend abgekühlt ist zum Trinken. Er duftet verführerisch nach Zimt. Ich probiere einen Schluck. Nicht nur Zimt, auch noch andere Gewürze. Hmhmm, lecker!

»Eigentlich gibt es nicht so viel zu erzählen und das ist ziemlich traurig. Vor allem während ich jetzt so darüber nachdenke. Ich arbeite sehr viel, kann damit auch vielen Menschen helfen und fast alle in der Kanzlei sind super nett.« Ich denke kurz an Justus und verziehe das Gesicht, spreche dann aber zügig weiter.

»Du hast mich letztens gefragt, ob mich meine Arbeit erfüllt und glücklich macht. Und ich glaube zum Teil auch, ja. Aber oft habe ich auch gar nicht so viel Zeit darüber nachzudenken.« Ich überlege kurz.

»Und will es wahrscheinlich auch gar nicht wirklich. Weil die Wahrheit ist doch sehr schmerzhaft. Ich habe eigentlich alles erreicht, was ich mir früher erträumt habe und ich will mich nicht beschweren. Aber irgendwie ist dafür auch viel auf der Strecke geblieben. Gerade heute, wurde mir das besonders oft vor Augen geführt.«

Ich erzähle Natalie von meinem heutigen Tag, angefangen beim Outfit, vergessenes Portemonnaie, über die

Präsentation, die Zimtschnecken, wie Izzy mich dazu gebracht hat heute hier zu sein und das Mittagessen mit Herrn Lechner. Nur alle Teile mit Justus überspringe ich, das ist mir doch etwas unangenehm. Und auch das Gespräch mit Tim, irgendwie möchte ich das nur für mich behalten. Natalie lässt mich alles erzählen, was irgendwie gut tut. Sie fragt nur ab und zu »Und wie hast du dich dabei gefühlt?« und nickt verständnisvoll.

»Heute ist mir auch wieder einmal mehr bewusst geworden, wie negativ ich von mir selber denke. Davon hattest du schon ab und zu mal erzählt, dieser negative Selbst-Talk. Und heute war es so, dass ich es wirklich wie zwei verschiedene ›Stimmen‹ wahrnehmen konnte.« Ich schaudere kurz.

»Das klingt so verrückt. Wie bei der abgedrehten Tante von nebenan mit ihren sieben Katzen, die viele Stimmen in ihrem Kopf hat.«

»Nein, Emy, das ist gar nicht verrückt, ganz im Gegenteil, das ist ein enorm großer Schritt in Richtung Selbsterkenntnis. Nämlich wahrzunehmen, dass du nicht deine Gedanken und deine Gefühle bist. Und vor allem nicht die negative Selbsttalk-Stimme. Diese Stimme setzt sich zusammen aus all den Erfahrungen, die wir gemacht haben, wo die einzige logische Konsequenz war, das etwas mit uns nicht stimmen konnte. Das sind meist gar nicht die ›großen Momente‹ sondern viele kleine und daran hat auch keiner Schuld. Wir haben fast alle etwas in diese Richtung erlebt.

Zum Beispiel deine Mama kommt nach Hause, du willst ihr voller Freude ein Bild zeigen, aber sie ist noch mit dem Kopf bei der Arbeit und vertröstet dich, oder sagt sogar, du sollst sie bitte in Ruhe lassen. Kleine Situationen, wie sie jeder hatte und die einfach nur menschlich sind, insbesondere aus der Perspektive der Eltern. Du hast keine Möglichkeit als Kind, diese Situation zu analysieren oder gar zu reflektieren und dass nicht auf dich zu beziehen. Du kannst nicht einfach denken, ›diese Zurückweisung hat nichts mit mir zu tun, meine Mama hatte einen anstrengenden Tag.‹« Natalie legt eine bedeutungsschwere Pause ein, also folgt vermutlich gleich die Quintessenz.

»Da du auf deine Eltern angewiesen bist, weil sie in jeglicher Hinsicht dein Überleben sichern, kannst du in diesem Alter nicht schlecht über sie denken. Du liebst sie bedingungslos. Aber auch dein Kindergehirn, will sich solche Situationen erklären. Also schlussfolgern Generationen von Kindern, dass etwas nicht mit Ihnen stimmt, denn die Eltern können nicht schuld sein.« Natalie schenkt mir ein schiefes Lächeln.

»Und weil fast alle Menschen in ihrer Kindheit solche Situationen durchleben, ist es quasi unvermeidbar, dass so viele Menschen mit dem tief verwurzelten Glaubenssatz herum laufen, nicht gut genug zu sein. Das zeigt sich in den unterschiedlichsten Formen. Zum einen die klassische, verschüchterte Variante, die man erwarten würde. Aber auch das andere Extrem, super stark nach Außen, immer eher zu viel von allem und ein quasi überlaufendes Selbstbewusstsein als Schutz, ist ein oft gewählter Mechanismus.

Vielleicht kommen dir auch Sätze wie ›ich muss immer alles perfekt machen‹ oder ›ich muss es allen recht machen‹ bekannt vor. Beziehungsweise wie sich das in deinem Alltag zeigt. Nämlich, dass es dir vermutlich schwer fällt nein zu sagen und dass dir Akzeptanz und Anerkennung von außen wichtiger ist, als deine eigenen Interessen zu verfolgen. Bloß kein Streit!« Natalie macht eine kurze Pause und ich denke darüber nach, was sie gerade gesagt hat. Wie oft, habe ich mich selber zurückgestellt, um Konflikte zu verhindern? Seeehr oft. Schon immer. Wie als könnte Natalie meine Gedanken hören, fährt sie fort:

»Das alles ist auch nicht nur schlecht! Verstehe mich bitte

nicht falsch. Diese Muster zeigen auch viele tolle Eigenschaften von dir. Aber sobald man sich diesen unterbewussten Mustern bewusst wird, kannst du das nächste Mal bewusst entscheiden, ob du für dich losgehst oder lieber einen Kompromiss eingehst. Und nicht weil du denkst, dass du es musst, weil dich sonst keiner liebt.«

Hmhmm. Dieser Ansatz gefällt mir eigentlich sehr gut. Ich nicke zustimmend, was Natalie als Zeichen nimmt fortzufahren.

»Ebenfalls häufige verinnerlichte Phrasen sind so was wie ›Erfolge muss man sich hart erarbeiten, Ich schaffe es alleine, keine Pausen‹ oder ›Ich muss noch besser werden‹, ›Beiß die Zähne zusammen‹, ›Mach schnell, du musst dich beeilen, verschwende keine Zeit‹. Die Liste ist schier endlos.« Natalie schaut kurz etwas verzweifelt.

»Das traurigste daran ist, dass es wie gesagt fast jedem so geht, bevor er sich damit auseinandersetzt als Erwachsener. Als Erwachsener kann man lernen, damit umzugehen oder gegebenenfalls die Wurzel sogar zu lösen. Doch wir leben in einer solchen Show-Off-Gesellschaft, in der Authentizität und öffentlich zur Schau gestellte Verletzlichkeit leider immer noch Fremdwörter sind. Deswegen fühlt sich jeder mit seinen ›Komplexen‹, allein und hilflos. Und wenn er dann auf Instagram durch den Feed scrollt und nur glückliche Menschen sieht, fragt er sich, was er falsch macht.«

»Oft ist es immer noch ›wichtiger, was die Leute denken,« sie malt Gänsefüßchen mit ihren Händen, »als dass du wirklich und ehrlich glücklich bist. Ich meine klar, du musst und sollst nicht jedem Bekannten dein Herz ausschütten. Aber ich habe manchmal das Gefühl, wir leben in einer Scheinwelt. Statussymbole sind am Wichtigsten, nicht dass es dir gut geht. Dein Auto, dein Haus, deine Kinder.« Natalie setzt sich etwas um und spricht nun hochnäsig.

»Oh dein Mann ist Anwalt und dein Kind ein Tennistalent…« und grinst mich dann an. »Weißt du, was ich meine?« Ich nicke zustimmend.

»Ja, ich verstehe, was du sagen willst. Wenn ich zum Beispiel an meine Gefühle heute denke und wie unangenehm mir diese oft waren. Und mir wäre es im Traum nicht eingefallen darüber beispielsweise mit meinen Kollegen zu sprechen. Man teilt meist nur die oberflächlichen Dinge. Es ist eher selten, dass man tiefer taucht, so wie ich jetzt mit dir heute.« Ich überlege, ob ich noch mehr dazu sagen möchte. Aber momentan fliegen die Gedanken nur so in meinem Kopf, wie als hätte sie jemand in den Mixer gepackt und nichts wäre mehr wie zuvor.

»Dazu gibt es noch sooo viel zu sagen. Ich möchte jetzt nicht noch unendlich weiter ausschweifen, nur noch ein paar Sätze, um das Thema abzuschließen«, startet Natalie dann nochmal und zwinkert mir zu.

»Vieles hat einen Kern wie, ›ich bin nicht gut genug‹ oder ›ich bin nicht richtig, so wie ich bin‹ und zeigt sich später im Leben, dass die Menschen sich nicht für wertvoll oder liebenswürdig erachten. Noch weiter gedacht, resultiert daraus ›ich habe es nicht verdient, diesen Partner zu haben‹. Oder glücklich zu sein, im generellen. Oder gesund. Oder viel Geld zu haben, oder regelmäßig Pausen zu machen, oder, oder, oder.« Damit endet sie und nimmt einen großen Schluck Tee.

»Ja, ich denke, das könnte auch bei mir zutreffen. Viele meiner Gedanken heute gingen in eine ähnliche Richtung. Ich hätte einen tollen Partner gar nicht verdient, Ich kann sowieso nichts etc. Die Stimme hat mich echt fertig gemacht...« Ich verstumme.

Natalie beugt sich vor und legt ihre Hand auf meine. Dann sieht sie mir in die Augen.

»Emily, du bist genau richtig, so wie du bist. Du hast es

verdient, ein außergewöhnliches Leben, voller Freude, Gesundheit und erfüllter Träume zu führen. Du darfst es dir erlauben!« Ich muss schlucken, mir kommen wieder die Tränen.

»Und du bist geliebt. Du bist immer geliebt. Die Liebe ist auch in dir, sie ist nur verschüttet unter all den Dingen, die dir jemand gesagt hat und die du geglaubt hast.« Die Tränen kullern mir über die Wangen, gleichzeitig fühlt es sich unfassbar gut an.

»Und genauso hast du es verdient, von einem Partner geliebt zu werden. Du bist genug!« Ich schluchze ein wenig und Natalie kommt näher, um mich in den Arm zunehmen. Ihre Umarmung ist warmherzig und ich fühle mich geborgen. Meine Tränen verebben langsam und wir lösen uns aus der Umarmung.

»Danke«, flüstere ich.

»Alles ist gut, Emy. Es ist nicht immer einfach, vor allem nicht den Weg der Selbsterkenntnis und Veränderungen zu gehen. Aber all die wunderschönen Dinge, wenn du für dich losgehst, sind es mehr als wert.«

Ich versuche ein Lächeln.

»Das meiste, was du gesagt hast, hat mich sehr berührt. Aber ich glaube, ich kann selber noch nicht ganz dran glauben.«

»Das ist okay, Emy. Ich bin jetzt schon eine Weile dabei und mir fallen viele Dinge auch noch schwer. Wie bei allem, ist auch hier der Weg das Ziel. Sei jeden Tag etwas liebevoller mit dir selbst. Verweise die gemeine Stimme in die Schranken und lasse die Stimme der Liebe raus. Höre mehr in dich. So jetzt aber genug davon. Wie fühlst du dich jetzt?« Natalie richtet sich auf.

»Schon besser«, gebe ich zurück und lächle. Dabei fällt mir auf, dass ich noch gar nicht gefragt habe, was bei ihr so los ist. Wir reden den halben Abend nur über meine Probleme...

Aber ich glaube, gerade Natalie ist mir nicht böse, sie freut sich immer ihr Wissen zu teilen.

»Vielen Dank auf jeden Fall. Es fühlt sich gut an. Ich werde etwas ändern in Zukunft. Jetzt lasse ich den Tag aber erst mal sacken. Und außerdem möchte ich wissen, wie es dir geht, liebe Natalie. Genug von mir!«, sage ich. Ich gebe ihr das symbolische Mikrofon weiter.

KAPITEL 5

Natalie sammelt sich einen Moment, bevor sie spricht.

»Vielen Dank für die Blumen«, beginnt sie schließlich.

»Ja, wo soll ich anfangen... Bei mir ist viel passiert.» Bedeutungsschwere Pause, ich werde neugierig.

»Ich habe meinen Job und meine Wohnung zum 31.12. gekündigt und habe Flugtickets für den 2.1. nach Bali. Dort mache ich eine Yogalehrerausbildung«, lässt sie die Bombe platzen. Ich bin komplett sprachlos, sodass ich nicht antworte.

»Ich freue mich schon sehr und bin jetzt gerade am Organisieren. Übrigens, am 12.12. ist Abschiedsparty, also Save the Date», ergänzt sie und lächelt dabei wie ein Honigkuchenpferd.

»Mensch Natalie, das ist der Wahnsinn!«, sage ich dann endlich, »ich freue mich für dich. Yoga ist schon lange deine Leidenschaft!« Ich freue mich wirklich für sie. Aber ich finde es auch extrem beängstigend. Natalie schmunzelt.

»Dein Gesicht ist wie ein offenes Buch, Emy«, spricht sie und versucht ein Lachen zu unterdrücken. »Du siehst eher verängstigt, als voller Freude aus.«

»Für mich wäre es halt eher nichts«, beginne ich. »Es ist dein Leben. Und wie sagst du immer so schön?« Ich lächle sie an.

»Gehe los für deine Träume, sonst macht es keiner«, sprechen wir unisono.

»Ich freue mich aufrichtig für dich. Aber natürlich, finde ich die Vorstellung beängstigend, nicht zu wissen, wie es dann weiter geht. Finanziell und überhaupt«, versuche ich mein Gefühl in Worte zu fassen.

»Das kann ich gut verstehen. Ich berufe mich da eigentlich immer wieder auf den Grundsatz Numero Uno ›Sicher ist, dass nichts sicher ist. Selbst das nicht‹ von Joachim Ringelnatz.« Natalie zuckt mit den Schultern und grinst schelmisch.

»Si«, gebe ich nur zurück und schmunzle. Unsere heißgeliebten Italienisch Kenntnisse á la Anfänger-Deluxe seit unserer Abschluss-Abi-Fahrt nach Rom, geben wir immer wieder gerne zum Besten.

»Das war schon eine tolle Reise nach Rom damals. Und jetzt du in Bali... ich glaube, ich brauche auch mal Urlaub und Sonne«, träume ich, »ist schon eine Weile her«, ergänze ich leiser.

»Du kannst mich besuchen kommen«, schlägt Natalie gleich vor.

»Gute Idee! Aber jetzt erzähle mir erst mal mehr, von deinen Vorbereitungen, wie es final zu deiner Entscheidung gekommen ist und ... ich will einfach alles wissen!«

Und Natalie begann zu erzählen. Von dem Moment, wo sie das erste Mal die Idee in ihrem Kopf hatte, über den Reifungsprozess, bis hin zu dem Moment, wo sie ihren Job gekündigt hat, mit dem Grund nach Bali zu gehen.

»Oh mein Gott, das muss toll gewesen sein. Wie hast du dich gefühlt?«, frage ich zwischendurch aufgeregt nach und Natalie berichtet von ihren vielen Gedanken. Unter anderem auch, dass sie es einen richtig guten Grund findet, jetzt minimalistischer zu leben.

»Fällt es dir nicht schwer, dich von gewissen Dingen in deiner Wohnung zu trennen?«, möchte ich wissen.

»Ganz unterschiedlich. Ich habe die letzten Wochen schon einiges bei Ebay Kleinanzeigen verkauft oder gespendet und jetzt fühlt es sich irgendwie luftiger an, mehr Platz zum Atmen. Bisher habe ich von den Dingen auch noch überhaupt nichts vermisst. Bei den restlichen Sachen wird es schon etwas schwieriger. Einiges brauche ich natürlich noch bis zum Ende, zum Beispiel zum Kochen oder warme Kleidung und gewisse Haushaltssachen. Der Rest ist alles was in einen Backpack passt, plus noch ein paar nostalgische Kleinigkeiten. Du weißt schon, Bilder, Briefe, Mitbringsel, so was. Da ist es mir natürlich schon schwieriger gefallen auszusortieren. Aber ich habe das Glück, dass ich bei meinen Eltern ein, zwei Kisten unterstellen darf. Ein paar Erinnerungen, ein paar Klamotten und auch noch ein bisschen Papierkram. Weil trotz Digitalisierung habe ich immer noch einiges, was man auch noch im Original braucht.« Ich überlege kurz.

»Mir persönlich würde es extrem schwer fallen, alles aufzulösen und nicht schon einen genauen Plan zu haben, wie es weiter geht. Aber nachdem was wir alles so besprochen haben, macht das wahrscheinlich gerade den Reiz aus, oder?«, hake ich nach.

»Ganz genau. Erstmal die Yogalehrerausbildung und dann sehe ich weiter. Mal sehen, wen ich da so kennenlerne und was für Möglichkeiten sich dort bieten. Vielleicht unterrichte ich dann dort, vielleicht mache ich etwas ganz anderes. Gehe in einen Ashram. Arbeite in einem Kinderheim oder einer NGO. In einem Café. Werde Surflehrerin. Reise weiter und arbeite online. Die Möglichkeiten sind schier endlos.« Natalie freut sich sichtlich.

»Ich möchte diesen Weg starten und schauen, was mir Spaß macht, mich begeistert und erfüllt, immer der Nase nach, was mir gut tut sozusagen. Denn wenn ich in jeder Hinsicht gut für mich sorge, Grundbedürfnisse, ausreichend Bewegung, nährstoffreiche Ernährung, bewusst wähle mit wem ich mich umgebe und wo ich bin, dann kann ich auch für andere da sein und der Welt etwas zurück geben. Kennst du ›You can´t pour from an empty cup?‹ Das Zitat ist sinnbildlich dafür, dass du nichts geben kannst, ohne dass du selbst erfüllt bistnata.« Ich nicke.

»Deswegen ist an sich zu denken und sich gut um sich zu kümmern, nicht egoistisch, sondern eigentlich das altruistische das du tun kannst. Denn überlege mal, wen möchtest du lieber als Partnerin, Kollegin, Chefin, Freundin, Mutter: Jemand, der meist entspannt und mit sich im Reinen ist, oder jemand, dem alles zu viel ist und komplett ausgebrannt? Wo wir auch wieder beim Thema von vorhin sind. Es gibt viele unterschiedliche Unterpunkte, am Ende kommt es aber alles zusammen.

Du erschaffst deine eigene Realität. Du hast immer die Wahl. Oft sehen wir nur die andere Option nicht mehr, weil es für uns ausgeschlossen ist, beispielsweise den Job zu kündigen. Dabei muss es ja nicht immer so radikal wie bei mir sein. Vielleicht in eine andere Abteilung der Firma wechseln. Vielleicht wäre es eine Möglichkeit die Stunden zu reduzieren, denn braucht man wirklich alles, was man sich jeden Monat so kauft, um sich zu belohnen? Oder einfach mal umsehen, was es noch für Möglichkeiten gibt. Der einzige Zeitpunkt, in dem wir etwas ändern können, ist jetzt. Wir können unseren Beruf, unsere Karriere so oft ändern, wie wir wollen. Niemand muss das, was er gelernt hat bis zur Rente machen, wenn er wie ich feststellt, dass es vielleicht doch nicht das Richtige ist. Auch wenn man viel Zeit und ich meine viiiele Jahre, schon investiert hat.«

»Ich habe schon noch den Eindruck, dass das eher die Ausnahme ist. Man entscheidet sich einmal und wechselt dann wenn überhaupt nur noch in seinem Feld.«

»Hmhmm, ja, das stimmt. Diese Ansicht hält sich hartnäckig. Ich bin aber davon überzeugt, dass sich diesbezüglich, ebenso auch wie mit dem Remote-Arbeiten und der Digitalisierung, einiges tun wird in den nächsten Jahrzehnten.«

»Kann sein. Auf jeden Fall finde ich es mega, dass du es

machst! Wie weit bist du ansonsten mit den Vorbereitungen? Kann ich dich noch irgendwie unterstützen?«, möchte ich wissen.

»Alles läuft sehr gut. Flug und die Yogalehrerausbildung ist gebucht, Visa habe ich auch schon. Reiseimpfungen bin ich gerade dabei. Ich war schon vor ein paar Wochen das erste Mal im Tropeninstitut und muss noch einmal hin.« Natalie zählt an den Fingern ab.

»Termin beim Bürgeramt zum Abmelden aus Deutschland habe ich auch schon. Ich war auch schon dort für meinen Internationalen Führerschein. Ich habe erst mal eine Auslandskrankenversicherung für ein Jahr. Fast alle praktischen Dinge sowie den Backpack habe ich schon gekauft. Einiges wünsche ich mir noch zu Weihnachten von meinen Eltern, wasserfeste Beutel für Unterlagen und Technik zum Beispiel. Einiges an Kleinkram brauche ich auch noch für meine Reiseapotheke und einen praktischen Kulturbeutel, Nackenkissen sowie Mikrofaserhandtücher. Aber es ist nicht mehr viel auf der Liste.« Ich kann sehen wie sie angestrengt nachdenkt.

»Außerdem habe ich zwei Kreditkarten, mit denen ich kostenlos im Ausland abheben kann. Gespart habe ich auch genug die letzten Jahre, sodass ich mich jetzt erst mal etwas treiben lassen kann. Ich muss noch fünf Wochen arbeiten, habe am Ende also genug Zeit um die Wohnung richtig leer zu räumen und zu streichen, Probe zu packen und noch letzte Dinge zu kaufen oder verkaufen. Beim Streichen kannst du gerne abends mal vorbei kommen, wenn du magst. Das macht zusammen und mit Musik gleich mehr Spaß!« Ich nicke zustimmend.

»Klar gerne, gib mir Bescheid!«

»Nach der Party dann, nicht vorher…« Natalie grinst.

»Ja klar, wann war die nochmal? Ich trage es mir gleich ein«, erwidere ich und hole mein Handy raus. Um es in meinen Google verknüpften Kalender einzutragen, schalte ich erst mal den Flugmodus aus, während Natalie sagt »12.12. Wenn du möchtest, kannst du auch gerne was zum Buffet beisteuern.«

Ich trage die Party ein und mache mir auch eine Notiz mit dem Essen.

»Herzhaft oder süß?«, frage ich, während ich schon überlege, was ich machen könnte, was gut ankommt. Eigentlich ist kochen ja eher nicht so mein Talent. Da erwidert Natalie:

»Gerne was süßes, herzhaft habe ich schon einiges.«

Ich ergänze noch ›Nachtisch‹ in dem Termin, während ich bemerke, dass ich gerade einige Push-Benachrichtigungen nacheinander erhalte, deren erste Zeile mir oben angezeigt wird, bevor die nächste erscheint. Eine Nachricht von Izzy, Mails. Eigentlich möchte ich es schon wieder weg legen und mich auf Natalie konzentrieren, allerdings stutze ich in dem Moment, da die nächste Nachricht von einer mir unbekannten Nummer kommt. Ich lese zum zweiten Mal den mir angezeigten Text:

›Hallo Emily, hier ist Tim. Ich ...‹ Mehr kann ich nicht lesen. Das kann doch nicht sein, oder doch? Ganz aufgeregt tippe ich auf die Nachricht.

›Hallo Emily, hier ist Tim. Ich hoffe, es ist ok für dich, dass ich dir schreibe, ich hatte deine Nummer noch von heute Morgen. Ich fand unser Gespräch in der Bahn zu kurz und würde das gerne bei einem Kaffee fortsetzen, wenn du Lust hast. :-) Viele Grüße, Tim‹

Oh mein Gott. Ich bekomme mich nicht mehr ein. Ich sehe, wie sich Natalies Mund öffnet und schließt, halte ihr aber nur wortlos das Handy mit der Nachricht hin. Sie greift es und liest. Ich sehe ihre Augen wandern. Ich weiß gar nicht, was ich denken soll. Will ich mich mit ihm treffen? Ungefähr alles in mir schreit ja, allerdings ist da auch noch die Stimme in mir, die große Angst hat.

Was wenn er doch wieder eine andere mir vorzieht? Ich bleibe lieber alleine, als nochmal so viel Schmerz zu erleben, höre ich in mir verhallen. Ich bin unsicher. Natalie hebt den Blick und strahlt über das ganze Gesicht.

»Ach Emy, wie schön! Ich weiß zwar nicht viel bis jetzt, aber die Nachricht klingt total sympathisch! Nicht zu viel, oder zu draufgängerisch, aber schon zielbewusst und selbstbewusst, dass ihm das Gespräch mit dir gefallen hat und er dich gerne wiedersehen möchte.«

»Ja?«, frage ich unsicher. »Meinst du das?«

»Ja klar! Wieso sollte er dir sonst schreiben? Nur zum Spaß macht das eigentlich niemand.«

»Hmhmm«, mache ich nur und denke zurück an den ersten und eigentlich einzigen Liebesbrief, den ich je erhalten habe in meinem Leben. Es war in der 4. Klasse, ich war unsterblich in Matthias verliebt. Und dann hatte ich plötzlich einen Brief von ihm im Briefkasten. Mit Buntstiften und Herzchen. Erst habe ich mega gefreut, dann war ich aber doch ein bisschen misstrauisch. Selbst damals hatte ich schon nicht mehr das komplette Vertrauen ins Leben.

Das war zu schön, um wahr zu sein. Ich bin dann mit dem Brief zu ihm hin, Gott sei Dank war ich mutig genug dafür und es hat sich herausgestellt, dass er denselben bekommen hat. Wie viel peinlicher wäre es gewesen, wenn er gedacht hätte, er wäre wirklich von mir gekommen? Trotzdem war das eins der vielen Ereignisse, die mir mein Vertrauen genommen haben. Kinder können echt gemein sein. Ich habe mich so dämlich gefühlt.

»Erde an Emy!« dringt da zu mir durch, Natalie winkt vor meinen Augen herum und versucht meine Aufmerksamkeit zurückzuerlangen.

»Ja, ich bin da«, gebe ich etwas mürrisch zurück. »Und doch, Menschen tun solche Dinge nur zum Spaß. Um sich daran zu erfreuen, dass die andere Person doch wirklich dachte, dass der andere ernsthaft was von ihr wollte. Nur um sie dann komplett von der Klippe zu stoßen«, fahre ich zynisch fort.

»Ach, Emy«, seufzt Natalie. »Nicht alle Männer sind Flachpfeifen. Und du darfst Konstantin langsam loslassen. Er war nicht der Richtige für dich!« Da war er wieder. Der Schmerz. Wie ein Dolch ins Herz. Nicht mehr ganz so schlimm wie früher, aber doch noch sehr präsent. Ich versuche wirklich loszulassen. Natalie hatte mir schon oft erklärt, dass vergeben nicht bedeutet, gutzuheißen, was der andere gemacht hat und wir der Person das auch gar nicht sagen müssen, sondern dass wir uns selber von dieser Last befreien. Dass wir für uns vergeben. Den Groll loslassen, den Schmerz. Und vor allen Dingen den Wunsch unsere Vergangenheit zu verändern.

Denn ansonsten, Zitat Natalie, sind wir emotional und energetisch die ganze Zeit in der Vergangenheit und haben im wahrsten Sinne des Wortes keine Energie, um uns jetzt das Leben zu erschaffen, das wir uns vorstellen. Klingt zwar ein bisschen abstrakt, aber was dran ist schon, wenn ich nur überlege, wie viel Lebenszeit ich schon damit verbracht habe, mir zu wünschen, dass bestimmte Ereignisse nicht passiert wären.

Wenn man die ganze Zeit nur damit beschäftigt ist ›hätte, hätte, Fahrradkette‹ im Kopf durchzuspielen, ist man vermutlich blind für all die schönen Dinge im hier und jetzt und all ihre Möglichkeiten. In der Theorie schön und gut, aber in der Praxis... halt schwer umzusetzen.

Jetzt war ich schon wieder komplett in Gedanken abgeschweift und Natalie blickt mich fragend an. Um was ging es nochmal…, ach ja genau.

»Es ist nicht nur Konstantin. Ich habe auch schon vorher und danach viele negative Erfahrungen gemacht. Im Club mit Izzy, wenn mich jemand anspricht und auch mit mir flirtet, nur um mir dann eiskalt zu sagen, dass er eigentlich an ihr interessiert ist und nur die ›Freundin-Taktik‹«, ich spucke das Wort förmlich aus, »ausprobiert hat und so weiter und so fort. Ich will das jetzt hier gar nicht ausbreiten, vieles davon schmerzt noch zu sehr«, beende ich. Natalie nimmt mich in den Arm.

»Ja süße, ich weiß auch, wie schwer es ist, nicht das Vertrauen in die Männer oder die Welt im Allgemeinen zu verlieren. Gerade wenn wir schon verletzt worden sind. Es ist immer einfacher glücklich zu sein, wenn viele Dinge im Außen toll sind. Ich glaube tatsächlich, dass es im Leben darum geht, zu erkennen, dass Verletzungen und auch schlimme Dinge dazu gehören und auch für diese dankbar zu sein. Weil nicht unbedingt sofort, aber meistens lernen wir dadurch etwas über uns oder die Welt oder wachsen über und hinaus. Und dieses Wissen, dass all das Schöne und das Schlechte zum Leben dazu gehört und du mit egal welcher Herausforderung klarkommen wirst, das ist die wahre Erkenntnis. Denn du bist ja noch hier. Du bist nicht zerbrochen, an allem was bisher passiert ist. Du bist nur stärker geworden und wirst noch weiter heilen. Und wenn du das weißt, dann kannst du dich in die Ungewissheit der Zukunft entspannen und auch mal springen. Wie jetzt zum Beispiel in ein Café mit Tim, auch wenn das nicht deiner Komfortzone entspricht. Denn egal was passiert, du kannst damit umgehen, Emy.« Sie rückt etwas ab, um mir in die Augen zu schauen.

»Du hast alle Tools dafür und du hast auch viele tolle Menschen um dich rum, mit denen du deine Erfahrungen teilen kannst, egal ob schön oder nicht und die dich unterstützen. Alles ist gut.« Ich nicke langsam, während ich versuche nicht wieder zu weinen und all das zu verarbeiten.

»Möchtest du ihn den wiedersehen?«, fragt Natalie dann,

immer noch mit intensiven Augenkontakt. Ich nicke wieder, einmal zaghaft, dann einmal entschlossener und sage schließlich »Ja«. Dabei muss ich lächeln.

»Dann erzähle mir bitte ein bisschen mehr. Ihr habt euch heute Morgen und Vorhin nochmal gesehen? Und du hast ihm schon heute Morgen deine Nummer gegeben? Und bitte in Details, wie er aussieht.» Natalie ist ganz euphorisch und aufgeregt und das steckt mich irgendwie an. Sie bekommt ganz große Augen als ich ihr erzähle, dass er der Fahrkartenkontrolleur war und wir uns zufällig auf der U2 hierher wieder getroffen und nett unterhalten haben.

Als ich ihr sein Aussehen beschreibe und Natalie »Oh, lá lá« einwirft, kichern wir schon wie zwei alberne Schulmädchen. Das löst dann auch noch die restliche Spannung, die noch in meinem Körper war. Wir steigern uns noch weiter, als Natalie ein theatralisches »Mi Amore« haucht und ich losprusten muss. Ich kugele mich vor Lachen. Das tut sooo gut. Als wir uns einigermaßen beruhigt haben, lasse ich meine Gefühle sprechen.

»Ach, Natalie! Ich bin so froh, dass es dich gibt und ich heute einen Arschtritt bekommen habe, dich zu sehen. Ich mag dich sehr und ich mag mich, wie ich bin, wenn ich mit dir bin.« Ich werde plötzlich ganz rührselig, als ich daran denke, dass ich bald nicht mehr die Möglichkeit habe sie so oft zu sehen und die letzten Jahre, wo ich sie hatte, es nicht oft genug genutzt habe. Es ist aber trotzdem nicht zu spät, bis dahin, kann ich sie noch häufiger sehen.

Am Wochenende werde ich mich hinsetzen, mir Zeit nehmen und darüber nachdenken, wie ich meine Zeit künftig gestalten möchte. Denn eins ist sicher, ich möchte etwas ändern. Der Tag heute hat mich wachgerüttelt.

»Es tut mir Leid, dass ich mich in letzter Zeit, ach was, fast schon die letzten Jahre nicht so viel gemeldet habe und wir uns auch nicht so viel gesehen haben. Wenn du magst, können wir uns die nächsten Wochen gerne regelmäßig sehen und später dann telefonieren. Ich würde mich freuen!« Ich strahle Natalie an, denn das fühlt sich richtig gut an und wie ein wichtiger und richtiger Schritt. Natalie strahlt zurück.

»Sehr gerne Emy. Ich bin auch froh, dich als Freundin zu haben.« Dann legt sie ihre Hand zu meiner und wir haken unsere kleinen Finger ein, wie wir es schon als Kinder getan haben. Ein schöner Moment. Ich fühle mich leicht und beseelt und ja, tatsächlich voller Vertrauen in die Zukunft.

»Na, dann lass uns mal gemeinsam deinem Traummann antworten, nicht dass du nachher alleine zuhause wieder unsicher wirst.« Wo sie Recht hat... Momentan fühle ich mich guter Dinge, allerdings kann die andere Stimme schnell wieder hervor kommen. Nicht im Moment, ich bin vollgepumpt mit positiven Dingen und Bestätigungen von Natalie. Aber später allein im Bett, da hat sie mal wieder nicht Unrecht.

»Einverstanden, gehen wir es an. Irgendwelche Vorschläge?«, frage ich.

»Ja ich würde vorschlagen, du verfasst einen Entwurf und ich lese drüber und wir beratschlagen. Dann bleibt es am authentischsten.«

»Gute Idee«, gebe ich zurück und zücke mein Handy. Als erstes speichere ich Tims Nummer und dann gehe ich in den Nachrichtenverlauf. Lese seine Nachricht nochmal und nochmal. Okay, du schaffst das. Ich schaue kurz zu Natalie, sie sieht mich aufmunternd an. Vom Haken lässt sie mich bestimmt nicht. Also los:

›Hallo Tim. Danke für deine Nachricht.‹ Ist das zu förmlich? Wie in einer unserer beruflichen Korrespondenzen? Vielleicht ein wenig. Ich lösche den Danke-Satz. Vielleicht gehe ich darauf ein, dass es okay war mir zu schreiben? Ja, das ist gut.

›Hallo Tim, klar, kein Problem, ich habe mich sehr über

deine Nachricht gefreut.‹ Hmhmm, ist das jetzt zu ehrlich? Ich will mich nicht anbiedern, aber ich war auch noch nie ein Fan von Spielchen, von wegen lieber nicht zu viel Interesse zeigen oder Zeit für Dates haben, sich rarmachen oder ähnliches. Nö, das finde ich eigentlich ganz gut. Natalie schaut schon ganz neugierig. Ruhig Atmen, Emy. Nicht so viel Aufheben darum machen. Er fragt, ob ich mit ihm Kaffee trinken gehe möchte. Das ist einfach.

›Hallo Tim, klar kein Problem, ich habe mich sehr über deine Nachricht gefreut. Ich würde gerne mit dir einen Kaffee trinken gehen und unser Gespräch fortsetzen. Liebe Grüße, Emily‹ Ich lese den Text nochmal durch, bin sehr zufrieden und reiche ihn Natalie.

»Hier, bitte« Sie liest ihn, tippt noch ein paar Sachen und reicht mir das Handy etwas diabolisch grinsend zurück. Was zum Teufel? Ich blicke auf das Handy und sehe, die Nachricht ist abgeschickt.

»Natalie!«, poltere ich los, doch Natalie unterbricht mich direkt.

»Ruhig Blut! Ich dachte, ich erspare dir und uns noch viel hin und her. Deine Nachricht war gut, authentisch und sympathisch. Und nicht, dass du es dir noch anders überlegt hättest. Ich habe nur noch ergänzt, ihn zu fragen wann er dich treffen will, dann ist es weniger passiv.« Stimmt, vor lauter Echauffieren habe ich noch gar nicht gecheckt, was in der Nachricht steht, die sie abgeschickt hat.

›Hallo Tim, klar kein Problem, ich habe mich sehr über deine Nachricht gefreut. Ich würde gerne mit dir einen Kaffee trinken gehen und unser Gespräch fortsetzen. Wann würde es dir passen? Liebe Grüße, Emily‹, steht da, schwarz auf weiß.

Ok, kein Weltuntergang. Durchatmen. Dann sehe ich, dass Tim auch gerade online ist und dass er tippt. In diesem Moment erscheint eine neue Nachricht. Mir bleibt kurz das

Herz stehen. ›Wie wäre es morgen Nachmittag?‹ und direkt danach eine zweite Nachricht ›Oder ist dir das zu spontan?‹ Ich halte Natalie wieder meinen Handybildschirm hin.

»Na holla die Waldfee, dem hast du aber ordentlich den Kopf verdreht!«, gibt sie mir anerkennend zu verstehen und pfeift durch die Zähne. »Der Junge kann es ja gar nicht erwarten dich wiederzusehen! Und auch keine Spielchen, so was wie, dass er dich lange warten lässt mit einer Antwort. Gefällt mir der Kerl. Genauso auch die nachgeschobene Nachricht. Ein bisschen Angst vor der eigenen Courage und ein Hintertürchen für dich... Also Emy, wie ist es, hast du morgen Zeit? Er ist immer noch online, ich glaube er würde sich über eine Antwort jetzt gleich freuen.«

»Ähm, ich weiß nicht...«, druckse ich herum. Das geht mir jetzt doch ein wenig zu schnell. Morgen schon. Auf der einen Seite freue ich mich, auf der anderen Seite fühle ich mich wie gelähmt. Ich bekomme nur halb mit, wie Natalie sagt, »Ich übernehme das mal« und mir das Handy aus der Hand nimmt. Als sie das Handy schließlich wieder hinlegt, erwache ich aus meiner Trance.

»Was hast du gemacht?«, frage ich etwas hysterisch.

»Nur geantwortet, ›Ja, gerne‹ und dass er Ort und Zeit vorschlagen soll. Und jetzt erst mal offline gegangen, sodass wir nicht gleich wieder antworten müssen, sondern Zeit zum Atmen haben.« Atmen genau, das tue ich. Wann war ich das letzte Mal auf einem Date? Das müsste... nein dorthin gehen wir nicht. Es ist schon lange her. Einatmen, ausatmen. Natalie spricht unbeirrt weiter. »Ich habe mir auch kurz sein Profilbild angesehen, ich muss sagen, echt schnuckelig.«

Ich denke kurz an sein Lächeln. Seine Augen in der Bahn, in denen ich hätte versinken können.

»Hmhmm«, mache ich zustimmend.

»Mensch, Emy, du siehst ganz verträumt aus!«, zieht Natalie mich auf.

»Ach, Quatsch«, gebe ich zurück.

»Also auf jeden Fall möchte ich morgen Abend einen detaillierten Bericht. Und falls du noch moralische Unterstützung vorher brauchst, rufe mich gerne an. Aber wehe, du gehst nicht hin!«, droht sie mir spielerisch. Ich kenne sie, also nicke ich. Sie schaut auf ihre Uhr. Auch ich blicke mich um, der Raum hat sich merklich geleert.

»Sie machen hier gleich zu, lass uns auch mal wegräumen, bezahlen und auf den Weg machen«

»Ja«, stimme ich ihr zu. Wir räumen alles weg, bringen die Tassen in die Küche und stecken jeder 15 Euro in die bereitstehende Holzbox. Ich nehme einen Flyer und wir verlassen das Gebäude, machen uns auf den Weg zur U-Bahn Station. Auf dem Weg sprechen wir noch über dies und das, ich merke aber, dass ich langsam nicht mehr aufnahmefähig bin.

Mein Kopf schwirrt vor all den Erkenntnissen. Kurz vor dem Eingang zur Bahn verabschieden wir uns, da Natalie mit der Tram in den Prenzlauer Berg fährt. Nicht ohne mir natürlich das Versprechen abzunehmen, morgen zum Date zu gehen und ihr jedes Detail zu berichten. Wahrscheinlich gehen wir gemeinsam nächsten Freitag wieder hierher zum Meditieren. Die Aussicht auf ein baldiges Wiedersehen und dieser schöne gemeinsame Abend lassen mich lächeln, während ich die Treppen hinuntersteige zur U2. Ich gehe zum Fahrkartenautomat, dieser akzeptiert diesmal widerstandslos meine 10 Euro Note und spuckt mir einen Einzelfahrschein und Wechselgeld aus. Ich entwerte den Fahrschein und warte auf die U2 in Richtung Pankow.

In mir hallen einige Aussagen von Natalie wieder, warum wir uns verhalten, wie wir uns verhalten. Meist um Akzeptanz und Anerkennung im Außen zu erlangen. Ich bin immer noch überrascht, wie viele Menschen anscheinend diese diversen Glaubenssätze besitzen und sie unterschiedlich kompensieren.

Mir ist heute klar geworden, wie wichtig es ist, sich um sein eigenes Wohlbefinden zu kümmern und herauszufinden, was einen wirklich erfüllt, damit man das der Welt zurückgeben kann.

Außerdem, dass alles zum Leben dazugehört und ich diese Herausforderungen meistern kann. Während ich über all dies nachgrüble, reift in mir der Entschluss, grundlegend einiges in meinem Leben zu ändern.

Aber eins nach dem anderen. Heute Abend war schon weit außerhalb meiner Komfortzone. Am Wochenende setze ich mich mit Stift und Notizbuch hin und schreibe mir meine Gedanken und Wünsche auf. Und auch das, was ich nicht mehr will. Das war ein Tipp von Natalie zum Abschied. Und auch von ihr habe ich dieses Jahr ein schönes Notizbuch zum Geburtstag bekommen.

Die U-Bahn Richtung Pankow fährt ein. Freitagabend in Berlin, viele Gruppen mit Bier, Musik, ich bekomme eigentlich direkt gute Laune. Ich lasse mich auf einen Platz sinken und schaue mich um. Die meisten Leute wirken losgelöst, voller Freude auf den noch kommenden Abend. Ich lächle in mich hinein. An der Schönhauser Allee steige ich mit vielen anderen aus, denn hier gibt es viele Bars in der Nähe. Ich hingegen laufe zur Ringbahn und steige in die nächste in Richtung Osten. Auch hier viele Menschen jeden Alters, die überwiegend gute Vibes versprühen. Ich hole mein Handy aus der Tasche, um nachzusehen, ob Tim nochmal geschrieben hat. Und tatsächlich, kurz nach meiner Antwort, also eigentlich Natalies, hat er schon geantwortet.

›Wie schön! Was hältst du von 15 Uhr Rathaus Schöneberg? Erst etwas spazieren und dann ein Café in der Nähe?‹ Wow. Das ist jetzt echt unfassbar konkret. Und irgendwie schön. Ein warmes Gefühl bildet sich in meinem Bauch, wenn ich an Tims Lächeln denke. Dann antworte ich ihm mal, sodass er auch Bescheid weiß. Hmhmm, was hatte Natalie gesagt? Möglichst intuitiv, gar nicht so viel darüber nachdenken oder viel hick hack. Also los:

›Sehr gerne. Bis Morgen dann!‹ Zu kurz? Ich will aber auch nicht rumschwadronieren. Ich ergänze noch einen Smiley und schicke ab. Dann stecke ich das Handy wieder in die Tasche, ist jetzt erst mal alles geklärt. Und schon wieder habe ich Natalies Stimme im Ohr.

»Beobachte mal deine Mitmenschen, vor allem im öffentlichen Nahverkehr. Sie können schon gar nicht mehr ohne ihr Smartphone. Alle Köpfe am Gleis sind gesenkt. Es ist auch so verlockend, man ›muss‹ sich nicht mehr langweilen. Kann sich immer ablenken, immer beschäftigen. Aber so kann man auch nie im Moment sein, wirklich wahrnehmen, bewusst atmen, einfach sein. Vielleicht den Baum auf der anderen Seite sehen, das witzige Werbeplakat, oder eben wie man sich selber gerade fühlt.«

Daran habe ich schon lange nicht mehr gedacht. Meistens trifft es zu. An diesem Abend mit vielen Gruppen, sind schon deutlich weniger Menschen am Handy. Ach, Natalie. Mich überkommt ein sehr seliges Gefühl. Ich glaube, so fühlt sich Dankbarkeit an. Ich bin so dankbar, sie als meine Freundin zu haben. Schon als Kinder und Teenies sind wir gemeinsam durch dick und dünn gegangen. Haben gemeinsam gelacht, getanzt und gespielt. Uns die verrücktesten Ideen ausgedacht. Uns verkleidet und lustige Videos gedreht. Sie wusste schon immer, dass hinter der nach außen taffen Schale, ein sehr verletzlicher Kern steckt. Sie war mein Fels in der Brandung.

Natalie hat mich jedes Mal getröstet, wenn Amelie mal wieder auf Krawall und Emily-zermalmen gebürstet war. Sie war wirklich immer für mich da. Und ich auch für sie, zum Beispiel als sich ihre Eltern viel gestritten haben und sie quasi nur noch bei uns übernachtet hat. Auch als Erwachsene ist

Natalie immer für mich da gewesen. Damals, als ich nach Konstantins grandioser Eröffnung, wie ein Häufchen Elend und natürlich patschnass im Regen vor ihrer Tür gestanden habe. Zu dem Zeitpunkt hat Natalie gerade angefangen sich mit Persönlichkeitsentwicklung zu beschäftigen. Und mir neben dem klassischen ›wir schauen Doctors Diary, essen Eiscreme und schimpfen auf Männer‹ auch noch andere Ansätze aufgezeigt.

Während ich jetzt darüber nachdenke, wird mir bewusst, wie viel sich durch ihren Einfluss über die Zeit auch bei mir verändert hat. Ja, ich habe noch viel von dem negativen Selbsttalk. Und ja auch noch viel anderes, was noch nicht so läuft, wie ich es mir vorgestellt habe. ABER früher habe ich noch viel schlimmer mit mir gesprochen. Ich bin in Selbstmitleid versunken. Ich habe den Eindruck, ich bin schon auf einem guten Weg, ich nehme es mehr wahr und schaffe es bewusstere Entscheidungen zu treffen. Nicht immer, aber immer öfter. Auch das ich heute nicht einfach abtue, sondern probiere etwas zu verändern.

Ich muss schmunzeln und stelle überrascht fest, dass die Zeit in der Ringbahn verflogen ist. Wir halten am Innsbrucker Platz und ich steige aus. Was für ein Tag, philosophiere ich und habe das Bedürfnis, nicht erst Morgen, sondern noch heute ein paar Gedanken zu Papier zu bringen. Zuhause angekommen, gehe ich an meine Wohnzimmerkommode und durchsuche ein paar Schubladen nach dem Notizbuch.

Bewaffnet mit einem Stift und dem Journal mache ich es mir auf der Couch gemütlich. Die erste Seite lasse ich frei, vielleicht ergänze ich später noch etwas wie ›Emilys Buch‹. Dann notiere ich das Datum und setze den Stift an und schreibe alle meine aktuellen Gedanken nieder. Die negativen, dass ich nichts wert bin und in welchen Momenten ich mich so gefühlt habe. Ebenso wie die

Erkenntnisse des Vormittags, das Mehrfache stupsen darauf, sich mehr um mich zu kümmern. Dann beginne ich eine Liste, von der Natalie mir erzählt hat.
Ich mag:

- Menschen mit meiner Arbeit helfen, die glücklichen Gesichter
- Natalie und unsere Freundschaft
- Malen
- meine Kollegen, vor allem Izzy und Petra
- in der Natur sein
- Zimtschnecken und generell Gebäck
- meine Wohnung
- Inliner fahren und Schlittschuhlaufen
- Weihnachten
- meine Familie

Ich überlege, ob mir im Moment noch weitere Dinge einfallen, aber jetzt wo ich meine Gedanken niedergeschrieben habe, werde ich plötzlich ganz müde. Eigentlich wollte ich noch eine Ich-mag-nicht-Liste machen, denn aus irgendeinem Grund, wäre das auch sinnvoll. Mir fällt es aber gerade nicht mehr ein, da mir fast die Augen zufallen. Kurz ins Bad, die Wäsche noch aufhängen, abschminken, Zähne putzen und dann falle ich ins Bett.

KAPITEL 6

Ich sitze auf meiner Couch und genieße meinen Kaffee. Meine eigene Kaffeemaschine habe ich mir letztes Jahr selber zu Weihnachten geschenkt. Ich bin sehr entspannt und genieße den morgendlichen Sonnenschein und den Blick auf den blauen Himmel aus meinem Fenster. Es scheint ein schöner Tag zu werden. Wann war ich das letzte Mal so entspannt und spürte nicht den Druck in meiner Brust, etwas machen zu müssen? Das ist eine Weile her. Ich lächle.

Hmhmm, vielleicht muss ich doch irgendwann diesen Platz hier verlassen, weil mein Magen grummelt und in meinem Kühlschrank gähnende Leere herrscht, neben Ketchup und Weißwein. Also einkaufen. ›Das übliche?‹, frage ich mich während ich mich aufsetze und ins Bad gehe. Das würde wieder sehr viel Fertigessen bedeuten. ›Wie möchte ich mich ernähren?‹, kommt es mir in den Sinn. Hmhmm. Vielleicht gibt es einen Kompromiss, aus immer noch leicht zubereitbar, aber mit etwas besseren Nährwerten. Meine Mutter liegt mir damit schon lange in den Ohren. Und manchmal merke ich auch, dass ich mich nach Kartoffeln mit Gemüse und Senfeiern besser fühle, als nach einer Fertigpizza. Ich kann mir ein bisschen mehr Zeit nehmen zum Einkaufen, vielleicht entdecke ich ein paar Optionen.

Fürs Frühstück habe ich tatsächlich schon eine Idee, überlege ich, während ich warmeingepackt das Haus verlasse. Die Sonne begrüßt mich vor der Haustür. Wie schön! Statt Teilchen vom Bäcker, könnte ich es mit Müsli, Joghurt und Obst probieren. Während des Studiums habe ich das auch gern gefrühstückt. Das bekomme ich hin. Guter Dinge durchforste ich meinen Supermarkt um die Ecke und packe noch ein paar to-go Gerichte ein, wie Couscous Salat mit Gemüse. Außerdem fertigen grünen Salat, Cherrytomaten, die muss man nicht schneiden, sowie Wraps, Bohnen und einige gesündere Tiefkühl-Gerichte ohne zugesetzte Zusatzstoffe. Auf dem Rückweg bin ich mächtig stolz auf mich.

Zuhause angekommen frühstücke ich auf der Couch und lasse mir das Birchermüsli mit Apfel und Joghurt schmecken. Dabei fällt mein Blick auf das aufgeschlagene Notizbuch von gestern Abend. Und mir fällt wieder ein, wofür die beiden Listen gut sein sollen. Um sich bewusst zu machen, was man mag und eben nicht, logisch. Aber eben auch, ob man diese Dinge momentan schon so viel wie man eigentlich möchte in seinem Leben hat beziehungsweise ausübt, oder die Menschen trifft, je nachdem. Und dass man die Dinge auf der anderen Liste eben möglichst vermeidet.

Ich schaue mir die Liste an und gehe gedanklich die Punkte durch, ob ich sie schon ausreichend in meinem Leben auslebe. Arbeit, Kollegen, Wohnung, Weihnachten, Gebäck essen würde ich sagen: Ja. Natalie und meine Familie mehr sehen, das bin ich jetzt gerade am Ändern. Fehlt nur noch in der Natur sein, Inlinern oder Schlittschuhlaufen. Das möchte ich wieder mehr machen. Und, ich habe es lange ignoriert, wieder meiner kreativen Seite Raum geben und malen und gestalten. Ich schaue in Richtung meines Schlafzimmers, wo meine Staffelei und all meine Utensilien seit meinem Einzug gut verstaut sind.

Ebenso wie meine Bilder, die befinden sich allerdings zum Großteil bei meinen Eltern auf dem Dachboden. Ich hadere mit mir, ob ich es wieder wagen soll. Schon startet mein innerer Kritiker wieder durch ›Ich kann nicht gut malen. Wer sollte sich jemals meine Bilder ansehen? Lass es einfach, das erspart dir vieles. Vor allem, weil ich es nicht kann. Ich meine, wer mochte bisher meine Bilder?‹

Ich kann es nicht mehr hören. So oft dieselbe Leier, die mich davon abhält. Wie in einem inneren Zwiegespräch frage ich ›Na und? Es geht darum, dass es mir Spaß macht und mir gefällt. Alles andere ist zweitrangig‹, während ich in mein Schlafzimmer gehe und nach meinen Malklamotten suche. Sie müssen hier doch irgendwo sein... Ah ja, da in der letzten Ecke.

Wehmütig hole ich das vollgespritzte übergroße T-Shirt und die löchrige Jeanshose raus. Da kommen schöne Erinnerungen hoch und die Stimme hat das auch verstummen lassen. Na, also. Ich ziehe mich rasch um und baue meine Staffelei auf. Ich hoffe die Farben sind noch gut, allerdings bin ich zuversichtlich. Ich setze den Pinsel an und fühle mich wie als würde eine zentnerschwere Last von mir abfallen. Die, dass ich es mir nicht zugestehe, dieser Leidenschaft Raum zu geben.

Ich bringe Farbe um Farbe auf die Leinwand, bin wie im Rausch. Es fühlt sich so gut an, so befreiend. Ich bin beflügelt, inspiriert und so als könnte ich ewig weitermalen. Als ich einen Schritt zurücktrete, um mein Werk zu betrachten und um zu entscheiden, ob es fertig ist, oder noch etwas braucht, überkommt mich der Stolz aber auch die Erschöpfung.

Ich bin begeistert. Es gefällt mir sehr gut. Ich lasse mich auf mein Bett sinken und greife nach meiner Wasserflasche, plötzlich dehydriert und hungrig. Ich nehme mein Handy vom Nachttisch und schaue auf den Display.

14:24. Ach du Schreck. Ich sehe auch zwei verpasste Anrufe von Natalie, Nachrichten von ihr, Izzy, Tim und meiner Mutter. Da ist man mal einmal nicht am Handy... Da meldet sich schon die Stimme.

›Immer verkacke ich alles. Nichts kann ich richtig machen. Pünktlich zu einem Treffen kommen, das lernt man im Kindergarten.‹ Ich fühle mich wieder klein.

Ok, erst mal tief durchatmen. Du kannst es noch schaffen, es ist noch nicht zu spät. Erst mal Tims Nachricht checken, nicht dass sich was geändert hat und dann ein Schlachtplan. Ich öffne die Chatverläufe und lese ›Super, bis morgen! Ich freue mich.‹ Super, das ist perfekt. Dabei lese ich auch noch den Anfang von Natalies letzter Nachricht ›Wehe, du drückst dich...‹ Ok, ihr kann ich später schreiben.

Also erst mal noch mehr trinken und Wasser mitnehmen, das habe ich nämlich die letzten Stunden vergessen. Dann muss ich auf jeden Fall duschen, ich bin nämlich voller Farbe. Mit dem Fahrrad sind es nur ein paar Minuten, das schaffe ich bis drei. Ich trinke noch, stelle mir die Flasche dann schon bereit und packe auch mein Portemonnaie ein, bevor ich in Rekordgeschwindigkeit dusche. Für viel Schminke bleibt keine Zeit, da muss etwas Wimperntusche reichen. Mein Magen knurrt, während ich ins Schlafzimmer flitze. Wenn ich mir fix was aussuche, überlege ich, während ich die Uhrzeit checke, kann ich noch ein paar Gabeln von dem Couscous Salat essen. Also was anziehen? Eigentlich nicht so wichtig, Hauptsache warm und praktisch zum Spazieren gehen, er sieht ja vor allem meinen Mantel. Ich entscheide mich für mein bordeauxfarbenes Strickkleid mit einer dicken dunklen Strumpfhose. Dazu passen super meine bequemen Stiefel und ich fühle mich wohl.

14:42. Ich esse ein paar Gabeln vom Salat. Eigentlich mag ich es überhaupt nicht, in Hektik zu essen. Ob ich ihn einfach mitnehmen kann? Gedacht, getan, der Salat, ebenso wie eine Banane wandern in meine Tasche. Ich schnappe mir meine Schlüssel und verlasse das Haus. Vor der Tür an einer Laterne wartet mein Fahrrad auf mich, das ich leider nicht oft genug benutze, da sich meine Bürooutfits nicht sehr dafür eignen. Was sehr schade ist, denn die Entfernung ist nicht weit und frische Luft vor und nach der Arbeit würde mir gut tun. Na ja, aber jetzt fahre ich, denke ich und freue mich über das schöne Wetter.

Wahrscheinlich gar nicht so verkehrt, dass ich in Eile war, so konnte ich mich nicht so kirre machen, überlege ich, als ich mein Rad ankette und merke, wie nervös ich bin. Ob er schon da ist? Ich sehe kurz auf mein Handy, 15:02. Perfekt! Dann schaue ich mich um und bemerke, wie Tim auf mich zukommt. Er lächelt und sieht sehr gut aus. Anscheinend hat er schon gewartet und mein Ankommen gesehen.

»Hallo Emily«, begrüßt er mich. Oh nein, ich kann das nicht. Mein Mund ist wie zugeschnürt. Er kommt noch etwas näher. Um mich zu umarmen? Ich habe immer noch nichts gesagt. Mein Kopf ist wie leergefegt. Was, wenn er mir wehtut? Was, wenn ich mich zum Affen mache? Oder schlimmer, wenn ich zulasse, wieder Gefühle zu empfinden und mir das Herz wieder herausgerissen wird?

Ich weiß nicht, ob ich das überstehen würde. Das letzte Mal war mühsam genug, alles wieder zusammen zu flicken. Tim scheint nichts von meinem inneren Kampf mitzubekommen. Er umarmt mich, während ich stocksteif dastehe. Er löst sich und nimmt wieder etwas Abstand ein, betrachtet mich.

»Alles ok?«, fragt er schließlich, da ich es immer noch nicht geschafft habe etwas zu sagen. Unter seinem einfühlsamen Blick wird es noch schlimmer, alles zu viel.

»Ja ...«, beginne ich, »es ist nur, lange kein Date mehr gehabt, die Aufregung...«, plappere ich weiter. Oh Mist, etwas zu viel Information, aber hey, ich wollte mehr ehrlich zu mir sein, ergo auch zu anderen. »Und etwas unterzuckert, ich war spät dran, hatte kein Mittagessen und... » Mir geht die Luft aus, während ich hilflos, in meiner Tasche nach meinem Wasser und der Banane suche und sie schließlich, wie als würde das etwas helfen, hochhalte. Ich kann ihm gar nicht mehr in die Augen sehen.

Na toll. Das habe ich mal wieder gut gemacht. Es ging noch gar nicht los und ich habe schon verkackt. Bedröppelt schaue ich auf meine Schuhspitzen, da bemerke ich eine sanfte Berührung an meiner Schulter und blicke auf. Tim hat seine Hand dort abgelegt und sieht mich aufmerksam an.

»Da sind wir schon zwei. Nicht mit dem Mittagessen, aber mit dem aufgeregt sein. Komm, lass uns in Richtung Park gehen und auf der ersten Bank isst du erst mal deine Banane. Oder willst du lieber gleich in ein Café und dir dort etwas bestellen?«, fragt Tim mich und sieht mich direkt an. Nicht verurteilend, sondern verständnisvoll. Ich atme auf. Vielleicht ist doch noch nicht alles verloren.

»Gerne eine Parkbank und dann etwas spazieren«, erwidere ich und lächle ihn zaghaft an.

»Na dann, lass uns gehen«, gibt er zurück, ich nicke und wir begeben uns in den Volkspark Wilmersdorf. Über Gesprächsthemen habe ich mir nicht so viele Gedanken gemacht. Gleich startet wieder die Stimme. ›Hast du dir überhaupt über irgendetwas Gedanken gemacht? Gleich zu Beginn so eine peinliche Stille. Das ist doch zum Scheitern verurteilt! ‹

»Du bist nicht allein, mit deiner Aufregung. Mein Kumpel Ollie, hat mir gestern Abend gut zugeredet, dass ich dir überhaupt schreibe. Ich war mir wirklich nicht sicher, ob du Lust hättest und auch Single bist«, eröffnet er mir plötzlich. Wow, dass muss ihn auch einiges an Überwindung gekostet haben.

»Bist du doch, oder?«, schiebt er hinterher und schaut mich jetzt direkt an.

»Ja«, antworte ich und nicke. »Ich habe mich tatsächlich sehr gefreut. Und auch mich hat meine Freundin ermutigt, dir zu antworten und dich heute zu treffen.« Ich schmunzle bei dem Gedanken.

»In Fakt, hat sie mir gedroht Feuer unterm Hintern zu

machen, falls ich mich drücke.« Tim lächelt zurück. Und ich habe, den Eindruck, das erste Eis ist gebrochen.

»Tatsächlich, auch wenn es unfassbar unhöflich ist, würde es dir was ausmachen, wenn ich ihr kurz schreibe, dass es mir gut geht und ich hier bin?« Ich schaue ihn fragend an, er schmunzelt und nickt.

»Ich habe heute seit langer Zeit wieder gemalt, komplett die Zeit vergessen und hatte echt Glück, noch pünktlich hier zu sein. Ich habe nur gesehen, dass ich einige verpasste Anrufe von ihr habe«, erzähle ich weiter, während ich tippe: ›Alles ist gut, bin auf dem Date, habe heute Vormittag nur gemalt und Zeit vergessen, wäre fast zu spät. Danke und Amore‹. Unmittelbar kommen Herz-Emojis und Daumen-hoch zurück. Ich stecke mein Handy wieder weg.

»Danke«, richte ich an Tim, der in den Moment auf eine freie Bank vor uns zeigt, auf die wir uns direkt setzen.

»Was für ein schöner Tag und tolles Wetter«, sagt Tim.

»Das stimmt, blauer Himmel und Sonnenschein, das hebt die Stimmung immer zuverlässig«, entgegne ich. »Ich hoffe es stört dich nicht, ich habe neben der Banane auch noch mein eigentliches Mittagessen dabei.« Ich schwenke die Couscoussalatbox. Tim grinst, macht eine einladende Geste und erwidert:

»Kein Problem«. Ich öffne die Box und blicke ihn an.

»Da ich jetzt erst mal den Mund voll haben werde, erzähle mir doch von dir. Was magst du? Was magst du nicht?« Ich lächle. Dafür, dass ich vor 5 Minuten noch extreme Angst hatte, läuft das hier erstaunlich gut. Fast schon zu schön, um wahr zu sein. Nein, wir gehen nicht weiter in diese Richtung, einfach auf das Essen und Tim konzentrieren. Ich nehme eine Gabel.

»Sehr gute Frage«, erwidert Tim. »Ich mag Musik. Meine Eltern haben mich sehr gefördert, sodass ich viele unterschiedliche Instrumente als Kind ausprobiert habe.

Hängen geblieben sind Gitarre und Piano, aber ich kann dir gerne auch mal was auf meiner Triangel vorspielen.« Er grinst schelmisch. Ich nicke ihm mit vollem Mund aufmunternd zu, fortzufahren.

»Ich mag gutes Essen, ich probiere mich gerne kulinarisch durch alle Länder der Welt, reise auch gerne, um diese kennenzulernen. Am liebsten mag ich die indische und südostasiatische Küche. Ich spiele gerne Basketball mit meinen Kumpels. Ich schreibe gerne. Ich schaue gerne Dokumentationen und Filme. Ich lese sehr gerne. Hmhmm, ich überlege, was ich noch so mag...« Er wird etwas träumerisch. Das sieht süß aus. »Es gibt so vieles, unsere Welt ist einfach wundervoll. So viele schöne Dinge jeden Tag. Den Duft von frisch gebrühten Kaffees beispielsweise oder dieser Nachmittag. Allerdings gibt es auch viel Leid auf der Welt, viele Ungerechtigkeiten. Manchmal fällt es mir schwer, herauszufinden, wo ich zuerst helfen soll.«

»Hmhmm«, stimme ich mit mal wieder vollem Mund zu. Tim erscheint mir sehr vielschichtig und wirklich interessant. Als ich runtergeschluckt habe, erwidere ich »Genau, es fühlt sich manchmal an, wie gegen Windmühlen zu rennen. Man steckt seine ganze Energie in ein Projekt, hilft damit auch einer einzelnen Person. Aber wenn man das ins Verhältnis setzt zu all dem, wo Hilfe notwendig ist, wirkt das wie ein Tropfen auf dem heißen Stein und man fühlt sich wieder hilflos und fragt sich wie man auf der Welt etwas verändern soll«, gebe ich meinen Eindruck dazu wieder. Ich zucke hilflos mit den Achseln.

»Ja genau!«, stimmt Tim mir zu und freut sich anscheinend, dass er damit nicht alleine ist. »Es ist echt eine große Herausforderung, dann wieder in das Mindset zu kommen, dass es eben doch einen Unterschied macht und wenn auch nur für eine Person. Und wenn mehr Leute so denken wie du und ich, dann machen wir gemeinsam einen großen Unterschied und können die Welt verändern.«

Seine Augen strahlen, anscheinend, ein Thema worüber er sehr enthusiastisch ist. Ich meine, ich kann das verstehen. Das Drama und die Qualen, die Natalie während der Scheidung ihrer Eltern mit erleben musste, der Streit um das Sorgerecht, dass sie bei Gericht aussagen musste. Das alles hat vermutlich einen nicht unerheblichen Einfluss darauf gehabt, dass ich, schon immer mit einem ausgeprägtem Gerechtigkeitssinn ausgestattet, Jura studiert habe und im Familienrecht tätig bin.

»Stimmt, dass muss man sich immer wieder vor Augen führen«, stimme ich zu und ergänze, »wenn ich vor Gericht einen Fall zu den Gunsten meiner Klienten entscheide und das Strahlen in den Augen, oft Kinderaugen sehe, gibt mir das die Kraft, auch wieder für den nächsten alles zu geben, auch wenn es aussichtslos erscheint.« Tim sieht mich bewundernd und fragend an. »Ich bin Anwältin in einer Kanzlei für Familienrecht«, schiebe ich hinterher.

»Wow, Wahnsinn! Das trifft genau das was wir gerade besprochen haben. Ich hoffe, dass ist jetzt nicht zu indiskret, aber wie fühlst du dich, wenn es mal nicht klappt, wie gehst du damit um?«

»Es ist sehr herausfordernd, um nicht zu sagen frustrierend. Vor allem, wenn es teilweise an Formalitäten liegt, dass mir nicht alles vorliegt, sodass die andere Partei meine Argumentation leicht auseinander nehmen kann. Und dann ein Kind in einem Haushalt leben muss, von dem ich überzeugt bin, dass es ihm nicht gut tut. Gott sei Dank gibt es Berufung. Aber ja. Ich habe schon vor Frustration geweint und geschrien.«

Mensch, was ist heute mit mir los, so was erzähle ich sonst niemanden und jetzt jemandem, den ich eigentlich kaum kenne. Ich schaue Tim an, er nickt verständnisvoll. Er ist so vertrauenswürdig, deshalb fällt es mir leicht mit ihm zu reden. »Manchmal hilft es dann auch nicht, sich die Erfolge vor Augen zu halten, wie viel Gutes man schon getan hat...«, ergänze ich etwas schwermütig und beobachte die Spaziergänger, die an uns vorbeilaufen.

»Ich kann zwar deine Gefühle, in deinem speziellen Fall nicht nachvollziehen, da ich nicht an deiner Stelle bin. Aber ich weiß wie frustrierend es sein kann, helfen zu wollen und nicht zu können«, beginnt Tim und ich nutze die Zeit um mit meiner Banane zu beginnen.

»Meine Eltern sind beide Ärzte und auch mein Großvater ist ein renommierter Arzt. Ich bin Einzelkind und wurde quasi mein ganzes Leben darauf vorbereitet, auch Arzt zu werden. Deswegen habe ich auch Medizin studiert, allerdings nur fünf Semester. Zu Beginn konnte mich gut damit anfreunden, ich kannte nichts anderes und dachte, ich würde später als Arzt ohne Grenzen viel Gutes tun. Aber irgendwann konnte ich es nicht mehr. Es hat sich nicht richtig angefühlt und ich habe das Gefühl gehabt, mich zu verleugnen.

Meinen Eltern brach es das Herz, wahrscheinlich habe ich deswegen so lange gezögert. Ich habe mich währenddessen sehr hilflos gefühlt. Und danach. Was sollte ich jetzt tun? Ich liebe es zu schreiben, also informierte ich mich diesbezüglich. Allerdings erhielt ich einige Absagen und landete dann über einen Kumpel und Umwege bei der BVG (Berliner Verkehrs Gesellschaft) im dualen Studium zum Ingenieur. Wieder überlegte ich abzubrechen, zog es schlussendlich doch durch. Währenddessen träumte ich aber immer noch als Journalist zu arbeiten, solches Unrecht mehr publik zu machen, zu berichten. Deswegen studiere ich jetzt Publizistik und arbeite nebenher als Kontrolleur, da es mir als Ingenieur nie wirklich viel Spaß gemacht hat.« Er macht eine Pause und sieht mich an.

»Long Story Short, auf dem Weg habe ich mich auch oft

sehr hilflos gefühlt.« Er sieht für einen kurzen Moment so verletzlich aus, dass ich meine Hand auf seine lege. Ganz instinktiv, um ihm zu signalisieren, dass alles gut ist. Richtig realisieren, was ich da gerade getan habe, mache ich erst, als Tim meine Hand dreht, unsere Hände ineinander verschränkt und mich verschmitzt anlächelt.

»Genug von mir, wie ist es bei dir? Was magst du und was magst du nicht? Ich muss sagen, ich mag die Frage.« Er hat sich mir zugewandt. Gleichzeitig bin ich mir seiner Hand in meiner überaus bewusst. Es fühlt sich gut an, aber auch beängstigend. Also erstmal raus aus der Situation, denn ich merke wie mein innerer Kritiker sich schon bereit macht zum lospoltern.

»Wollen wir dabei auch etwas durch den Park flanieren? Ich bin fertig mit meinem Essen«, beginne ich in der Hoffnung, dem Moment etwas Spannung zu nehmen, die ich gerade nicht mehr aushalte.

»Gerne«, sagt Tim, lässt meine Hand los und steht auf. Ich atme durch und stehe auch auf. Wir schlendern los.

»Ich bin gerne in der Natur...«, setze ich an und merke dass Tim nach meiner Hand greift und unser Hände wieder ineinander verschränkt. Mein Herz klopft wie wild. Tim lächelt mir zu. »Und ich mag meine Arbeit meistens«, beende ich den Satz.

»Ich mag meine Kollegen und dass ich Menschen helfen kann. Ich verbringe gerne Zeit mit meiner Freundin Natalie und meiner Familie. Und im Sommer fahre ich gerne Inliner und im Winter Schlittschuh. Apropos Winter, ich liebe Weihnachten. Einfach all der Kitsch der dazu gehört. Angefangen bei Last Christmas, hinzu Märchen, Dekoration, Adventskalender basteln und backen. Obwohl ich das nicht besonders gut kann. Aber ich liebe süßes Gebäck, besonders Zimtschnecken.«

Ich merke dass ich etwas plappere, weil ich durch das

Händchen halten immer noch aufgeregt bin. Ich fühle mich wie ein Teenie, der das erste Mal Händchen hält. Ich blicke rüber zu Tim, der schaut mich im selben Moment an und lächelt. Ich lächle auch aber schaue schnell wieder nach vorne auf dem Weg. »Und ich liebe es zu malen«, ergänze ich hastig.

»Ich habe es lange nicht mehr gemacht, heute endlich wieder und es ist wirklich meine große Leidenschaft.« Ich streiche mir mit meiner freien Hand eine Strähne, die sich aus meinem Pferdeschwanz gelöst hat, hinters Ohr und warte auf seine Antwort.

»Das merkt man, du klingst ganz euphorisch, wenn du davon berichtest«, erwidert Tim. »Bist du generell interessiert an Kunst, Ausstellungen und den verschiedenen Möglichkeiten sich auszudrücken?«

»Auf jeden Fall! Ich liebe es mir Kunstwerke jeglicher Art anzusehen und zu interpretieren. Fotos, Bilder, Skulpturen. Die Möglichkeiten sind unfassbar vielfältig!«

»Ja das stimmt. Apropos vielfältige Möglichkeiten« Tim lässt meine Hand los und wendet sich mir zu, sodass wir beide stehen bleiben. Schade, langsam mochte ich das Gefühl.

»Möchtest du gerne noch weiter spazieren, oder wollen wir uns in ein warmes Café setzen? Ich kenne hier in der Seitenstraße ein sehr nettes, Café de Maison, deswegen würde es sich jetzt anbieten.« Ich schaue auf die länger werdenden Schatten der vielen Parkbesucher an diesem schönen Winternachmittag.

»Ja gern, dort können wir uns etwas aufwärmen«, antworte ich deswegen schließlich und wir verlassen den Park. »Wohnst du hier in der Nähe, Tim?«

»Ich habe früher in Friedenau gelebt, jetzt wohne ich allerdings in der Nähe des U-Bahnhofs Leinestraße im Schillerkiez. Daher kenne ich mich hier in der Ecke ganz gut aus.« Wir biegen in eine kleine Seitenstraße ein und ich sehe schon ein verschnörkeltes Schild mit ›Café de Maison‹.

»Hier ist es«, sagt dann auch Tim und hält mir die Tür auf. Das Café ist gut besucht. Es gibt viele gemütliche Ecken und jeder Tisch und seine Stühle bestehen aus unterschiedlichen Möbeln. Alles zusammen wirkt allerdings stimmig. Außerdem gibt es eine Auslage mit diversen Kuchen und Gebäck. Hmhmm, da läuft mir schon das Wasser im Mund zusammen. Wir gehen tiefer in das Café und finden einen freien Platz. Auch die Karte sieht sehr ansprechend aus.

»Und du? Wo lebst du?«, nimmt Tim unseren Gesprächsfaden wieder auf.

»Am Innsbrucker Platz«, antworte ich. Da kommt auch schon die Bedienung, um unsere Bestellung aufzunehmen. Ich bestelle eine Zimtschnecke und einen Milchkaffee, Tim heiße Kirschen mit Vanilleeis und einen Cappuccino. Wir unterhalten uns über unsere Lieblingsbücher. Der Alchemist von Paul Coelho ist bei uns beiden unter den Favoriten, dann kommen die Lieblingsfarben und Lieblingstiere. Seine Lieblingsfarbe ist Grün, meine Rot. Lieblingstier von ihm ist der Elefant, meins sind Hunde. Unsere Bestellung kommt und die Zimtschnecke schmeckt köstlich und ein heißes Getränk ist wirklich perfekt an kühlen Tagen. Es fällt mir zunehmend leichter mich zu entspannen, während wir fließend Themen wechseln und uns über Gott und die Welt unterhalten.

Es fühlt sich sehr angenehm an. Wir lachen viel. Und wenn mich nicht alles täuscht, flirten wir auch ein bisschen. Obwohl ich nicht wirklich weiß, was ich diesbezüglich tue. Es ist eher unbewusst. Als die Kellnerin, lange nachdem wir aufgegessen und getrunken haben, nochmal fragt, ob wir was möchten und wir beide verneinen, fragt Tim nach der Rechnung. Oh je, das leidige Rechnungsthema beim 1. Date, denke ich bei mir im Stillen. Im Sinne der Emanzipation dürfte es eigentlich egal sein. Ein Fan vom ›auseinanderklamüsern‹ bin ich nicht, eher nach dem Motto, ich zahle heute, du beim nächsten Mal.

Während ich noch darüber nachdenke, erzählt Tim etwas von einer Schlittschuhlaufbahn am Hohenzollerndamm. Ich habe den Anfang irgendwie verpasst. Ich nicke einfach zustimmend und lächle ihn an. Unsere Rechnung kommt und bevor ich nur überhaupt einen Piep sagen oder etwas tun kann, hat Tim ihr schon einen 20 Euro Schein in die Hand gedrückt und ›Stimmt so‹ gesagt. Ich öffne meinen Mund um etwas zu sagen, aber Tim kommt mir zuvor.

»Du zahlst dann einfach das nächste Mal.« Das gefällt mir. Immer wieder das gleiche. Auch wenn ich gerne eine emanzipierte Frau bin, manche Dinge, wie sein Verhalten jetzt, imponieren mir doch. Vor allem all das ohne viel Aufheben. Und Moment Mal? Was hat er gerade gesagt? Beim nächsten Mal... Das würde bedeuten… Er möchte mich wiedersehen! Ich möchte einen Luftsprung machen!

Stattdessen grinse ich bis über beide Ohren und erwidere »Sehr gerne« und »Wollen wir?«. Draußen ist es bereits dunkel geworden.

»Mensch, da haben wir echt lange geredet«, kommentiere ich das, als wir das Café verlassen.

»Stimmt«, sagt Tim. »Soll ich dich wieder zu deinem Rad zurückbegleiten?«

Wie aufmerksam und lieb. Und wieder beginnt die Stimme in meinem Kopf zu flüstern, dass es da doch einen Haken geben muss. ›Am Anfang sind die Männer immer aufmerksam, bevor sie dich dann fallen lassen oder zeigen, dass sie ziemliche Arschlöcher sind‹.

»Nein, nein, nein«, sage ich vehement, um die Stimme zum Schweigen zu bringen. Denn irgendwie habe ich mit Tim ein gutes Gefühl. Ich schaue ihn an, er schaut etwas verschreckt, was ist denn jetzt passiert?

»Kein Problem, wenn du nicht möchtest...«, beginnt er. Scheiße, habe ich das Nein laut gesagt?

»Ich meinte nicht dich«, sage ich schnell.

»Es wäre schön, wenn du mich begleitest«, ergänze ich und versuche ein zaghaftes Lächeln. Tim schaut immer noch etwas unsicher.

»Und wen oder was meintest du dann?«, fragt er nach und schaut mich aufmerksam an. Toll, jetzt hält er dich entweder für verrückt, weil du mit dir selbst sprichst oder er denkt, dass du ihn nicht magst, dabei lief es doch bisher so gut.

›Weil du ihn gar nicht verdient hast‹, meldet sich die Stimme wieder. ›Nicht mal so ein einfaches Date bekommst du hin, ohne dich bis auf die Knochen zu blamieren. Was soll Tim oder überhaupt ein Mann mit jemand so unfähigen und ganz und gar hässlichen Frau?‹

Das tut weh. Vor allem zu wissen, dass ich so über mich denke. Es wird mit gerade wieder alles zu viel.

Da kommt mir Natalie in den Sinn, mit ihrer Idee zu Offenheit und Ehrlichkeit. Tim sieht mich immer noch an, also los jetzt.

»Ich habe es quasi«, ich überlege, »zu mir selbst gesagt.« Puh, es ist raus. Tim sieht mich immer noch an, er ist immerhin noch nicht schreiend weggerannt. Er wartet anscheinend auf mehr Erklärung.

»Ich hatte einen Gedanken, der sehr, sehr negativ war und ich wollte mich quasi selber davor stoppen, weiter mit meinen Gedanken in diese Richtung zu gehen. Ich weiß, ziemlich verrückt.« Ich rolle meine Augen und versuche ein schiefes Lächeln.

»Nein, gar nicht«, sagt Tim und ich atme auf. Er lächelt auch wieder. »Ich kann das verstehen. Wenn verschiedene Gedanken einmal losgehen, weiß man eigentlich schon in welche Abwärtsspirale das gleich gehen wird und dass es schwer ist da wieder rauszukommen.« Er überlegt kurz.

»Lass uns zurück gehen, sonst wird uns zu kalt.« Nach wenigen Metern greift er wieder meine Hand. Es fühlt sich schön und vertraut an. »Ganz im Gegenteil, ich finde es sehr bewundernswert sich damit auseinanderzusetzen und dann auch noch so offen darüber zu reden«, fährt er fort. Ich schaue zu ihm, er lächelt mich an und mein Herz geht auf. Mir wird ganz warm. Danke Natalie! Schicke ich ein kleines Stoßgebet zum Himmel.

»Danke! Danke, dass du mich nicht verurteilst«, entgegne ich nach kurzem Schweigen.

»Das wäre das letzte was ich tun würde«, erwidert Tim mit einem Brustton der Überzeugung, dass ich ihm nur glauben kann. Wir gehen weiter schweigend in Richtung Rathaus Schöneberg. Diesmal fühlt es sich allerdings nicht bedrückend an, sondern es ist schön, einträchtig zu schweigen, verbunden über unsere Hände. Als wir uns dem Platz nähern, kommen verschiedene Gefühle hoch.

Aufregung, ob er mich wiedersehen möchte. Denn ich möchte ihn gern wiedersehen, das ist mir heute klar geworden. Traurigkeit, dass der Nachmittag vorbei ist. Kurz vor meinem Rad bleiben wir stehen und lassen unsere Hände los.

»Es war ein sehr schöner Nachmittag.« Ist das Erstbeste was mir einfällt, bevor ich beginne in meiner Handtasche nach dem Schlossschlüssel zu kramen.

»Das fand ich auch«, erwidert Tim und ich sehe auf. Er lächelt mich an.

»Dann sehen wir uns nächste Woche zum Schlittschuhlaufen? Passt dir Donnerstag? Da haben sie etwas länger geöffnet und legen gute Musik auf.« Ich bin ganz perplex im ersten Moment. Dann fällt mir wieder ein, dass er vorhin von so etwas gesprochen hatte. Was für eine schöne Idee! Ich strahle ihn an und nicke, während ich »Sehr gerne« sage. Wir blicken uns in die Augen und ich spüre die magische Spannung ist da.

Wir räuspern uns fast gleichzeitig, Tim beginnt mit »Also...« und gleichzeitig sage ich »Ich sollte..«, während ich mich meinem Fahrradschloss zuwende. Wir müssen beide lachen, wegen der Spannung zwischen uns. Ich hänge mein offenes Schloss um den Lenker und lege meine Tasche in den Fahrradkorb.

»Bis Donnerstag«, sage ich hoffnungsvoll, bevor ich aufs Fahrrad steige. Tim nickt. Ich winke ihm nochmal zu und fahre los. Als ich an der nächsten Straßenecke nochmal zurückblicke, steht er immer noch da und sieht mir nach.

KAPITEL 7

Was für ein Tag. Ich bin wie beseelt und könnte die ganze Welt umarmen. Einfach der Wahnsinn. Die Luft ist kühl und trotzdem macht es mir total Spaß durch das abendliche Berlin zu radeln. Noch völlig euphorisch komme ich Zuhause an. Nachdem ich ein großes Glas Wasser getrunken habe, schnappe ich mir mein Handy und mache es mir auf der Couch gemütlich. Ich sehe noch mehr enthusiastische Nachrichten von Natalie und entscheide mich sie anzurufen, schon nach dem zweiten Klingeln ist sie am Telefon.

»Buon giorno, mi Amore«, begrüßt sie mich. »Wie war das Date, wie fühlst du dich? Ich will alles wissen!«, plappert sie auch direkt los.

»Hallo liebe Natalie! Wie geht es dir? Das Date war super, ich erzähle gleich alles. Als erstes möchte ich mich bei dir bedanken. Du bist eine unfassbare Freundin und ich bin so froh, dass es dich gibt! Gestern Abend ist mir nochmal bewusst geworden, wie viel positiven Einfluss du auf mich hast. Du bist einfach wundervoll! Danke Natalie!«

»Ach Süße, für dich immer wieder. Du bist auch ein toller Mensch, vergiss das nicht. Danke, mir das zu sagen. Ich freue mich sehr! Aber jetzt will ich alles über das Date hören!«

Also lege ich los. Ich erzähle von meinem Morgen und dem endlich wieder Malen. Natalie ist mindestens genauso begeistert wie ich davon, dass ich wieder zu Pinsel und Farbe gegriffen habe und auch wie mich das ganz schön in Bredouille gebracht hat. Ich schildere, wie ich auf der Parkbank gegessen habe und ihm die ›Was-er-mag-Frage‹ gestellt habe. Und wie wir Händchen gehalten haben. Das hat ein lautes »Wuhu« zur Folge, bei dem ich sehr grinsen musste.

Ich berichte von dem schönen Café und auch von meiner negativen Selbststimme zwischendrin, wegen der ich Tim sogar verunsichert habe. Dass er mir aber mit meiner Offenheit und Verletzlichkeit ein gutes Gefühl gegeben hat. Und zu guter Letzt, dass wir uns am Donnerstag zum Schlittschuhlaufen wiedertreffen. Wieder muss ich das Handy etwas von meinem Ohr weghalten, um durch das laute »Wuhu« nicht taub zu werden.

»Und Emy, magst du ihn?«, fragt Natalie schließlich.

»Ja, ich denke schon. Es fällt sehr leicht mich mit ihm zu unterhalten, ich habe nicht den Eindruck mich verstellen zu müssen. Und ich war wirklich sehr offen und habe das Gefühl er mochte dieses authentische... » Ich muss schmunzeln.

»Nicht zu verachten natürlich auch, dass ich mich zu ihm hingezogen fühle...« Ich ziehe den Satz etwas in die Länge und halte extra schon mein Handy etwas entfernt von meinem Ohr, so dass mich das unvermeidliche Kreischen auf der anderen Seite etwas leiser erreicht.

»Jaja, ist ja schon gut«, sage ich als es verebbt ist. »Ich bin auch nur eine Frau.« Und muss schmunzlen.

»Endlich«, sagt Natalie nur dazu und ich bin froh, dass sie es nicht noch weiter ausführt. Sie liegt mir, wie Izzy, schon lang genug in den Ohren, wieder auf die Pirsch zu gehen. Wie sich das schon anhört. Auf Männerjagd. Ich rolle mit meinen Augen.

»Wie war dein Tag?«, frage ich im Gegenzug und Natalie erzählt mir von ihrer Meditationsklasse am Morgen, dass sie im Prenzlauer Berg in ein paar Buchläden nach einem vorbereitenden Yogabuch für ihre Ausbildung Ausschau gehalten hat und sich mit einer Freundin zum Mittagessen getroffen hat. Alles in allem ein sehr entspannter Tag. Ich berichte ihr im Gegenzug von meinen Unsicherheiten zwischendurch.

»Hmhmm« erwidert Natalie. »Als Mensch ist uns Sicherheit sehr wichtig. Macht auch Sinn, evolutionär. In der Gruppe hat man eine deutlich höhere Überlebenswahrscheinlichkeit. Deswegen ist uns auch Anerkennung von außen und was andere denken so wichtig.« Sie macht eine Pause.

»Allerdings ist es ein Trugschluss, dass nur weil wir alles so lassen wie bisher, das dann ›sicher‹ ist. Es fühlt sich für uns so an, denn unser Verstand setzt alles, was uns passiert in das Verhältnis zu Situationen, die wir schon mal erlebt haben. Das heißt er beurteilt alles aufgrund von Erfahrungen, die wir bisher gemacht haben. Damit erscheint alles Ungewohnte und Neue erstmal bedrohlich, da wir damit noch keine Erfahrungen gemacht haben. Das ist das eine.« Ich nicke und überlege was das wohl bedeutet, wohlwissend, dass sie mich nicht sehen kann.

»Das andere ist, dass unser Verstand alles tut, damit wir überleben. Ob wir glücklich sind, ist ihm nicht so wichtig. Da wir in der Vergangenheit die Erfahrung gemacht haben, dass uns das Leben, so wie wir es jetzt führen, nicht in akute Lebensgefahr bringt, sieht unser Gehirn also auch keinen Grund das zu ändern. Dieses Leben, unserer eigens gebaute Komfortzone, fühlt sich sicher an. »

Bei mir macht es plötzlich Klick. »Das ist also mit ein Grund, weswegen es uns so schwer fällt, neue Dinge zuzulassen, oder neue Routinen einzubauen, oder?«, denke ich laut nach und bin ganz aufgeregt. Manchmal sind mir Natalies Ausführungen etwas zu abwegig oder ›esoterisch‹, oft aber auch Offenbarungen.

»Ich versuche beispielsweise früher aufzustehen, in Ruhe zu frühstücken oder mich auf Tim einzulassen.«

»Ja, genau! Unser evolutionär alter Verstand sieht die

Notwendigkeit davon nicht ein. Das besonders fatale ist aber, dass diese Sicherheit so trügerisch ist. Denn alles verändert sich, jeden Tag. Du bist jetzt schon nicht mehr die gleiche Person wie gestern. Deine Zellen erneuern sich jeden Tag, du machst neue Erlebnisse, baust Muskeln auf oder ab, bildest neue Verknüpfungen in deinem Gehirn oder löst alte und so weiter. Von Dingen, die im außen passieren ganz zu schweigen. Neuer Chef, Autounfall, Baustelle neben deiner Wohnung. So viele Dinge, auf die du keinen Einfluss hast. Eigentlich ist nur eins sicher: Das nichts sicher ist und alles in Veränderung ist.« Natalie atmet hörbar aus.

»Hmhmm«, mache ich. »So habe ich noch nie darüber nachgedacht«

»Ich finde es ist ein wahnsinnig spannendes Thema. Vor allem wenn man noch tiefer einsteigt. Wenn man es objektiv betrachtet, sieht man, dass wirklich alles einer stetigen Veränderung unterliegt. Pflanzen, Tiere, Menschen. Insbesondere bei Kindern fällt es einem dann auf. Aber auch unsere ganze Umgebung, die Natur, wie die Stadt morgens aussieht, oder abends, im Herbst oder Frühling. Neues wird gebaut, erfunden und entwickelt. Dafür müssen wir nur in unsere Geschichte schauen, Bilder von gleichen Plätzen in unterschiedlichen Jahren und so fort. Es gibt unendlich viele Beispiele dafür.

Zurück zu der Ursache, dass viele an dieser trügerischen Sicherheit festhalten und lieber das machen was sie kennen und einigermaßen okay ist, als für ihre Träume loszugehen und herauszufinden, was das Leben noch so bereit hält. Hast du eine Vermutung, Emy?« Hmhmm. Gar nicht so einfach. Was ist es den bei mir? Viele Dinge auf einmal, aber vor allen Dingen:

»Angst«, sage ich.

»Ja, genau«, erwidert Natalie. »Aus den unterschiedlichsten Gründen. Angst, dass man verletzt werden könnte. Weil es nicht klappt und man sich dann als Versager fühlen könnte. Oder wieder das altbekannte Schema, was denken die anderen und erhalte ich dann noch die Anerkennung von außen? Und auch Angst vor der eigenen Courage, dass man sich das selber nicht zutraut.«

»Hmhmm«, mache ich zustimmend und nehme mir fest vor, mich nicht mehr so von der Angst leiten zu lassen. »Stimmt schon.«

»Genug davon, ich freue mich so für dich«, knüpft Natalie dann doch nochmal an mein Treffen mit Tim an, »falls du nochmal Unterstützung brauchst, rufe mich jederzeit an. Auf mich wartet jetzt meine Badewanne, Tee und mein Yogabuch, meine Süße. Mach dir noch einen schönen Abend, Bella.«

»Du auch, mi Amore«, gebe ich zurück und wir beenden unser Gespräch. Hmhmm, Badewanne, gar keine so schlechte Idee. Ich gehe ins Bad um zu schauen, ob ich noch Badeschaum habe und werde fündig, ein Geschenk zum letzten Geburtstag. Ich schnappe mir ein paar Kerzen, mein Handy und beginne Wasser in die Badewanne zu lassen.

Anschließend antworte ich noch fix Izzy, das wir Montag reden und meiner Mama, dass alles gut ist und ich morgen komme. Als ich mich im Schlafzimmer entkleide, bewundere ich nochmal mein Kunstwerk von heute Morgen. Es riecht auch noch nach Farbe und ich liebe den Geruch einfach. Im Bad entzünde ich Kerzen und mache entspannende Pianomusik an, bevor ich mich ins Bad gleiten lasse. Hmhmm, Himmlisch! Ich merke wie meine Muskeln entspannen.

Ich muss kurz grinsen als ich an Izzy denke. Ich war nie so tanzverliebt und auf Partys aus wie sie, aber natürlich wie viele andere am Anfang des Studiums, waren wir sehr viel unterwegs. Schon witzig, wie es sich von, um Samstag gehen wir erst Mitternacht los, hin zu, ich bin um acht in der

Badewanne und gehe danach ins Bett, in so kurzer Zeit entwickeln konnte. Ich schmunzle.

Dann muss ich an mein Bild nebenan denken und dass ich wieder mehr malen möchte. Meine Gedanken ziehen weiter. Ich denke an mein Journal auf den Tisch und dann an Tim, unser tolles Date. Ich muss lächeln.

KAPITEL 8

Ich blinzle und brauche ein paar Sekunden um zu realisieren, dass ich in der Badewanne eingeschlafen bin. Ich lasse das jetzt kühle Wasser ab, rubble mich trocken und lösche die Kerzen. Dann tappe ich ins Bett und schlafe sofort ein.

Als ich am nächsten Morgen aufwache, verspüre ich einen Bären Hunger. Kein Wunder, ich habe gestern das Abendessen ausfallen lassen, nachdem ich so müde war.

Trotzdem fühle ich mich so erholt und erfrischt wie lange nicht mehr. Der Blick auf mein Bild am Morgen lässt mich sofort strahlen. Vielleicht kann ich heute nochmal etwas malen? Bestimmt. Kurz denke ich an meine Arbeit, verdränge aber den Gedanken gleich wieder. Auch wenn ich es nicht gewohnt bin, aber es ist offiziell Wochenende. Nach einem Besuch im Bad, begebe ich mich in die Küche, koche mir Kaffee und bereite mir das gleiche Frühstück wie gestern zu. Und da ich heute Morgen besonders gut aufgelegt bin, mache ich gleich doppelte Menge, sodass ich für Morgen zum Frühstück Overnightoats essen kann. Ich Genie!

Bestens gelaunt, mache ich das Radio an und tanze zu Pharrel Williams Song ›Happy‹ ins Wohnzimmer, ausgestattet mit Frühstück und Kaffee. Nachdem ich hungrig zugeschlagen habe, fällt mir mein Notizbuch wieder in die Augen. Ich klappe es auf, notiere das Datum von heute und trage all meine Gedanken zu gestern ein. Auf die Liste mit Dingen die ich mag, ergänze ich

- ausschlafen
- guter Kaffee

- Badewanne

Dann überlege ich weiter, was ich in meinem Leben ändern möchte, um diese Dinge noch mehr auszuüben. Vor allem das Malen. Dieses Wochenende klappt das ganz gut, aber kann ich jedes Wochenende blau machen? Die erdrückende Arbeitslast schleicht sich langsam an.

Hmhmm. Darüber kann ich morgen mit Izzy sprechen. Ich merke, dass mir gerade keine gute Lösung einfällt und ich mich vor Entscheidungen drücke. Ich liebe meinen Job, aber er hat mir in letzter Zeit nicht viel Freiraum gelassen. Vertagen wir das erst mal. Was ich auch schon lange auf die lange Bank schiebe, aber heute vielleicht besser angehen kann, ist mich mehr zu bewegen.

Ich rufe die App meines Fitnessstudios auf und schaue ob heute Morgen vielleicht ein interessanter Kurs ist, den ich besuchen kann. Und tatsächlich, um 11 Uhr ist ein Zumba-Kurs. Habe ich zwar noch nie gemacht, aber gute Musik und tanzen hat noch nie geschadet, oder?

Ich bringe mein Geschirr in die Küche und begebe mich dann in mein Schlafzimmer, um in meinem Schrank nach meinen Sportsachen zu suchen. Wie meine Malsachen, sind sie in einer der letzten Ecken versteckt. Oh Mann, echt eine Weile her. Aber gut, es ist nie zu spät, oder? Ich packe meine Sachen und verlasse das Haus.

Heute werde ich von Grau in Grau begrüßt, klassisches Novemberwetter, aber das kann meine Stimmung heute nicht trüben. Ich nehme mein Rad, es ist nicht weit und dann muss ich meine Tasche nicht tragen. Am U-Bahnhof Walther-Schreiber-Platz schließe ich mein Fahrrad an und nehme den Aufzug nach oben.

Mensch, ich war wirklich lange nicht mehr hier, einiges wurde umgeräumt oder ersetzt. Nach der Umkleide, finde ich mich um kurz vor elf im Kursraum wieder und bin jetzt doch etwas eingeschüchtert. Die Frauen hier sehen alle super stylisch aus, haben zueinander abgestimmte Tops und Hosen und vor allem sehen sie sehr fit aus. ›Was man von mir nicht gerade behaupten kann‹, flüstert die Stimme mir zu. In meinem schlabbrigen Klamotten fühle ich mich fehl am Platz. Dazu trägt natürlich auch bei, dass sie sich alle zu kennen scheinen. Aber gut, nicht verunsichern lassen. Ich gehe nach hinten in die Ecke, da ich nicht will, dass ich im Mittelpunkt hier abtanzen muss. Die Musik geht los und die Kursleiterin, Maya, begrüßt uns und fragt ob Neulinge dabei sind. Sie macht einen sympathischen Eindruck. Schüchtern hebe ich die Hand. Sie lächelt mich freundlich an.

»Hallo... »

»Emily«, sage ich schnell.

»Hallo Emily, schön dass du hier bist. Wir sind alle hier um Spaß zu haben, es geht um gar nichts außer das. Falls du mal nicht mitkommst, schließe deine Augen und höre einfach auf den Beat und mach dich nicht verrückt.« Dann sagt sie lauter: »Denn wie ist unser Motto, Mädels?«

»Immer schön locker bleiben«, rufen alle wie im Chor. Ich bin etwas erleichtert.

»Los geht‘s. Alle Bereit?« Wieder rufen alle ihre Zustimmung. Die Stimmung ist schon mal gut. Dann geht es auch schon los. Am Anfang kann ich gut folgen und habe auch viel Spaß. Aber schnell wird es für mich zu kompliziert und ich komme nicht mehr hinterher. Bei allen anderen sieht es soo mühelos aus! Ich trinke einen Schluck Wasser, während ich die anderen beobachte. Und fühle mich wieder total unfähig.

Unfähig einfache Schrittfolgen nachzumachen, die allen anderen scheinbar so leicht fallen. ›Wie konnte ich auch nur denken, dass ich gut tanzen und folgen konnte? Ich kann einfach gar nichts richtig machen.‹ Ich fühle mich elend. Ich bin drauf und dran zu weinen und zu gehen, denn die

Stimme in mir will nicht stoppen.

Da endet das Lied und es startet das nächste. Es ist ein Remake von ›Rhytm is a dancer‹, eins meiner Lieblingslieder und auf jeden Fall keins, wo man sich nicht bewegen kann. Also schließe ich meine Augen und lasse meinen Körper dem Rhythmus folgen. Erst nur klein, dann werden meine Bewegungen etwas größer. Am Ende des Songs, schüttle ich mich und habe wieder ein bisschen meine Freude wiedergefunden und den Grund hier zu sein.

Nämlich Spaß zu haben und mich zu bewegen. Und nicht, um mich die ganze Zeit zu vergleichen und ständig abzuwerten. Am Ende öffne ich meine Augen und probiere auch noch ein paar der Choreo-Teile, aber immer wenn es mir zu kompliziert wird, mache ich einfach mein Ding und versuche mit mir selbst Spaß zu haben.

Das gelingt mir auch ganz gut und ich bin ziemlich stolz auf mich. Beim Rausgehen spricht mich Maya an.

»Ich hoffe du hattest Spaß. Für Anfänger können die ganzen alten Hasen etwas verunsichernd sein. Bis bald!« Damit verabschieden wir uns. Auf dem Rückweg sinniere ich nochmal über die Erfahrung. Wie viel Lebensfreude wir uns selber berauben, weil wir nicht bei uns selbst bleiben, wie wir uns fühlen, was uns Freude bereitet, sondern uns immer vergleichen. Die ganze Zeit!

Ist diese Person schöner oder erfolgreicher? Als würde das wirklich was über unseren Wert aussagen. Ich muss lächeln. Meine Gedanken klingen schon fast wie Natalie. Aber ja, im Zusammenhang mit all dem über was wir am Freitag gesprochen haben, haben wir anscheinend alle ein kleineres oder größeres Problem damit unseren eigenen Wert anzuerkennen und kompensieren das unterschiedlich.

Ich lasse das einen Moment sacken. Wie wäre es, wenn ich mir komplett sicher wäre über meinen eigenen Wert? Und dass er unabhängig ist von jeglicher Leistung, ob im

Berufsleben oder einer Zumbaclass. Das wäre schön. Das schreibe ich nachher gleich noch in mein Notizbuch, ich probiere das zukünftig aus, mehr danach zu leben.

Ich halte kurz bei einem Blumenladen, um für meine Eltern einen Spätherbstlichen Strauß zu holen. Zuhause angekommen, notiere ich noch vor dem Duschen meine Gedanken. Ich habe das Gefühl, dass sich momentan viel im Wandel befindet. Nach dem Duschen bereite ich den fertigen Salat zu, um ihn in die Wraps zu füllen. Dann schnappe ich mir mein Handy, um nach einer Verbindung zu meinen Eltern zu schauen. Da wartet schon eine neue Nachricht von Tim und eine vom Weisdrachen. Ich muss an das Sprichwort ›Ich habe eine gute und eine schlechte Nachricht‹ denken.

Erst Tim: ›Hallo Emily, ich hoffe du bist gestern gut nach Hause gekommen. Was machst du heute? Darüber haben wir gestern gar nicht gesprochen :)‹ Wie süß!

›Hi Tim, danke der Nachfrage! Ich bin gut nach Hause gekommen und früh ins Bett. Ich war heute Morgen beim Sport und gleich gehe ich zu meinen Eltern. Und du?‹, tippe ich und sende gleich ab. Das fällt mir schon viel leichter als gestern. So jetzt die wahrscheinlich schlechte Nachricht:

›Hallo Frau Roberts, bitte checken sie Ihre Mails, ich konnte sie nicht erreichen.‹ Oh nein. Ich hole mein Blackberry. Keine verpassten Anrufe, hätte mich auch gewundert, denn das hatte ich extra auf laut für den Notfall. Ich habe halt nur mal am Wochenende nicht meine Mails gecheckt. Ich sehe auf die Uhr. Ich muss in einer Viertelstunde los.

Soll ich jetzt noch meine Mails checken und sehen was ich bis dahin tun kann? Weil meinen Eltern absagen ist keine Option. Nicht nur wegen Ihnen, sondern auch weil ich meine Meinung geändert habe. Also erst heute Abend? Oder ganz verrückt, erst Morgen auf Arbeit?

Ich schmunzle. Bin ich noch dieselbe Emily, die Tag und Nacht gearbeitet hat? Vermutlich nicht. Die letzten beiden Tage und dazugehörigen Erkenntnisse haben mich verändert. Ich muss wieder an das denken, was Natalie über Veränderung gesagt hat und muss lächeln. Natürlich bin ich jetzt eine andere Emily. Ich weiß nur nicht, ob der Weisdrachen damit umgehen kann. Ich muss grinsen und treffe meine Entscheidung. Für mich. Meinen freien Sonntag und mein Wohlbefinden. Ich schnappe mir meine Tasche, die Blumen und mache mich auf dem Weg.

KAPITEL 9

»Hallo Emy, wie schön dich zu sehen«, begrüßt mich meine Mutter herzlich, während sie mich umarmt. Es duftet himmlisch nach frisch Gebackenem und unser Haus riecht wunderbar vertraut. Einfach nach zu Hause.

»Komm rein, mein Kind!« Ich überreiche ihr die Blumen, damit ich Stiefel und Mantel ausziehen kann.

»Ach die sind ja schön. Vielen Dank! Ich hole gleich mal eine Vase. Geh doch schon mal vor ins Wohnzimmer.« Ich tue wie geheißen. Mein Vater erhebt sich von seinem Ohrensessel, als ich den Raum betrete.

»Emy Schatz, wie schön dass du da bist«, begrüßt er mich und umarmt mich fest.

»Ich hab dich auch vermisst, Papa«, murmle ich.

»Komm setz dich doch«, klopft mein Papa einladend auf die Couch, als wir uns aus der Umarmung gelöst haben. Da kommt Mama auch schon mit den Blumen ins Wohnzimmer.

»Schau nur, was Emy uns schönes mitgebracht hat«, sagt sie bewundernd und stellt die Blumen auf den Tisch. In dem Moment klingelt es.

»Das sind bestimmt Emma und Konstantin«, ruft meine Mama und ist schon aus dem Zimmer.

»Deine Mutter ist ganz aufgeregt, dass ihr beide heute hier seid«, flüstert Papa mir verschwörerisch zu. Sein Blick trübt sich etwas. »Seit... », beginnt er, doch ich unterbreche ihn schnell und lege meine Hand auf seine.

»Ich weiß. Aber jetzt geht es mir besser damit und ich werde wieder öfter hier sein!«

»Wirklich?«, fragt er voller Vorfreude.

»Ja«, antworte ich schlicht. Da betreten auch schon Emma, Mama und Konstantin das Wohnzimmer und wir erheben uns. Ich bereite mich emotional auf den Schmerz vor, der unweigerlich kommen wird, sobald ich Konstantin und Emma sehe. Klebe mir das Lächeln quasi ins Gesicht, während ich die Couch umrunde. Ich bin gewappnet, doch ich spüre ...

Nichts. Kein Dolch, der mir in meine Eingeweide sticht und alles einmal umrührt, so wie am Anfang. Kein unangenehmes Gefühl und Ziehen, wie in der letzten Zeit. Da ist einfach nichts. Ich bin begeistert und umarme meine Schwester stürmisch.

»Hallo Schwesterherz!« Meine Schwester schaut mich verdutzt an, als wir uns lösen.

»So hast du mich ewig nicht mehr genannt, Emy« Sie lächelt mich an.

»Ich bin halt immer für eine Überraschung gut.« Mein Vater schaut zufrieden von Emma zu mir und dann zu meiner Mutter und lächelt sie an.

»Konstantin«, begrüße ich ihn. »Emily«, erwidert er und wir nicken uns kurz zu. Nach unserer Trennung, war Umarmen komisch, Hände schütteln wäre es aber auch, deswegen haben wir das uns zu nicken ›eingeführt‹.

»Kommt Kinder, setzt euch doch«, scheucht uns meine Mutter an den Tisch, während sie wieder in der Küche verschwindet. Hmhmm, das sieht alles wieder lecker aus, denke ich während wir uns setzen. Da kommt meine Mutter mit dem Kaffee und gießt uns ein. Wir bedienen uns alle entweder beim Marmorkuchen oder dem gedeckten Apfelkuchen. Ich bin sehr glücklich, dass ich so entspannt bin. Bisher waren Zusammenkünfte in dieser Konstellation immer ein Krampf für mich.

Vielleicht kann ich mich jetzt endlich wieder meiner Schwester annähern und für ihr Glück freuen. Guter Dinge genieße ich die leckeren Köstlichkeiten und beteilige mich am Tischgespräch. Ich berichte von meinem ersten Meditationserlebnis mit Natalie und ihren Plänen. Dadurch dass Natalie so viel Zeit hier verbracht hat, ist sie fast wie eine weitere Tochter für meine Eltern. Die sind erst mal überrascht, aber freuen sich auch sehr für sie.

Auch Konstantin und Emma erzählen ein wenig über ihre Erlebnisse, sie waren wohl vor kurzem im Elbsandsteingebirge wandern. Mensch, ich weiß echt gar nichts mehr von ihr. Seit wann mag sie denn bitte wandern? Ich sinniere weiter, während Konstantin von den letzten Renovierungsarbeiten ihres Hauses in Teltow berichtet und dass wir nächsten Frühling dann bei Ihnen grillen können.

Meist ist es immer wieder krass für mich, wirklich zu realisieren, dass meine kleine Schwester mit meiner ersten großen Liebe verheiratet ist und sie jetzt ein Haus in Teltow haben. Nachdem allerlei weitere Neuigkeiten ausgetauscht wurden und Emma einige Anekdoten aus der KiTa erzählt hat, wechseln sie und Konstantin einen Blick und wirken plötzlich ganz feierlich. Konstantin beginnt: »Apropos KiTa und Kinder, wir möchten euch etwas sagen!« und schaut ganz liebevoll zu Emma, die dann strahlend verkündet: »Ich bin schwanger!«

Mir bleibt kurz die Luft weg und meine Kinnlade fällt etwas runter. Ich bin geschockt. Wie in Trance bekomme ich mit, wie meine Mutter aufspringt und völlig begeistert zu meiner Schwester sprintet, um sie zu umarmen. Auch mein Vater erhebt sich, schaut kurz zu mir und geht dann zu Konstantin, um auch ihm zu gratulieren. Das löst auch mich aus meiner Schockstarre und ich klappe meinen Mund zu. Ich schaffe es ein überzeugendes »Ich freue mich für euch!«, zu sagen. Das hoffe ich zumindest und stehe dann auch auf, um meine Schwester zu umarmen.

Als ich ihr strahlendes Gesicht sehe, kann ich nicht

umhin, wirkliche Freude für sie zu empfinden. Immerhin ist sie meine kleine Schwester, die ich liebe. Ich drücke sie fest und flüstere ihr »Ich habe dich lieb« ins Ohr, bevor ich mich löse. Ich wende mich Konstantin zu und gratuliere auch ihm.

Und da ist er. Der Schmerz. Er rollt über mich wie eine Dampfwalze. Ich bekomme noch am Rande mit wie meine Mutter meine Schwester ausfragt, in welchem Monat sie sich befindet, sowie über ihre Beschwerden.

Ich bewege mich wie in Wolken und finde mich irgendwie in meinem alten Kinderzimmer wieder, dass mein Vater jetzt als seine Männerhöhle benutzt. Mit ein paar Sportgeräten, Zeitschriften, Comics und einem Ohrensessel ist das sein neuer Rückzugsort. Viel erinnert nicht mehr an mein Kinderzimmer. Außer die Farbe an den Wänden, an manchen Stellen heller, wo damals ein No Angels Poster hing. Ich lasse mich in den Sessel sinken und plötzlich bin ich wieder 16 und bis über beide Ohren verliebt in Konstantin.

Vor meinem inneren Auge sehe ich mein jüngeres Ich und ihn, den coolsten Typen der Schule in meinem Bett rummachen. Überall zeichne ich Herzchen hin und male mir aus Frau Lehmann zu werden. Ich sehe uns, wie wir zusammen zum Abiball gehen. Ich sehe unsere gemeinsame Zukunft, unser Haus mit Garten und, ja verdammt noch mal, auch unsere süßen Kinder. Und dann sehe ich den Abend, an dem ich nach Hause komme und Konstantin schon wie ein Häufchen Elend da sitzt.

Es war sowieso schon ein krasser Tag, mein Professor hatte mich, wegen einem meiner Beiträge in der Vorlesung, ziemlich runter gemacht. Ich war noch mitten im Studium. Ich wusste sofort, dass etwas nicht stimmt.

Als er schließlich mit der Sprache rausrückte, nachdem ich mir erst große Sorgen um ihn gemacht habe, haben sich seine Worte in mein Gehirn gebrannt.

Er könnte es nicht mehr, sich selbst und mir was vormachen. Es liegt nicht an mir, sondern an ihm.

Ich habe getobt, geweint, geschrien. Nichts konnte ihn umstimmen. Er meinte, es sei für uns beide das Beste. Er hat noch an dem Abend seine Sachen gepackt und ist gegangen. Und dabei mich und meine Träume von einer gemeinsamen Zukunft zurückgelassen.

Erst später hat sich herausgestellt, dass er meiner kleinen Schwester wohl in den Monaten zuvor ein paar Mal zufällig über den Weg gelaufen ist und aus einem Kaffee langsam mehr wurde. Danach ging es bei ihnen relativ schnell. Er hat nur kurzweilig bei einem Kumpel gewohnt, bevor sie zusammenzogen. Die Verlobung kam ein Jahr später, in einem Urlaub in der Karibik. Dann die Hochzeit und das Haus.

Die ganze Zeit hat es mir das Herz zerrissen, weil er sie mir vorgezogen hat und ich mir so schlecht und weggeworfen vorkam. Der Antrag, auf den ich 8 Jahre gewartet habe. Aber mein Schmerz ist tatsächlich schwächer geworden und bis vor ein paar Minuten war es heute zur Abwechslung mal richtig gut.

Ich meine, was habe ich erwartet? Ich wusste, dass Konstantin Kinder möchte, so wie ich. Ich wusste, dass Emma Kinder liebt und möchte. Es hätte mir klar sein müssen, dass es nur eine Frage der Zeit wäre.

Und trotzdem. Ich schluchze kurz. Eine Träne rollt mir über die Wange. Ich weine ob des Lebens, der Möglichkeiten, die ich jetzt nicht mehr habe. Meinen Kinderwunsch. Die Stimme kommt hervor und gibt ihren Senf dazu: ›Du warst halt nicht gut genug. Du hast es nicht verdient.‹ Ich fühle so viel Schmerz. Ich fühle mich so allein, verstoßen und nicht gewollt.

Um irgendetwas zu tun, um nicht mehr zu fühlen, hole ich mein Handy aus der Hosentasche, putze mir kurz die Nase und rufe Natalie an. Gott sei Dank, hebt sie gleich ab.

»Hi Natalie, ich brauche SOS-Hilfe, damit …«, ich überlege kurz und versuche mich zu sammeln, »ich gleich als frischgebackene Tante wieder freudestrahlend runter gehen kann.« Kurz schildere ich ihr die Fakten und meine Gefühle.

»Ach, süße. Alles ist gut. Du kannst stolz auf dich sein, dass du deine Gefühle da sein lässt und nicht unterdrückst, das ist richtig gut. Du durchlebst sie jetzt und in ein paar Minuten versuchst du sie loszulassen. Atme ein und atme aus. Gut so.« Ich versuche mich auf meinen Atem zu konzentrieren.

»Was mir eben auch noch für ein Gedanke gekommen ist, ist die Frage, ob du jetzt wirklich noch wegen dem Verlust von Konstantin als Person weinst, oder eher wegen der zerplatzten Vorstellung von einem Familienleben. Ganz allgemein. Weißt du, was ich meine?« Kurze Pause.

»Weil ich den Eindruck hatte, dass du eigentlich in letzter Zeit festgestellt hast, dass er sehr gut zu Emma passt und zu dir eigentlich gar nicht mehr. Jetzt zeigt dir aber die Schwangerschaft, eine Version von Leben auf, die du dir vielleicht auch wünschst und auf die du neidisch bist? Nicht mehr unbedingt auf Konstantin, sondern auf das Leben, das er mit Emma führt.«

»Hmhmm…« Ich fühle mich etwas vor den Kopf gestoßen, aber habe auch das Gefühl, es ist etwas Wahres dran, an ihren Worten...

»Danke, ich werde drüber nachdenken.«

»Und denke an Tim! Er ist deine Zukunft, ich habe da ein gutes Gefühl!« Ich muss lächeln. Etwas früh für so etwas.

»Danke Natalie, es geht mir schon viel besser!« Wir legen auf und ich sprinte ins Bad, um mir etwas Wasser ins Gesicht zu spritzen. Wieder unten hat sich die Kaffeetafel schon aufgelöst. Mein Vater sieht mich etwas besorgt an, als ich wieder eintrete und ich setze ein strahlendes Lächeln auf.

Mama ist nicht da, wahrscheinlich in der Küche. Ich besinne mich darauf, wie ich mich normal verhalten würde und gehe zu Emma.

»So aufregend! Lass uns die nächsten Tage zum Kaffee und oder einem Spaziergang treffen, damit du mir alles weitere erzählen kannst!« Sie strahlt mich an.

»Sehr gute Idee!« Dann blickt sie zu Konstantin.

»Lass uns gehen, ich würde mich gern noch etwas ausruhen. Momentan bin ich Dauer-erschöpft.« Konstantin stimmt ihr zu. Mein Vater steht auf und sagt mit stolz geschwellter Brust:

»Kein Wunder, in dir wächst jetzt auch ein Wunder heran!« und lächelt. Ich schließe mich den beiden an, da ich nicht weiß, wie lange ich noch emotional stabil bleibe. Mama packt uns noch Kuchen ein und wir verabschieden uns. Ich bin froh, dass ich das noch einigermaßen gut über die Bühne gebracht habe.

Auf dem Weg nach Hause muss ich unentwegt an Natalies Worte denken. Bin ich wirklich so versteift auf dieses klassische Leben? Bin ich deswegen so traurig gewesen? Ist es das, was ich eigentlich will? Oder will ich vielleicht was ganz anderes machen und ausprobieren so wie Natalie? Mir schwirrt der Kopf.

Was will ich eigentlich?

KAPITEL 10

6:02 und ich recke und strecke mich. Ich fühle mich wie erschlagen. Meine Träume waren sehr intensiv, aber wenn ich versuche sie zu fassen, entgleiten sie mir wieder. Egal. Ich wünsche mir einen entspannten Morgen und deswegen schwinge ich jetzt die Beine aus dem Bett.

Nachdem ich im Bad war, angezogen bin und in der Küche in meiner kleinen Sitznische sitze, erlaube ich mir mich zu freuen. Wuhu! Gemütlich zu Hause Kaffee trinken und mein vorbereitetes Frühstück essen. Es fühlt sich an wie eine kleine Errungenschaft, nicht aufzustehen und direkt zu hetzen. Ich kann schon all die Leute verstehen, die gerne früher in den Tag starten, um etwas Zeit für sich zu haben. Was für einen Unterschied das schon macht, im Vergleich zu Freitag.

Auf dem Weg zur Arbeit wandern meine Gedanken zwangsläufig zu eben dieser und was mich wohl beim Weisdrachen erwartet, weil ich die Nachrichten ignoriert habe. Ich versuche die Gedanken zu verdrängen, während ich am Südkreuz auf die nächste S-Bahn Richtung Norden warte. Ich blicke mich um, der Montagmorgen hat die Umstehenden gut im Griff. Kein Vergleich zu der ausgelassenen Stimmung von Freitagabend. Alle sehen im besten Fall ausdruckslos, im schlechtesten Fall sehr mies gelaunt aus.

Ist das unser Los? Die Woche zu überstehen und uns von Wochenende zu Wochenende zu hangeln? Ist es das was ich will? Ich muss kurz auflachen und mein Nebenmann sieht mich mit hochgezogenen Augenbrauen an. Ich lächle zurück. Bis vor kurzem hatte ich vergessen, dass es so etwas wie

Wochenenden überhaupt gibt. Er schaut irritiert, erlaubt sich aber auch ein kurzes Lächeln, bevor er wegsieht. Sehr gut!

Die S-Bahn kommt und ich steige ein. Dabei muss ich an Tim denken. Er hat mir gestern Abend noch eine süße Nachricht geschickt und berichtet, dass er sich mit ein paar Kumpels zum Basketball spielen getroffen hat. Mit Emma habe ich auch geschrieben und mich mit ihr für nächsten Samstag verabredet. Das hat sich gut angefühlt.

Am späten Abend habe ich auch noch sehr viel nachgedacht und reflektiert. Insbesondere darüber, was ich wirklich will im Leben. Ich bin mir gerade nicht mehr sicher, was ich WIRKLICH möchte und was ich übernommen habe, weil die ganze Gesellschaft es einem vorlebt und man es auf so vielfältige Weise als Kind aufnimmt.

Ob als Puppenmami, dass man selber mal Mutter sein möchte, oder dass viel Anerkennung und Status im Beruf einen glücklich macht. So nach dem Motto: Mein Mann, mein Kind, mein Haus, mein Auto, mein Hund.

Hatte Natalie dazu Freitag nicht auch etwas erzählt? grüble ich, als ich Potsdamer Platz aussteige. So was in die Richtung, dass wir sehr viel machen für den Schein, für die Anerkennung, dafür dass alle anderen unser Leben toll finden. Aber was habe ich davon, wenn alle anderen mein Leben toll finden, ich aber unglücklich bin?

Hauptsache mir nicht die Blöße geben, denke ich sarkastisch, denn was sollen nur die anderen von mir denken. Das ist doch vertrackt. Ich bin mir nicht mehr sicher, ob ich dieses klassische Leben möchte, mit dem uns jede Werbung, jeder Film und jede Person versucht das Gehirn zu waschen. Aber ich weiß auch nicht. was ich ansonsten möchte. Ich glaube, ich rufe heute Abend nochmal Natalie an, vielleicht kann sie mir Tipps geben.

Ich habe sogar mein Notizbuch dabei, überlege ich weiter, während ich das Kanzleibürogebäude betrete. Vielleicht finde ich beim Aufschreiben mehr Klarheit. Ich grüße Paul am Empfang und begebe mich zu den Aufzügen. Oben angekommen, frage ich Stephanie nach ihrem Wochenende und begebe mich anschließend direkt in mein Büro, damit ich meine Mails checken kann, bevor der Weisdrachen mich findet.

Ich habe gerade meinen Laptop hochgefahren und will meine erste Mail lesen, als Frau Dr. Weisberg in mein Büro kommt. Na toll. Ich setze ein Lächeln auf.

»Guten Morgen, Frau Dr. Weisberg«

»Morgen, Frau Roberts. Wo waren sie? Ich konnte sie nicht erreichen.« Sie lächelt mich süffisant an, redet aber direkt weiter. »Wir haben den Fall Lauter von der Kanzlei Schirmer übernommen, die erste Anhörung ist heute Nachmittag und da alle anderen schon Termine bei Gericht haben, sind sie mit dem Fall betraut worden.« Sie wendet sich schon zum Gehen, als sie noch hinterhersetzt: »Ich hoffe sie sind gut vorbereitet, sie wollen sich doch keine Fehltritte erlauben, oder?«

Ich setzte an, um etwas zu erwidern, aber da ist sie schon aus der Tür gerauscht. Ich könnte ihr ihre perfekte Fresse polieren und Haare verunstalten. So ein Miststück. Da erlaube ich es mir einmal, ein Wochenende nichts zu machen und gleich werde ich dafür bestraft. Wehmütig blicke zu ich meinen eigenen Post-Its und Vorbereitungen für heute, was ich eigentlich vor hatte zu arbeiten. Das werde ich jetzt wohl oder übel verschieben müssen.

Da höre ich auch schon wieder die Stimme in mir flüstern: ›Wer denkst du eigentlich, dass du bist? Du hast es nicht verdient, dir Zeit für dich zu nehmen. Alles andere hat mehr Priorität.‹ Ich fühle mich wieder ganz klein, versuche mich aber aufzuraffen. Ansonsten gehe ich unvorbereitet in den Termin. Ich sehe mir das Material an, was mir schon digital vorliegt und rufe kurz Deborah an, mir den Rest der Akte vorbeizubringen.

Die nächsten Stunden bin ich vertieft, mich in den Fall rein zu lesen. Izzy schaut kurz rein, doch ich schicke sie mit kurzer Erklärung der Sachlage weg. Um halb zwei bringt Petra mir ein Sandwich und einen Kaffee.

»Danke, du bist ein Schatz«, sage ich und werfe ihr eine Kusshand zu. Um kurz vor drei mache ich mich auf den Weg ins Gericht, wo der Termin mit wenig Verzögerung um zwanzig vor vier startet. Als ich Stunden später den Gerichtssaal verlasse, bin ich völlig zerschlagen. Der Staatsanwalt hat meiner Mandantin einiges um die Ohren gehauen und viele Details wusste ich nicht, sodass ich nicht ausreichend vorbereitet war. Trotzdem habe ich es geschafft, bis zum eigentlichen Prozess ein Besuchsrecht zu ihrer Tochter auszuhandeln.

Ich überlege kurz, nochmal ins Büro zu fahren, da ich eigentlich meinen Gerichtstermin für morgen noch vorbereiten muss, da heute anders lief als geplant, verwerfe die Idee jedoch wieder.

Ich hole mir einen Falafel Döner und steige in die S-Bahn. Hmhmm, das schmeckt jetzt gut. Ich verschlinge den Döner geradezu und schließe den Rest der Fahrt die Augen.

Zuhause hole ich mir Eiscreme aus dem Kühlfach und versuche mich mit meinem Laptop noch etwas für morgen vorzubereiten. Allerdings fällt es mir sehr schwer mich zu konzentrieren.

Ich fühle mich, nach dem wunderschönen und erkenntnisreichen Wochenende, wieder in die Realität zurückversetzt und desillusioniert. In meiner Vorstellung hätte ich heute ein wenig mit Izzy, Petra und den anderen über das Wochenende geredet. Und heute Abend mit Natalie telefoniert. Vielleicht gebadet. Vielleicht selber gekocht und noch ein wenig gemalt.

Vielleicht nicht alles auf einmal, aber irgendwie fühlt es

sich jetzt so aussichtslos an. Ich kann es nicht ausschlagen jemandem zu helfen. Denn dafür bin ich Anwältin geworden. Und das hat gar nicht mal so viel mit dem Weisdrachen zu tun.

Mein letzter Gedanke vorm Einschlafen ist, dass ich nicht weiß, wie ich all das unter einen Hut bekommen soll und dass es irgendwie einfacher war, als ich mich nur um meine Arbeit gekümmert habe.

Der nächste Morgen kommt und ich bin irgendwie noch so fertig, dass ich trotz bester Absichten nicht mit dem ersten Klingeln aufstehe, sondern mich nochmal umdrehe. Und nochmal. Der Schlaf fühlt sich wie eine Zuflucht an, in die ich fliehen kann, um mich nicht der Realität zu stellen. 6:42. Widerwillig stehe ich auf. Ich fühle mich wie erschlagen.

Nach dem Bad erst mal Kaffee kochen. Ich schaue auf meine große Küchenuhr und wäge ab, ob ich noch Zeit habe hier zu frühstücken. Eigentlich schon, denn ich fühle mich noch nicht bereit, den nächsten Fall vorzubereiten und am Schreibtisch zu sitzen. Ich öffne den Kühlschrank und stelle fest, dass ich keinen Joghurt mehr habe. Ich muss heute Abend wohl neuen einkaufen. Dann wird es wohl doch wieder etwas to-go beim Bäcker. Mein innerer Kritiker lauert auch schon um die Ecke, um mir mal wieder zu sagen, dass ich einfach nichts hinbekomme.

Als ich das Haus verlasse, entfährt mir ein entnervtes Stöhnen. Das Wetter spiegelt meine Stimmung wieder. Es regnet, ist nass, kalt und ungemütlich. Ich sprinte nochmal kurz rein, um meinen Schirm zu holen. Endlich auf dem Weg zur S-Bahn windet es aber so stark, dass ich meine Mühe habe den Schirm zu halten und mir der Wind den Regen in das Gesicht pustet.

Es fühlt sich wie kleine Nadeln auf meiner Haut an. Ich bin froh, als ich die S-Bahn Station erreiche. Natalie macht es richtig, denke ich bei mir. Im Januar diesem Wetter hier entfliehen. Andererseits würde ich die Weihnachtszeit nicht missen wollen und es ist bestimmt komisch, die an einem warmen Ort zu verbringen. Kann die Stimmung da überhaupt aufkommen?

Ich überlege, wenn ich überall leben könnte, wo ich möchte, wo ich dann gerne sein würde. Das ist gar nicht so einfach. Ich bin sehr gerne in der Natur, so wie bei meinen Eltern. Die Möglichkeit nach nur ein paar Minuten auf den Feldern zu sein, oder im Wald, oder am Wasser. Das gefällt mir gut.

Ich denke an die Sommer, in denen Natalie und ich zusammen im Schwielowsee baden waren. Oft auch mit Emma und später mit Konstantin. Nein, ich lasse nicht zu, dass er diese schöne Erinnerung überschattet. Und ich mich zum 1000. Mal frage, ab wann die beiden etwas füreinander empfunden haben. Ich schnappe mir mein Handy und schreibe Natalie eine kurze Nachricht, ob wir heute Abend telefonieren wollen. Dabei sehe ich auch eine Nachricht von Tim.

›Guten Morgen Emily, ich wünsche dir einen schönen Tag :)‹ Mein Herz geht auf und ich muss unweigerlich lächeln. Gestern war ich so beschäftigt, ich hatte ihm gar nicht mehr geantwortet. Jetzt tippe ich hastig meine Antwort, bevor ich aussteigen muss. ›Guten Morgen, Dankeschön, das wünsche ich dir auch. Hast du etwas geplant?‹

Dann sind wir auch schon Potsdamer Platz. Draußen wappne ich mich so gut es geht gegen den Regen und mache noch einen kurzen Stopp beim Bäcker. Ich kaufe ein paar mehr Sachen, für die Mädels der Kanzlei.

Als ich das Kanzlei Gebäude betrete, treffe ich auf Herrn Lechner vor dem Aufzug. Wir wünschen uns einen guten Morgen und als wir in den Aufzug treten, schmunzelt er und sagt etwas von gleichem Timing am Morgen. Das hebt meine

Stimmung etwas. Ich lächle und nicke zustimmend. Sobald wir die 11. Etage betreten und Stephanie begrüßen, ergänzt er noch:

»Ich habe gehört, sie haben den Fall Lauter übernommen. Vielen Dank für die kurzfristige Übernahme. Ich hoffe, das bringt sie nicht mit den anderen Fällen in Bredouille?« Ich bin kurz zu überrascht, um zu antworten. Wir bleiben vor seinem Büro stehen und er sieht mich direkt an. Dann springt der automatische Modus an.

»Ja genau, klar, kein Problem. Die Anhörung verlief gut.« Er nickt mir kurz zu und verschwindet dann in sein Büro. Ich bleibe verdattert auf dem Flur stehen. Und beginne mich zu ärgern, dass ich automatisch sage, alles ist gut, klar, kein Problem, geben sie mir noch mehr Arbeit. Statt zu sagen, klar, ich habe es geschafft, aber das soll nicht die Regel sein, weil ich sonst irgendwann zusammenklappe. Ich denke an Natalie und ihre Rede darüber, dass man es immer allen Recht machen will und dafür sein eigenes Wohlbefinden hinten anstellt.

›Sehen sie hier meine Damen und Herren, Paradebeispiel Nr.1‹, denke ich zynisch bei mir. Also, was würde mir den jetzt gut tun? Etwas zu essen und mich kurz nett unterhalten, bevor ich an die Arbeit gehe. Ich gehe in mein Büro, lege meine Tasche ab und hänge meinen Mantel und den Schirm zum Trocknen auf. Dann schnappe ich mir die Bäckerstüte und verlasse das Büro, renne dabei direkt in Justus Arme.

»Hoppla, da ist aber jemand stürmisch heute«, sagt er und hält mich fest.

»Ist das für mich?«, fragt er anzüglich und schaut nicht auf die Tüte, sondern mustert mich von oben bis unten.

»Nein«, schaffe ich es zu widersprechen und mache mich los.

»Und wenn du mich jetzt entschuldigen würdest«, sage ich noch würdevoll und schreite ohne eine Antwort abzuwarten von dannen. Unmöglich der Kerl. Was denkt er, wer er ist? Und was denkt er, wer ich bin, dass er so mit mir umgehen kann? Vielleicht muss ich sein altes Bild der hilflosen Emily mal überschreiben.

Auf dem Weg ins Büro der Kanzleiassistenten begegnet mir noch Jason, den ich freundlich grüße. Dort angekommen treffe ich Deborah und Petra an, die anderen sind vermutlich unterwegs bei den Anwälten. Ich stelle die Tüte in die Mitte und frage wie es ihnen geht.

»Alles wie immer«, erwidert Petra und strahlt mich an.

»Viel los, das ist aber ja nix neues. Vielen Dank für die Spende!«, sagt Deborah.

»Sehr gerne. Ich habe zu danken für eure Unterstützung und Aufmerksamkeit. Ihr verdient noch viel mehr als das. Sagt den andern beiden auch einen lieben Gruß.« Ich winke mit der verbliebenden Tüte und verabschiede mich. Mein Magen grummelt schon auf dem Weg zu Izzys Büro. Ich bleibe kurz stehen und lausche, nicht das sie gerade einen Mandanten hat oder telefoniert, aber alles ist still. Ich klopfe und auf ihr »Herein« trete ich ein und wedele mit meiner Tüte.

»Hunger und 5 Minuten Zeit?«, frage ich hoffnungsvoll.

»Morgen Emy. Ja klar, gerade passt gut vor meinem 9:30 Uhr Termin. Ich habe zwar schon was gegessen, bin aber nicht abgeneigt...«, lässt sie ihren Satz auslaufen und schaut erwartungsvoll auf die Tüte. Ich setze mich ihr gegenüber.

»Ich habe dir deinen Lieblingsbagel mitgebracht«, erwidere ich und reiche ihn ihr, Izzy strahlt.

»Dankeschön« Isabel beißt herzhaft in ihren Bagel und ich tue es ihr gleich. Einige Momente essen wir schweigend, dann frage ich:

»Wie war dein Wochenende und vor allem dein Freitag? Ich bin ganz gespannt. Tut mir leid, dass ich so kurz angebunden war, aber ich habe doch tatsächlich nicht gearbeitet und stattdessen viel anderes gemacht. Dann habe ich aber einen ganz neuen Fall bekommen, wo gestern die erste Anhörung war.« Während ich das so erzähle, realisiere ich nochmal, wie toll das Wochenende war und wie sehr ich den Abstand zur Arbeit genossen habe. Auch wenn ich meine Arbeit liebe. Aber ich habe das Gefühl, es ist momentan einfach zu viel.

»Meine Herren Emy, ich bin stolz auf dich!» Izzy sieht mich an. »Das hätte ich gar nicht erwartet! Du musst mir gleich noch mehr davon erzählen, was du unternommen hast.« Dann lehnt sie sich in ihrem Stuhl zurück und erzählt.

»Wir, also Kiki, Manu und ich hatten viel Spaß. Wir waren erst ein paar Cocktails trinken und dann im 40seconds haben wir die Tanzfläche erobert. Natürlich blieb das nicht unbeobachtet von den Männern im Club und nach einigen eher jämmerlichen Anmachversuchen haben wir uns von ein paar einladen lassen, uns zu ihnen in den VIP-Bereich zu setzen. Dort gab es Champagner und mehr Moscow Mule. Wir waren wirklich lange da.« Sie macht eine dramatische Pause. »Und ich habe mich hinreißen lassen, mit einem von ihnen, dem heißesten, natürlich …«

»Natürlich«, sage ich auch und grinse.

»Mit nach Hause zu gehen. Oh mein Gott, war der Sex gut!« Izzy rollt ihre Augen nach hinten als würde sie die Ekstase jetzt noch spüren. »Und seine Wohnung war auch ziemlich genial. Penthouse, mit fast 360° Dachterrasse. Viel Licht und sehr modern. Ich wollte gar nicht gehen und er mich auch nicht weggelassen.« Sie zwinkert verschwörerisch.

»Also war ich bis gestern Nachmittag da. Ich fühle mich jetzt auf jeden Fall sehr gut befriedigt, um durch die nächsten Tage zu kommen.«

»Isabel!«, rufe ich anklagend. »Also wirklich...«, meine es aber nicht wirklich ernst und lächle schon wieder. Bei Izzy klingen One-Night-Stands immer sehr heiß. Ich glaube aber nicht, dass das immer und bei jedem so ist.

»Wo ich doch Recht habe. Es tut niemanden gut, zu lange untervögelt zu sein.« Dabei schaut sie mich sehr intensiv an. Dann ändert sie aber ihre Körperhaltung und sagt »Okay Themawechsel, jetzt erzähle du von deinem Wochenende!«

Und ich sprudle los. Erzähle ihr von dem Meditieren mit Natalie und von Tims Nachrichten, wobei Izzy die Augen aufreißt und »Nicht wahr!« ruft. Als ich ihr dann berichte, dass wir uns am Wochenende schon getroffen haben, fallen ihr fast die Augen raus.

»Ne, oder?« ist ihr Kommentar dazu. Als ich geendet habe, die Details von gestern habe ich ausgelassen, da wir auch beide bald mal arbeiten sollten, ist sie sprachlos. Als sie ihre Sprache wiederfindet sagt sie:

»Also ich fasse zusammen. Ein Wochenende ohne Arbeit und du hast innerhalb von wenigen Stunden ein Date, mit dem du dich auch wieder treffen willst, weil du ihn toll findest.« Sie zählt an ihren Fingern ab. »Zweitens, du hast wieder gemalt, drittens, deine Familie gesehen, viertens, Natalie gesehen, fünftens, das erste Mal meditiert...« Sie hält inne und überlegt kurz. Ich muss lachen.

»Du hast Recht, es war magisch. Ich war auch noch in der Badewanne und habe entspannt. Außerdem meine Gedanken aufgeschrieben, um mir klarer darüber zu werden, was ich wirklich will. Und viele Erkenntnisse gehabt. Verrückt. Deshalb wollte ich mich auch bei dir bedanken, Izzy, du hast mir den nötigen Schubser verpasst.«

»Ach, Emy!« Wir sehen uns an und ich stehe auf und umarme sie.

Als wir uns lösen, ergänze ich leiser »Auch wenn ich nicht so genau weiß, wie ich das weiter machen soll. Gestern und unsere gesamte Arbeitsbelastung hat mich sehr demotiviert. Deswegen bin ich sehr im Verzug und muss jetzt mal anfangen.«

Izzy sieht mich intensiv an. »Du findest eine Lösung, das waren jetzt deine ersten Schritte« Ich lächle sie dankbar für ihre aufbauenden Worte und verabschiede mich dann in mein Büro.

Jetzt fühle ich mich mental dafür bereit, mich die nächsten Stunden in Akten zu vergraben. Das Gespräch mit Izzy, inklusive Lachen hat gut getan. Ich krame in meiner Tasche nach meinem Notizbuch und ergänze auf die ich-mag-Liste:

- lachen
- mit Izzy reden

Dann stecke ich es wieder weg und öffne die erste Akte.

KAPITEL 11

Als mein Magen grummelt, esse ich den letzten verbliebenen Bagel, hole mir Kaffee und vertiefe mich wieder in meine Arbeit. Mein Outlook Kalender erinnert mich etwas später an meinen heutigen Gerichtstermin. Ich mache mich auf den Weg und überstehe die Anhörung in dem Scheidungsfall, wo der Ehemann unser Mandant ist. Die nervige Quietschstimme seiner Frau, die unbedingt das Haus am Gardasee will, wird mir vermutlich noch ein wenig in Erinnerung bleiben. Wenigstens sind keine Kinder involviert, dann ist eine solche Schlammschlacht besser auszuhalten.

Auf dem Weg nach Hause springe ich noch kurz in den Supermarkt und hole mir Joghurt und auch noch mal den Couscoussalat, der war echt lecker. Zuhause angekommen packe ich ein TK-Gericht in die Pfanne, stelle die Musik auf laut und tanze in meiner Küche. Das tut gut. Einfach mal alles loslassen, alle Gedanken an die Fälle auf Arbeit und auch alle Grübeleien darüber, was ich eigentlich will. Einfach nur im Moment sein und die Musik fühlen.

Plötzlich riecht es etwas angebrannt. Shit, das Essen in der Pfanne brennt an. ›Oh Mann, Emily, noch nicht mal TK-Gerichte kannst du ›Kochen«. Gleich fühle ich mich wieder mies. Ich lüfte und die kalte Novemberluft kommt mir entgegen. Einen Teil kann ich retten, den Rest stelle ich in die Spüle zum einweichen. Dann mache ich es mir auf der Couch gemütlich, trinke ein Glas Weißwein und probiere diese ›Paella‹. Gar nicht so schlecht.

Mein Blick fällt auf meine Tasche mit meinem Laptop. Eigentlich müsste ich noch etwas arbeiten, aufholen vom Wochenende. Während ich noch überlege, sehe ich eine neue

Nachricht von Natalie aufleuchten. Sie schreibt, dass es ihr jetzt passen würde. Perfekt.

Ich hole meine Kopfhörer, dann kann ich nebenbei noch die Wäsche wegräumen und die Wohnung durchswiffern. Nachher werde ich sonst zu müde sein. Dann wähle ich Natalies Nummer.

»Buona Sera, mi Amore«, begrüßt sie mich. »Wie geht es dir?«

»Etwas k.o. und selbst?« Ich will diesmal nicht so viel über mich reden, insbesondere nicht gleich am Anfang.

»Bei mir alles gut. Ich war gerade beim Yin Yoga und bin jetzt tiefenentspannt. Auf der Arbeit ist jetzt auch eigentlich nur noch Übergabe und bis dahin sehr chillig.« Ich beneide Natalie. Sie hat schon immer alles so viel entspannter gesehen und weniger verbissen als ich. Fast immer gelassen und positiv.

»Das klingt toll. Tatsächlich beneide ich dich ein bisschen. Nicht unbedingt, genau das was du machst, aber das du losgehst und deinen Träumen folgst. Ich bin mir gerade nicht mehr sicher, was ich wirklich will. Die letzten Tage haben mich sehr aufgewühlt und ich fange an, meine persönlichen Ziele und wie ich lebe in Frage zu stellen. Allen voran wie viel ich arbeite und das es bis vor kurzem mein einziger Lebensinhalt war.« Ich mache eine Pause und merke, wie ich die ganze Zeit dieselbe Ecke swiffere, aber Natalie bleibt ausnahmsweise still, wahrscheinlich spürt sie, dass ich noch mehr sagen möchte.

»Nach unserem Telefonat am Sonntag, dass Emma und Konstantin ein Baby bekommen, habe ich viel über deine Worte nachgedacht. Und ich denke jetzt, dass du tatsächlich Recht hast. Ich war traurig, wegen der verlorenen Zukunft, die ich mir schon so viele Jahre ausgemalt hatte.» Ich verstumme wieder.

»Ich habe das Gefühl, alles in meinem Leben wurde

einmal durchgeschüttelt, jetzt kommt es langsam wieder zur Ruhe und ich weiß noch nicht wie es weitergeht. Wie ich die Karten jetzt mischen will.«

»Sehr metaphorisch«, kichert Natalie. Dann ernster »Aber ich verstehe dich. Erinnerst du dich, als ich dir von meinem einen Kurs berichtet habe, mit den zehn Lebensbereichen? Der einem genau dabei helfen soll, das herauszufinden? Vielleicht hilft dir das auch. Man schaut sich die einzelnen Bereiche im Status quo an, bewertet sie, wie erfüllt du dort bist von 0-100% und auch wie wichtig sie dir sind und dann schaust du, was du dir wünscht, beispielsweise für deine Gesundheit. Es kann dir auch helfen, dir Bereiche anzusehen, in denen du schon nah bei deinem Ziel bist und was du dort unternommen hast, um das zu erreichen. Das gibt dir das Gefühl, dass du das auch auf andere Bereiche übertragen kannst. Es fühlt sich nicht mehr so riesig an, sondern wie kleine Häppchen.« Ich überlege kurz.

»Ja das klingt ganz gut, eigentlich. Nicht so alles überwältigend.«

»Hast du was zum Schreiben?« Ich stelle den Swiffer in die Abstellkammer.

»Ja, Moment«, erwidere ich, während ich ins Wohnzimmer haste und mein Notizbuch aus meiner Tasche hole. »Okay, bereit.«

»Also da hätten wir als erstes deine Gesundheit.« Ich notiere Gesundheit.

»Mögliche Fragen wären hier: Was wünscht du dir für deine Gesundheit und wie möchtest du deinen Körper wahrnehmen?« Ich atme tief ein und spüre in mich.

»Das nächste sind gleich drei Bereiche, die man rein theoretisch auch zusammenfassen kann unter Beziehungen. Hier kannst du dich fragen, welche Qualität möchtest du in deinen Beziehungen haben? Die Bereiche sind: Familie, Freunde und Liebe« Ich schreibe fleißig mit.

»Die nächsten beiden Bereiche sind auch verknüpft. Einmal Finanzen, Was wünscht du dir mit Geld zu erschaffen? Und Beruf und Karriere. Wie kannst du erfüllt arbeiten?«

»Hmhmm«, sage ich, damit Natalie weiß, dass ich noch da bin.

»Das nächste ist ein bisschen mehr tricky. Dein Mindset. Wer möchtest du auf dieser Welt sein?« Natalie macht eine Pause und ich stutze auch kurz. »Da können wir gerne Freitag auch noch mehr drüber sprechen. Weiter mit deiner Umgebung. Wo möchtest du sein? Welchen Standard, welche Lebensqualität möchtest du in dein Leben bringen?« Ich lache kurz.

»Weißt du zu was das passt, Natalie?«

»Nein«, erwidert sie.

»Zu dem Umgebungsbalken, den die Sims im gleichnamigen Computerspiel immer hatten.« Ich lache kurz. »Der war auch immer gefüllt, wenn sie ein schönes Haus hatten und sehr niedrig, wenn zum Beispiel die Toilette übergelaufen ist oder so was.« Wir lachen jetzt beide.

»Ja, der Vergleich hat was«, stimmt Natalie mir zu. Ich höre ihr Lachen durch die Leitung. »Noch zwei Stück«, fährt sie fort. »Einmal, dein Beitrag für die Welt, so etwas wie Geld oder Zeit spenden. Was möchtest du zurückgeben? Hier gibt es natürlich auch Überschneidungen, denn du gibst zum Beispiel durch deinen Beruf schon etwas zurück.« Ich denke unwillkürlich an meine Ideen für die Kanzlei und die Präsentation vor Herrn Lechner.

»Und der letzte Bereich soll noch alles übrige abdecken. Du kannst ihn Passion nennen, oder Freizeit. Oder auch Kreativität oder Abenteuer. Hier hat alles Platz, was du noch gerne machst oder dir wünscht. Vom Angeln zum Minigolfen bis zum Zeichnen. Alles von A bis Z, wovon du vielleicht als Kind schon mal geträumt hast oder jetzt, oder was du einfach wieder mehr in deiner Freizeit willst. Bei mir war es unter anderem die Yogalehrerausbildung. Obwohl das auch wieder in andere Bereiche fällt. Wir wollen das auch nicht zu streng sehen. Das sind nur Anhaltspunkte. Meinst du, das hilft dir erst mal weiter?«

»Ja, ich denke schon! Danke für die Inspiration. Dem rationalen Teil von mir gefällt es viel besser, so einen konkreten Plan zu haben, einzelne Bereiche durchzugehen, als über das große Ganze zu grübeln.«

»Das freut mich zu hören. Na, dann will ich dich nicht länger abhalten, du hattest bestimmt schon ein paar unmittelbare Ideen, zu den Fragen, die ich gestellt habe. Erlaube es dir, da etwas einzutauchen.«

»Danke Natalie, dir auch noch einen schönen Abend. Und bis Freitagabend, bei Giovanni!«

»Dir auch Emy, Buona notte!«

»Schlaf gut«, sage ich noch und wir beenden unser Gespräch.

Mir schwirrt ein bisschen der Kopf, von all den Fragen, die Natalie gestellt hat. Ich habe versucht alles mitzuschreiben. Also erst mal anschauen, was jetzt so los ist, in den einzelnen Bereichen und wo ich dann hinmöchte. Ich schlage eine neue Seite auf, auf die ich alle Lebensbereiche übertrage und etwas Platz lasse unter jedem.

Also, meine Gesundheit. Damit bin ich eigentlich schon sehr zufrieden. Bis auf Kopfweh und erschöpft sein, bin ich gesund. Allerdings würde ich auch Fitness dazu zählen und ich wäre gerne fitter, würde mich gerne mehr bewegen in meinem Leben, damit ich mir diese Gesundheit auch erhalten kann. Ebenso auch meine Ernährung, ich würde gerne mehr Obst, Gemüse und unverarbeitete Produkte essen und nicht so oft bestellen.

Mir fällt auf, das ich nicht mehr nur über den Status quo nachdenke, also mache ich noch eine weitere Seite, in der ich alle Bereiche notiere und Platz darunter lasse, um meine Ziele und Wünsche zu notieren.

Gesundheit:

- 80% erfüllt, ist mir sehr wichtig

Deswegen notiere ich auf der nächsten Seite bei Ziele für meine Gesundheit:

- regelmäßige Bewegung, zum Beispiel Fitnessstudio, Spaziergänge, Radfahren, Inlinern
- mehr frische Lebensmittel, zum Beispiel vorbereitetes Frühstück, nicht nur Essen bestellen

Ich bin sehr zufrieden mit mir, da ich realistische Ziele aufgeschrieben habe, mit denen ich sehr glücklich bin. Ich glaube das wichtigste ist, das ich dem eine höhere Priorität einräume. Beispielsweise indem ich mittags in meiner Pause einen Spaziergang mache oder abends nicht mehr arbeite, damit ich früher ins Bett gehe, damit ich genug schlafe und einen entspannten Morgen haben kann. Ich überlege kurz und schreibe dann in Großbuchstaben darunter:

MEIN WOHLBEFINDEN HAT OBERSTE PRIORITÄT und unterstreiche es nochmal. Ich blicke glücklich auf mein Buch. Das hat schon mal vielversprechend angefangen. Ich habe ein gutes Gefühl dabei, diese Dinge langsam aber sicher umzusetzen.

So der nächste Punkt war, ich blättere zurück, Beziehungen aufgeteilt in Familie, Freunde und Liebe. Ich überlege, zu viel Prozent erfüllt ich in den Bereichen bin und wie wichtig sie mir sind und notiere dann:

Familie:

- 70%, sehr wichtig

- nicht mehr so eng mit Emma

Freunde:
- 70%, sehr wichtig
- aber leider sehr vernachlässigt

Liebe:
- 20%, wichtig

Vor Tim hätte hier wahrscheinlich Null gestanden… Dann blättere ich weiter zu meinen Wünschen und überlege, wie ich es mir vorstelle.

Familie - Zukunft:
- wieder mehr Kontakt und eng mit Emma, ehrliche Freude für ihr Glück und unkompliziertes Umgehen mit Konstantin
- meine Eltern wieder mehr sehen
- auch Oma Gretel und Tante Irma häufiger besuchen

Freunde – Zukunft:
- mehr Natalie & Izzy treffen
- bei eingeschlafenen Freunden melden oder neue Leute kennenlernen

Liebe-Zukunft:

…

Hmhmm. Bis hier war es relativ einfach. Aber was will ich in der Liebe? Eigentlich hatte ich Männern und der Liebe abgeschworen. Und möchte ich noch Kinder? Ich überlege lange und versuche in mich reinzuhören... Ich glaube schon. Ich denke aber auch, ich brauche nicht unbedingt das Komplettpaket Vorstadtidylle. Zögernd schreibe ich:

- liebevoller, lustiger, ehrlicher & intelligenter Partner, bei dem ich ich sein kann und mit dem ich Freude und Leid teilen kann
- Kinder

Irgendwie fühle ich mich jetzt schon besser und ich kann schon einiges klarer sehen. Vor allem habe ich das Gefühl, dass das wirklich meine Wünsche sind. Okay, was kommt als nächstes? Finanzen. Hmhmm. Bisher habe ich mir darüber noch nicht so viele Gedanken gemacht. Ich erinnere mich dunkel an etwas, dass Natalie mal gesagt hat. Das wir häufig auch mit diesem Thema, viele unterbewusste Glaubenssätze verbinden. So was wie ›Geld ist schlecht, oder viel Geld zu haben ist schlecht‹. So in die Richtung, bis zu einem gewissen Maß ist es okay, aber alles darüber hinaus sind irgendwie Gauner, zu denen man entweder neidisch aufblickt, oder über die man gehässig ablästert, dass sie das Geld nicht rechtens erwerben.

Wenn ich so darüber nachdenke, glaube ich, dass ich es mir auch nicht erlaube, viel Geld zu besitzen. Das klingt einfach so unrealistisch. Denn wenn ich eine Sache von Zuhause mitgenommen habe, dann dass man hart arbeiten muss, um Geld zu verdienen. Meine Eltern entstammen den geburtenstarken Jahrgängen, entsprechend mussten sie damals dankbar sein überhaupt Lehrstellen zu haben. Dadurch haben sich Spruche wie ›Lehrjahre sind keine Herrenjahre‹ weitergetragen.

Ich tippe mit meinem Stift auf der Notizbuchseite. Ich denke, es ist auch nicht falsch, etwas Demut dem Leben gegenüber zu haben. Allerdings habe ich das Gefühl, ich habe dieses ›hart arbeiten‹ etwas zu sehr verinnerlicht. Und dabei habe ich mich und alles andere vergessen.

Aber wo ist die Balance? Und auch wenn Natalie es mir

quasi vorlebt, kann ich mir gerade nicht vorstellen, wie man ›leicht‹ viel Geld verdient. Das klingt zu schön, um wahr zu sein. Es ist auch nicht so, als hätte ich akute Geldsorgen, grüble ich weiter. Ich war eigentlich schon immer sparsam, habe mir mein BAföG und das Geld meiner Eltern, während des Studiums gut eingeteilt, meine Ausgaben aufgeschrieben. Jetzt, mit meiner eigenen Wohnung, sind meine Ausgaben natürlich höher.

Trotzdem konnte ich schon genug beiseitelegen, um mein Bafög bald zurückzuzahlen. Das, aber auch nicht viel mehr. Wieder kommt mir eine Aussage von Natalie in den Sinn. Das häufig mit unserem Einnahmen auch die Ausgaben steigen und am Ende derjenige am meisten spart, der die größte Differenz hat und nicht der, der am meisten verdient. Ich überlege kurz. Seit ich nicht mehr aufschreibe, hat sich das schon etwas verselbstständigt. Viel essen bestellen oder to-go-Kaffee. Diverser Schnickschnack, den ich abends online bestelle, um mich zu belohnen. Das bräuchte ich wahrscheinlich nicht alles...

Ich gähne. Finanzen sind schon ein ziemlich herausforderndes Thema für einen späten Abend. Auch seit längerem das erste Mal, dass ich mich damit wieder befasse. Irgendwie wollte ich damit nicht so viel zu tun haben. Es hat mir gereicht, dass am Ende des Monats noch genug Geld da war.

Eigentlich weiß ich schon länger, dass ich mich damit mal beschäftigen sollte. Izzy hat mir schon vor über einem Jahr etwas davon erzählt, dass sie sich mal mit ihren Ausgaben beschäftigt hat und jetzt einen Dauerauftrag eingerichtet hat, um Geld für Ihre Altersvorsorge anzulegen. Aber mir war das immer zu müßig, mein Kopf abends und am Wochenende immer so voll mit Fällen, da wollte ich mich nicht noch mit etwas herausfordernden beschäftigen.

Ich trinke noch einen Schluck Wein und schließe einen

Pakt mit mir, dass ich dieses Thema und auch alle anderen herausfordernden Dinge jetzt angehe und es nicht weiter aufschiebe, bis ich mich irgendwann bereit fühle. Denn der einzige Moment, in dem ich jemals etwas ändern kann, ist jetzt!

Ich muss grinsen. Ist der schlaue Spruch etwa auf meinem Mist gewachsen? Ich vermute, ich habe ihn irgendwo aufgeschnappt. Ich gähne wieder. Gut, ich schreibe noch Finanzen auf und dann verabschiede ich mich ins Bett. Ich setze den Stift an und schreibe:

Finanzen:
- 70%, wichtig
- bisher noch nicht viel mit auseinandergesetzt

Anschließend blättere ich auf die Ziele Seite und notiere:

Finanzen-Zukunft:
- meine Ausgaben durchgehen und überlegen ob ich das alles wirklich brauche, vielleicht kann ich etwas reduzieren
- mich über Geld anlegen und Altersvorsorge informieren und auch Schritte unternehmen

Ich halte kurz inne und ergänze dann noch
- überlegen wie viel & für was ich gerne Geld hätte

Dann klappe ich das Notizbuch zu, schnappe mir mein Handy, um es an den Strom zu schließen sowie den Wecker zu stellen und mache mich bettfertig. Bevor ich unter die Decke schlüpfe, fällt mein Blick nochmal auf meine Staffelei. Mit dem Gedanken, wie ich meine Passion fürs Malen mehr in mein Leben integrieren könnte, schlafe ich ein.

KAPITEL 12

5:45, ich snooze und drehe mich nochmal um. Nachdem ich noch drei weitere Male gesnoozet habe, fühle ich mich bereit aufzustehen. Im Sommer fällt mir das deutlich leichter, wenn es um die Uhrzeit schon hell ist. Aber jetzt, im Dunklen... Am schönsten wäre es natürlich, wenn man immer leicht aus dem Bett kommt, überlege ich im Bad. Voller Enthusiasmus und Freude auf den Tag. Nichtsdestotrotz, habe ich mich selbst ausgetrickst, in dem ich den Wecker früher gestellt habe. Sodass ich jetzt noch genug Zeit habe, zu Hause zu frühstücken.

Als Outfit wähle ich heute ein Strickkleid in dunkelbraun, eins meiner Lieblingswinterstücke. Perfekt für heute, da ich keine Gerichtstermine habe. Ich ziehe mich gerne schick an, ich liebe aber auch meine etwas gemütlicheren Outfits. An manchen Tagen nervt es mich sogar ziemlich, mich zurechtmachen zu müssen. Leider bedeutet gerade im meinem Berufszweig Auftreten sehr viel.

Ich denke an den Lebensbereich Finanzen und gestern Abend. Ein großer Teil meines Gehalts steckt auch in meiner hochwertigen Arbeitsgarderobe. Ein bisschen reduzieren könnte ich das bestimmt, vor allem da ich jetzt einen guten Grundstein habe. Es macht halt einfach Spaß, sich abends neue Dinge zu bestellen...

In der Küche genieße ich meinen Kaffee und Frühstück und freue mich darüber, so vergleichsweise gut in den Tag gestartet zu sein. Bevor ich das Haus verlasse, checke ich nochmal mein Spiegelbild. Normalerweise, startet dann immer sofort die Stimme. ›Zuviel Bauchspeck hier, zu wenig Busen da. Ist das etwa ein Pickel?‹ Deswegen schaue ich eigentlich gar nicht mehr so viel, wenn ich es nicht muss.

Aber heute, in einem meiner Lieblingskleider, fühle ich mich wohl. Ich habe elegante, aber doch bequeme hohe Stiefel dazu gewählt und lächle mein Spiegelbild an.

In der S-Bahn checke ich meine Nachrichten. Natalie hat geschrieben und fragt, wie es mit den Lebensbereichen geklappt hat. Ich antworte ihr, dass es mir sehr hilft, ich schon die Hälfte durchgegangen bin und viele Erkenntnisse hatte, mehr dazu am Freitag. Außerdem wünsche ich ihr einen tollen Tag.

Auch meine Mutter hat mir geschrieben und fragt mich, ob ich am Wochenende vorbeikommen will, um mit ihr Adventskränze zu gestalten. Das habe ich als Kind geliebt. Weihnachtlich dekorieren, den Adventskranz flechten. Schon viel zu lange her! Die letzten Jahre habe ich meine Mutter immer vertröstet. Wegen was eigentlich? War die Arbeit immer so viel wichtiger?

Ich schreibe zurück, sehr gerne und ob ihr Sonntag passen würde. Die momentan herzerwärmenste Nachricht habe ich mir zum Schluss aufgehoben. Tim, der mir von seinem Tag an der Uni berichtet, dass er mit seiner Band geprobt hat und mir eine gute Nacht wünscht. Die habe ich gestern Abend gar nicht mehr gesehen! Oder habe ich schon geschlafen? Eine Band... Ich stelle mir vor, wie Tim für mich Gitarre spielt. Richtig schön kitschig, wie in einem Film. Hach... ich unterdrücke ein Seufzen. Meine Gedanken spielen ganz verrückt. Ich überlege was ich antworten kann. Dann tippe ich:

›Hi :) Deine Vorlesungen von gestern klingen interessant. Manchmal vermisse ich das Studium und alles was dazugehört. Wie toll mit deiner Band! Habt ihr in nächster Zukunft einen Auftritt? Liebe Grüße, Emy‹

Okay einmal durchatmen und abgeschickt. Und das Lächeln ist wie auf mein Gesicht geklebt.

Im Büro angekommen, checke ich meinen Terminplan und sehe, dass um zehn Uhr unser wöchentlicher Jour-fixe ansteht. Vorher, gleich um Neun habe ich noch einen Mandantentermin. Ich beantworte einige Mails und bereite mich auf den ersten Termin vor.

Der Mandantentermin ist schnell erledigt und ich wende mich dem zu, meine aktuellen Fälle der letzten Woche zusammenzustellen, um sie gleich kurz vorzustellen. Deborah schaut kurz vorbei, um mir einige Akten zu bringen und andere abzuholen. Um kurz vor Zehn schaut Izzy vorbei, um mich einzusammeln.

»Hi, Emy! Bereit, um in die Schlacht zu ziehen?«

»Ja klar, ich bin gleich soweit.« Ich packe meine Unterlagen und wir begeben uns zusammen in den Meetingraum, wo Stephanie gerade Kaffee verteilt. Mit uns treffen Deborah, Jane und Annika ein. Petra und Auerbach Senior, sowie Jason sind schon an ihren Plätzen. Kurz nachdem wir eintreten, kommen auch Tom, der Weisdrachen und Herr Lechner in den Konferenzraum. Selbst Justus kreuzt zur Abwechslung mal pünktlich auf. Nachdem sich alle eingerichtet haben, ergreift Auerbach Senior das Wort.

»Liebe Kollegen, schön, dass sie sich hier versammelt haben, zu unserem wöchentlichen Jour-fixe. Ich freue mich, dass Herr Lechner sich schon gut eingefügt hat.« Ich kann irgendwie gerade gar nicht zuhören. Stattdessen blicke ich mich um und versuche in mich rein zu fühlen.

Erfüllt mich dieser Beruf? Ich denke an die Gesichter meiner Mandanten. An die Kinder. Dieser Teil schon, sehr sogar. Ich würde allerdings gerne wirklich mehr Menschen vertreten, die sich das nicht leisten können. Oder, vielleicht sogar bei einer Organisation wie Amnesty International mitarbeiten. Irgendwo, wo ich das Gefühl habe, dass ich noch mehr bewege. Puh. Das ist glaube ich das erste Mal, dass ich mir das wirklich eingestehe. Sonst habe ich diesen Gedanken immer unterdrückt.

Auerbach Senior ist jetzt fertig und der Weisdrachen redet jetzt. Ich meine beispielsweise, auch dieses Meeting. Es kann sinnvollen Austausch hervorrufen, aber die meiste Zeit ist es eigentlich nur Bericht erstatten für die Chefs und für die anderen nicht interessant, was ich zu erzählen habe. In der produktiven Vormittagszeit könnte man auch was anderes machen. Ich muss an mein Notizbuch denken und die Fragen zu Beruf & Karriere. Jetzt spricht Herr Lechner. Ich horche auf:

»...wir haben diese Woche einige neue Mandanten aufgenommen, die Herr Auerbach, Frau Dr. Weisberg und ich, im Vorgespräch zu dieser Besprechung Ihnen«, er blickt zu uns Anwälten, »und Ihnen«, er blickt zu den Kanzleiassistentinnen, »zugeordnet haben. Ich setze auf sie. Falls es irgendwelche Widersprüchlichkeiten wegen Terminen geben sollte, bitte kommen sie auf mich zu.«

Er lächelt uns zu. Ich unterdrücke ein innerliches Stöhnen. Ich wollte weniger Arbeiten, nicht mehr. Das hat man davon, wenn man sehr effizient arbeitet bei 150%, ohne sich zu beschweren. Man bekommt noch mehr.

»Ferner sendet Stephanie ihnen Terminvorschläge für unsere geplanten Einzelgespräche, falls diese ihnen nicht zusagen, senden Sie sie bitte mit Alternativtermin zurück.« Er redet noch weiter über Zusammenhalt und die Idee eines Team-Mittagesssens am Freitag. Auch über die anstehende Weihnachtsfeier. Aber ich bin raus. Ich sehe, wie sich die Münder der anderen bewegen, aber ich kann mich einfach nicht dazu überwinden zu zuhören, oder wenigstens so auszusehen.

Stattdessen schaue ich nach draußen, in den grauen Novemberhimmel. Ich fühle mich leer und ausgebrannt. Keine Kraft mehr. Normalerweise hat es mich immer beflügelt zu arbeiten, mir und meinem Leben Sinn gegeben. Aber irgendwie hat sich das über die letzten Tage geändert. Ich fühle mich erschöpft. Die Aussicht auf noch mehr Arbeit bereitet mir Kopfschmerzen. Ich trinke einen Schluck Wasser, als ich merke das Izzy mich unter dem Tisch an stupst. Ich schaue zu ihr und höre gerade noch wie sie sagt »Das wäre dann alles von mir. Fragen?«

Danke Izzy, bete ich innerlich. Das wäre mal wieder peinlich geworden. Ich schaue auf meine Notizen vor mir und als niemand Izzy antwortet, beginne ich zu berichten und alle auf den neuesten Stand zu bringen. Ich schaffe es, mich kurz zusammenzureißen. Spüre aber auch Izzys und Petras wissenden Blick auf mir.

Endlich bin ich fertig. Der Rest ist scheinbar endlos.

Im Anschluss bringe ich meine Kaffeetasse und Glas und die Küche, wo mich gleich Petra anspricht.

»Alles gut, meine Liebe? Du sahst heute etwas verloren aus.« Ich schaue mich kurz um, wer in Hörweite ist, aber natürlich nur die Mädels und Izzy. Die anderen Anwälte sind sich meist zu schade, was in die Küche zu bringen.

»Ja, ein wenig. Irgendwie wächst mir gerade alles etwas über den Kopf«, schaffe ich es zu antworten. Petra schaut mitfühlend.

»Ich glaube, du hast dir die letzten Jahre etwas zu viel zugemutet und das kann nicht immer so weitergehen«, sagt sie sehr liebevoll und schaut mich an.

»Und das ist vollkommen okay!« Izzy und Annika, die auch gerade in der Küche sind, nicken zustimmend. Izzy ergänzt:

»Ja, Emy. Niemand erwartet so viel von dir, wie du selbst. Und ich glaube, diese Anforderungen darfst du ganz sanft senken.«

»Und dir erlauben auch mal einfach das Leben zu genießen«, fügt Annika hinzu, nimmt sich einen Keks und verlässt die Küche.

»Genau«, sagt nun auch Petra. »Und wenn dir das jetzt mit noch mehr Mandanten zu viel ist, musst du mit Auerbach reden! Dabei passiert dir nix. Habe ich auch schon gemacht.« Meine Augen werden groß.

»Wirklich?«, frage ich ungläubig.

»Ja klar, die können das doch manchmal gar nicht einschätzen. Und wenn immer alle so ehrgeizig sind, ist es auch keiner mehr gewohnt, dass was nicht geschafft wird, deshalb muss man es Ihnen kommunizieren.« Petra schaut zielstrebig und drückt ihre Brust etwa raus. Mich überkommen Gefühle der liebevollen Zuneigung für die beiden.

»Ach, ihr zwei«, schluchze ich und nehme sie beide in meine Arme. »Danke«, flüstere ich bevor ich mich löse. Das hat gutgetan.

Zurück in meinem Büro bin ich wieder im fokussierten Tunnel. Jane hat mir zwischenzeitlich die neuen Akten gebracht. Ich bekomme vier zusätzliche Fälle und damit einhergehend einige zusätzliche Termine. Ich mache erst mal eine Prioritätenliste. Irgendwann schaut Petra vorbei und fragt, ob ich mit ihnen Suppe essen will.

Dankbar für die Ablenkung und etwas für meinen Magen, stimme ich zu. Wir machen es uns wieder im Konferenzraum gemütlich und plaudern über Weihnachten, Geschenkideen und Basteln. Schön, zur Abwechslung mal nicht über die Arbeit zu reden. Zu schnell ist die Pause vorbei und ich widme mich wieder meinen Fällen.

Als ich mich das nächste Mal strecke und mich meine Blase zu einer Pause zwingt, ist es bereits dunkel und nur noch in Weisdrachens und Izzys Büro brennt Licht. Ich gehe auf die Toilette und schaue auf dem Rückweg bei Izzy vorbei.

»Na, wie läuft es hier? Hast du eigentlich nochmal was

von deinem Casanova gehört, oder willst du ihn wiedersehen?« Izzy grinst verschmitzt.

»Ja«, erwidert sie gedehnt, »gehört schon, allerdings bin ich mir noch nicht sicher, ob ich ihn wieder sehen will. Das letzte Mal war magisch, ich weiß nicht ob das reproduzierbar ist.« Ich muss schmunzeln.

»Und machst du noch lange heute?«, fragt sie mich.

»Ich glaube nicht. Ich kann mich nicht mehr konzentrieren, ab jetzt kommt nichts Gutes mehr dabei raus. Und du?«

»Ja, ich mache auch gleich Schluss.«

»Dann schönen Feierabend!«

»Wünsche ich dir auch.«

Damit schließe ich die Tür und begebe mich in mein Büro, wo ich alles runterfahre und meine Tasche und Jacke nehme. Beim Verlassen des Bürogebäudes überlege ich, was ich noch zu essen zu Hause habe, oder ob ich mir was auf dem Weg holen soll. Dann fällt mir wieder ein, was ich notiert hatte. Und ich entscheide mich für Wraps. In der S-Bahn fallen mir die Augen schon zu. Ich bin froh, als ich nach Hause komme. Ich kann mich gerade so aufraffen, Dosenmais und Bohnen zu erwärmen, etwas Tomaten klein zu schneiden und mir Wraps zu bauen.

Ich bin schon fast zu müde, um mich darüber zu freuen, dass das über eine TK-Pizza gesiegt hat. Für Malen, mein Notizbuch oder gar Sport bin ich viel zu fertig. Ich begebe mich nach dem Essen direkt ins Bett.

KAPITEL 13

Der nächste Tag fühlt sich genauso wie gestern an. Möchte ich den Rest meines Lebens diese Gleichtönigkeit? Der Morgen startet gut, ich habe genug Zeit für mich, um entspannt in den Tag zu starten. Aber sobald ich im Büro bin und sehe, wie unfassbar viel zu tun ist, verlässt mich irgendwie der Mut. Mit genug Kaffee schaffe ich es doch irgendwie den Tag zu überstehen, vor allem weil Petra irgendwann mit frischgebackenen Keksen vorbeikommt. Ich habe einen Termin nach dem anderen, später Vormittag im Gericht, nachmittags neue Mandantengespräche.

Gerade als ich mir überlege, dass ich langsam gehen sollte, um vor meinem Date mit Tim mir etwas Praktischeres anzuziehen, kommt Frau Dr. Weisberg mit einer mir unbekannten Person in mein Büro. Shit, ich schaue auf die Uhr.

»Hallo Frau Roberts, ich möchte ihnen Frau Berg vorstellen, eine Ihrer neuen Mandantinnen. Da sie beruflich sehr eingespannt ist«, intensiver Blick in meiner Richtung, ich erinnere mich dunkel, das sie im Bundesministerium für Gesundheit arbeitet, »nimmt sie natürlich gerne unsere langen Öffnungszeiten in Anspruch und konnte heute spontan vorbei kommen.«

Ich grüße sie freundlich, während ich überlege, wie ich aus dieser Sache rechtzeitig rauskomme. Shit. Frau Berg ist sehr elegant gekleidet, vermutlich in den Mitvierzigern, ihre Haare edel hochgesteckt, sodass ihre Wangenknochen betont werden. Sie begrüßt mich ebenfalls. Der Weisdrachen sieht mich aufmerksam an. Mist. Ich biete Frau Berg einen Platz an und sie setzt sich. Frau Dr. Weisberg fragt sogar, ob wir etwas trinken wollen. Verkehrte Welt. Wie unterschiedlich sich diese Frau geben kann... Je nachdem, welche Ziele sie verfolgt. Anschließend verlässt sie den Raum.

Ich weiß nicht was ich tun soll, also schalte auf Automatikmodus. Ich bin gut in meinem Job. Ich hole die passende Akte an meinen Schreibtisch und gehe mit Frau Berg alle weiteren Schritte in ihrem Anliegen, betreffend Scheidung und Sorgerecht durch. Zwischendurch blicke ich immer wieder auf die Uhr und sehe voller Schrecken, dass es nur noch 45 Minuten bis zu meiner Verabredung mit Tim sind.

»Entschuldigen sie mich bitte für einen Moment«, verabschiede ich mich von Frau Berg und eile zur Toilette. Heute habe ich einen Rock mit Taschen an, deswegen habe ich mein Handy dabei. Hastig tippe ich ›Hi Tim, ich bin noch im Büro und weiß nicht wann ich hier rauskomme. Meine Chefin hat mich eben mit einer spontanen Mandantin überrascht. Es tut mir so leid. Ich hoffe, du bist nicht schon auf dem Weg.‹

Ich überlege, ob man das noch anders formulieren kann, aber mir fällt nichts Besseres ein und ich schicke ab. Oh Mann, ist das traurig. Ich hatte mich schon gefreut ihn wiederzusehen, auf das Lachen, auf die Leichtigkeit, überlege ich, als ich wieder in mein Büro gehe.

In der Zwischenzeit sind Frau Berg noch Millionen Fragen eingefallen, auf die ich probiere geduldig einzugehen und ihre Bedenken zu mildern, sodass sie sich in unserer Kanzlei und bei mir persönlich als vertretende Anwältin gut aufgehoben fühlt. Ich meine eigentlich kann ich mich geehrt fühlen, schon nach vergleichsweise kurzer Zeit, auch wichtige Klienten betreuen zu dürfen. Allerdings, ist es mir gerade etwas zu viel und ich muss mich sehr anstrengen, dass meine Gedanken nicht zu Tim schweifen...

Wenn ich mir vorstelle, jemand würde mich kurz vorher

versetzen, den ich noch nicht gut kenne, würde ich das Zweifelsohne auf mich beziehen. Und schlussfolgern, dass er sich es doch anders überlegt hat. Weil sonst würde er doch alle Hebel in Bewegung setzen, mich zu sehen, oder?

Als Frau Berg endlich geht, ist es sogar schon nach unserer verabredeten Zeit. Ich stütze den Kopf in die Hände. Einen Moment atme ich nur, bevor ich mich traue meine Nachrichten zu lesen.

›Hi Emily. Wie schade. Melde dich gerne, wenn du fertig bist, vielleicht lohnt es sich noch, oder wir machen einfach etwas anderes. Liebe Grüße!‹

Mein Herz geht auf. Er nimmt es mir anscheinend nicht sehr übel. Ich schaue auf die Uhr. Mein jetziges Outfit ist zum Schlittschuh fahren unpraktisch und für erst nach Hause und dann irgendwohin, ist es dann wirklich zu spät. Hmhmm, wird das nicht alles zu lang für eine Nachricht? Es wäre viel hin und her. Am einfachsten ist es wahrscheinlich ihn anzurufen, um sich was zu überlegen.

Dafür müsste ich aber irgendwoher Courage aufbringen. Okay Emy, du schaffst das! Lass deine Arbeit nicht dein restliches Leben überschatten. Ich spreche mir weiter Mut zu, dann wähle ich seine Nummer. Es klingelt. Einmal, zweimal, dreimal. Dann hebt Tim ab.

»Emily! Wie schön, dass du dich meldest!« Seine Stimme und die Freude in seiner Stimme zu hören, lässt meinen Bauch vor Freude einen Purzelbaum schlagen.

»Hi Tim«, erwidere ich etwas schüchterner »Ja, ich dachte, das ist einfacher, als zig mal hin und her zu schreiben. Es tut mir so leid, dass ich es nicht rechtzeitig möglich machen konnte.« Ich halte inne, möchte jetzt am Telefon auch nicht unnötig plappern.

Aber irgendwie hat mir das vor Augen geführt, dass ich nicht mehr vor die Wahl gestellt werden möchte, Arbeit ODER mein restliches Leben. Das sollte sich doch irgendwie besser verbinden lassen. Außerdem muss ich mir wohl oder übel eingestehen, dass ich die letzten Jahre immer Arbeit gewählt habe und dass möchte ich nicht weiter tun. Aber das alles jetzt zu erzählen wäre zu viel.

»Ja«, kommt es zögernd aus dem anderen Ende der Leitung, so als überlege auch Tim was er sagen sollte. So was wie ›kein Problem, alles easy‹, oder Vorwürfe machen. Der Mittelweg ist schwierig.

»Vielleicht kannst du für die Zukunft mit deinen Chefs reden, über deine Arbeitslast, jetzt da du erkannt hast, das du auch noch andere Dinge machen möchtest.« Ich kann sein Schmunzeln quasi hören und bin etwas erschrocken, wie gut er mich schon kennt.

»Krass. Du bist heute schon der Zweite, der mir das sagt. Und ich habe gerade auch darüber nachgedacht, dass ich nicht wieder will, dass das passiert. Ich hatte mich sehr auf heute und dich gefreut.« Ups, das letzte ist mir so rausgerutscht. Aber wieso sollte man nicht auch schon zu Beginn sagen dürfen, ob man jemanden mag oder nicht? Immer dieses rarmachen und Getue... Aber trotzdem tief verwurzelt, um nicht verletzt zu werden. Shit, immer noch Pause. Dann sagt Tim etwas leiser:

»Ich mich auch, Emily. Wir können uns auch immer noch sehen. Die Eisbahn hat bis 22 Uhr auf, was denkst du?« Ich druckse etwas vor mich hin, möchte ihn nicht schon wieder enttäuschen.

»Weißt du, ich war heute im Gericht und habe einen engen Rock an, der dafür ziemlich ungeeignet ist. Auch sonst ist mein Outfit nicht wirklich passend und warm. Ich dachte eigentlich, ich könnte vorher noch nach Hause...« Ich lasse den Satz in der Luft stehen.

»Oh okay. Dann das nächste Mal. Wo arbeitest du nochmal? Also welche S- oder U-Bahn-Station?«

»Ich bin am Potsdamer Platz, wieso?«

»Ok dann lass uns in 20 Minuten am U-Bahnhof Wedding treffen. Du fährst bis Friedrichstraße und dann die U6 und lässt dich überraschen. Gegessen hast du wahrscheinlich noch nicht, oder?«

»Nein, aber...«, setze ich an.

»Kein aber, bis gleich Emily!« Damit legt er auf und mir bleibt nichts anderes übrig, als meine Sachen zu packen und mich zu beeilen, voller Vorfreude und ungewisser Aufregung.

Beim Aufzug angekommen, noch dabei, meinen Mantel zu schließen und Schal umzuwerfen, treffe ich auf Justus. Oh nein, darauf habe ich jetzt gar keine Lust.

»Hallo Emily«, näselt er auch sofort und kommt näher, »das ist ja ein Zufall.« Er begafft mich von oben bis unten. »Schönes Outfit übrigens. Betont alle deine Vorzüge.« Sein Blick ist lüstern.

»Hast du Lust auf einen Drink mit zu mir zu kommen?!« Emily, ganz ruhig. Du kannst das. Lass dich von dem nicht anmachen. Bleib einfach seriös, einfach nicht drauf eingehen.

»Vielen Dank, Justus. Ich bin schon anderweitig verabredet.« Der Aufzug kommt und wir steigen ein. Ich bete, dass er schneller fährt. Justus steht mir viel zu nahe.

»Hmhmm. Ich verstehe. Bist du dir sicher?«, fragt er nochmal und kommt mir näher, sodass ich keinen Rückzugsort mehr habe. In dem Moment pingt es und wir sind im Erdgeschoss.

Ich springe raus, unfassbar dankbar, dass er noch weiter in die Tiefgarage fährt. Ohne mich nochmal umzublicken, gehe ich zügig zur S-Bahn und versuche mich auf meinen Atem zu konzentrieren.

Als ich U-Bahnhof Wedding ankomme, sehe ich Tim schon am Bahnsteig stehen und mein Herz macht einen Satz. Tim lächelt mich an, als ich ihm entgegenkomme.

»Hallo Emy«, begrüßt er mich und zieht mich direkt in die

Arme. Oh mein Gott, riecht er gut. Ich möchte mich gern fallen lassen und komplett darauf einlassen, aber meine kritische Stimme, die die letzten Tage schon leiser geworden ist, ist trotzdem noch hörbar und warnt mich zur Vorsicht. ›Ich werde wieder verletzt werden und ich weiß nicht ob es genug Kleber gibt, um dann wieder alles zusammenzusetzen.‹ Ich versuche die Stimme aus meinem Kopf zu verscheuchen.

»Hi« Ich lächle, wahrscheinlich etwas schüchtern, denn so fühle ich mich gerade. Vor allem, da ich nicht weiß, was wir machen werden. Eigentlich plane ich immer alles. Mein ganzes Leben hatte ich schon mit 16 geplant... Okay, diesen Pfad werden wir jetzt nicht weiter gehen. Konstantin war nicht der Richtige für mich, vor allem wenn ich mir ansehe, wie glücklich Emma und er sind. Das sollte alles so sein, sage ich mir.

Trotzdem höre ich die gehässige Stimme in mir flüstern, dass es dafür schon einen Grund geben muss und doch irgendwas mit mir nicht stimmt. Tims Stimme, der sich zwischenzeitlich von mir gelöst hat, reißt mich aus meinen Gedanken.

»Schön, dass es heute Abend noch geklappt hat!« Er strahlt mich an. Ich kann nichts anders als zurückzustrahlen, das ist fast schon ansteckend.

»Das stimmt«, ich nicke zustimmend.

»Hast du Hunger? Ich kenne hier um die Ecke einen leckeren Laden...« Da wir ein wenig im Weg auf den Bahnsteig standen, haben wir uns zwischenzeitlich in Richtung Ausgang in Bewegung gesetzt.

»Oh ja, Abendessen wäre toll«, erwidere ich und merke, dass mir wirklich etwas flau im Magen ist und dass nicht nur wegen ihm. Nur Kaffee und Kekse seit heute Mittag sind nicht ideal. Wir tauschen uns etwas über unseren Tag aus und erreichen schnell eins der typischen Berliner Straßenlokale, dieses heißt 1001 Nacht.

»Der Laden gehört den Eltern von einem Kumpel und es ist alles ausgezeichnet hier«, erklärt Tim, während wir uns einen freien Tisch suchen und auf den Plastikstühlen Platz nehmen. Da kommt auch schon eine kleine, korpulente, dunkelhaarige Frau, mittleren Alters auf Tim zu und begrüßt ihn herzlich.

»Schön, dass du uns mal wieder besuchst, Junge. Schon viel zu lange her.« Tim nuschelt etwas unverständliches, während ihr Blick auf mich fällt.

»Und wen hast du uns da mitgebracht, Tim?« Ihr Blick wandert zwischen uns beiden hin und her und bevor ich antworten kann, erwidert Tim »Das ist Emily. Emily, das ist Zeynep!« Zeynep nickt kurz, murmelt etwas wie ›ich verstehe‹ und spricht dann weiter.

»Schön, dass du hier bist. Wisst ihr schon, was ihr Essen möchtet?« Wir bestellen beide eine Falafelplatte, da Tim meint, dass diese unfassbar gut sei. Zeynep zwinkert mir zu und lässt uns dann alleine zurück.

Mein Herz geht auf, wenn ich daran denke, wie unkompliziert Tim und der Abend ist. Kein großes Drama darum, dass sich unsere Pläne geändert haben. Ganz im Gegensatz zu mir, die damit eher nicht umgehen kann. Na ja, wie sagt Natalie immer, Einsicht ist der erste Schritt zur Besserung. Immerhin weiß ich jetzt, dass ich versuche alles zu kontrollieren, um nicht verletzt zu werden. Ich damit aber auch in Kauf nehme, nicht positiv überrascht werden zu können.

Wie von einem entspannten Date, indem er mich nicht mit den krassesten Restaurants zu beeindrucken versucht, sondern bei dem ich wirklich das Gefühl habe er ist authentisch. Er hat keine Angst sich mir zu zeigen und anscheinend liegt er Zeynep sehr am Herzen.

Unsere Getränke kommen, ein Berliner Kindl für mich und eine Mate für Tim und wir stoßen an.

»Auf den Abend«, sage ich. Wir schauen uns an und ich habe das Gefühl, ich könnte in Tims Augen versinken. Er erzählt mir von seinen Vorlesungen und wann er in der Woche für die BVG arbeitet. Ich bin total gefesselt, er macht so viele unterschiedliche Dinge, allerdings mit einer Freude und Leichtigkeit, die mir momentan, vor allem was meine Arbeit angeht, abhandengekommen ist.

Als unser Essen kommt, berichte ich gerade von meinem Tag, erzähle eine Anekdote und wir krümmen uns vor Lachen. Zeynep hebt nur eine Augenbraue und lächelt uns zu. Das Essen sieht fantastisch aus und mir läuft das Wasser im Mund zusammen. Wir essen ein paar Minuten schweigend. Ich schließe sogar genießerisch die Augen. Als Zeynep wieder vorbeikommt, schaffe ich es schnell runterzuschlucken, um zu sagen, dass das der beste Humus und der beste Tabouleh Salat ist, den ich je gegessen habe. Zeynep ist sichtlich erfreut und auch Tim freut sich.

»Super Idee von dir, hierherzukommen«, ergänze ich und lächle Tim an.

»Finde ich auch«, sagt er und grinst zurück. Wir unterhalten uns weiter über Gott und die Welt und wieder fällt mir auf, wie leicht es mir fällt, mich mit ihm zu unterhalten. Ich habe nicht wirklich das Gefühl mich verstellen zu müssen.

Als wir unser Essen beendet haben, beginnen seinen Augen verschwörerisch zu funkeln und Tim flüstert mir zu:

»Das war allerdings nur die erste Station des Abends.« Ich reiße die Augen auf. Das kann jetzt alles bedeuten. »Bist du noch fit genug für eine weitere Station?« Er strahlt mich förmlich an mit seinem Lächeln. Ich bin etwas sprachlos, aber Zeynep rettet mich davor, direkt zu antworten, indem sie unsere Teller holt und es nicht zulässt, dass wir bezahlen.

Was soll Tims Andeutung nur bedeuten? Heißt das verschwörerische Lächeln, dass er nur mit mir ins Bett will?

Verstehe ich so wenig von dem Game, dass ich diesen Hinweis nicht eindeutig verstehe? All das Nette und Liebe nur für eine weitere Kerbe im Bettpfosten.

›Ja, genau, höre ich die Stimme sagen, viel mehr bist du nämlich nicht wert. Was sollte er sonst schon mit dir wollen?‹ Ich betrachte, wie Tim und Zeynep sich liebevoll zanken. In dem Moment, wirft er mir einen kurzen Blick zu und lächelt.

Ok, es reicht. Verziehe dich dahin wo du hergekommen bist. Für solche fiesen Sprüche ist in meinem Kopf kein Platz, herrsche ich die Stimme an. Ich habe zwar nicht viel Selbstvertrauen, oder Vertrauen in Männer. Aber meine Menschenkenntnis sagt mir, dass Tim kein schlechter Typ ist. Jetzt ist nur noch die Frage, vertraue ich noch meiner eigenen Einschätzung, nachdem sie mich auch schon getäuscht hat? Ich weiß es nicht.

In dem Moment beenden die zwei ihr Gespräch und Zeynep streichelt Tim über den Kopf. An mich gerichtet sagt sie »Komm bald mal wieder vorbei und schönen Abend euch noch«, damit verschwindet sie. Tim schüttelt unmerklich den Kopf.

»Nie lässt sie mich bezahlen, oder sie irgendwohin einladen. Nur wenn ich ab und zu mithelfe, lässt sie das gelten. Die Liebe von ihr und ihrer Familie ist unermesslich groß.« Ich seufze unhörbar und denke bei mir, dass das alles ist, was ich zum jetzigen Zeitpunkt wissen muss.

»Oh Tim, das ist wundervoll«, gebe ich ungefähr alle drei Sekunden von mir, seit wir die kleine Galerie in einer Seitenstraße des Sprengelkiezes betreten haben. Die Ausstellung zeigt Bilder verschiedener aufstrebender Künstler und die meisten haben eine solche Tiefe, dass ich Stunden davor stehen bleiben könnte, um sie zu betrachten.

Tim hat mich auch dem Galeriebesitzer vorgestellt, ein ehemaliger Kommilitone von ihm aus dem Medizinstudium, der noch vor Tim abgebrochen hat. Während die beiden plaudern, habe ich das Gefühl, Tim kennt halb Berlin und vor allem die Künstlerszene. Da die Vernissage erst vor ein paar Tagen eröffnet wurde, sind auch heute Abend einige der Künstler anwesend, von denen Tim viele zu kennen scheint.

Ganz im Gegensatz zu mir, aber ich fühle mich trotzdem wie berauscht. All diese Menschen, die ihrer Leidenschaft und Kreativität Raum geben und sich zum Ausdruck bringen. Mich juckt es in den Fingern, sofort nach Hause zu fahren und zu malen, dabei ist das Ambiente, das Licht, die Musik, die tollen Unterhaltungen einfach der Wahnsinn.

Ich fühle mich unfassbar lebendig. Ich unterhalte mich gerade mit Clara, eine aufstrebende Künstlerin, über die Bedeutung der unterschiedlichen Kunstrichtungen, als Tim zu uns tritt, Clara grüßt und mir seinen Arm um die Taille legt. Wir unterhalten uns noch kurz zu dritt weiter, bevor Clara sich verabschiedet, um mit anderen Bekannten, die sie entdeckt hat, zu sprechen. Tim wendet sich mir zu, lässt aber seine Hand auf meiner Hüfte liegen.

»Gefällt es dir?«, fragt er, sein Gesichtsausdruck aufrichtig interessiert. Ich strahle ihn an.

»Das ist noch untertrieben! Ich bin begeistert! Es ist ewig her, dass ich in einer Kunstgalerie war und im Vergleich zu dieser hier war sie unglaublich bieder und hat mich nur desillusioniert. An diesem Ort jedoch, sprühe ich nur so vor Inspiration und Lebensfreude.« Ich versuche mich etwas zu sammeln, Tim lächelt mich an, voller echter Freude, aber auch etwas belustigt.

»Das klingt fast so, als würdest du gerne noch die ganze Nacht hier verbringen.« Ich sehe den Schalk in seinen Augen.

»Ich bin ungern der Spielverderber, aber es ist bereits kurz vor Mitternacht.« Ich reiße erschrocken die Augen auf.

»Bald fahren die Bahnen nicht mehr und ich glaube im

Gegensatz zu den anderen hier, musst du morgen früh raus.« Er lächelt mich immer noch an. Ich blicke mich um und lächle.

»Ganz der Gentleman. Danke für den Hinweis«, antworte ich etwas kokett, nachdem ich mich wieder gesammelt habe, wie viel Zeit vergangen ist.

»Für sie immer Mylady, ich bin mir meiner Pflichten als Ihr Begleiter stets bewusst«, antwortet er ohne eine Miene zu verziehen und mit einer angedeuteten Kopfverbeugung. Ich muss kichern. Dann prustet auch Tim los. Wir verabschieden uns und treten schließlich wieder auf die Straße.

Die kühle Luft ist erfrischend, ich bin immer noch wie berauscht. Dazu beitragen tut natürlich auch, dass Tim meine Hand ergreift und wir in einträchtigen Schweigen in Richtung U-Bahnhof Wedding gehen. Nach einer Weile sage ich »Vielen Dank für den schönen Abend. Es war wundervoll. Ich habe mich köstlich amüsiert.« Tim bleibt plötzlich stehen und stellt sich vor mich. Er hebt seine freie Hand, um mir eine losgelöste Strähne hinter mein Ohr streichen.

»Du bist wundervoll«, sagt er dann leise und schaut mir tief in die Augen, während sich sein Kopf meinem nähert. Auf den letzten Zentimetern komme ich ihm entgegen, bevor sich unsere Lippen berühren.

Seine Lippen sind weich und es fühlt sich himmlisch an sie zu küssen. Ich öffne meine Lippen ein wenig und lege meine freie Hand auf seinen Rücken. Tims Hand berührt weiterhin meinen Kopf. Ich wünschte, dieser Kuss würde niemals enden, denn ich fühle mich wie im Himmel. Es gibt nur noch mich und Tim.

KAPITEL 14

Der Tag vergeht wie im Flug. Mandantengespräche, neue Fallakten, ausgefragt werden durch Izzy und Petra. Denn für die beiden ist es nicht unbemerkt geblieben, dass ich irgendwie eine neue Sphäre betreten habe. Damit lässt sich auch der Weisdrachen und Justus beim gemeinsamen Mittagessen ertragen. Ich genieße mein Essen und kann nur lächeln. Ich schwebe wie auf Wolke Sieben.

In meinem Kopf bin ich in jeder freien Minute, bei dem gestrigen Abend. Angefangen von Tims Lachen, seinen Lippen und wie es sich angefühlt hat, ihn zu küssen. Erst auf der Straße und dann nochmal zum Abschied, kurz bevor meine S-Bahn kam. Aber auch darüber hinaus, schon davor, bei der Vernissage, habe ich mich so lebendig gefühlt.

Tim hat mir auch noch super süße Nachrichten geschrieben, erst gestern Abend, ob ich gut zu Hause angekommen bin und dass er es sehr schön fand und dann heute Morgen eine Guten- Morgen-Nachricht. Und für morgen Abend sind wir wieder verabredet! Ich kann es gar nicht erwarten, das alles Natalie zu erzählen. Und wieder selbst zu malen. Ich fühle mich so inspiriert!

Das einzige, das meine Freude trübt, ist das Übermaß an Arbeit und dass ich es nicht am Wochenende aufholen kann und möchte. Ich bin mit Natalie, Emma, Tim und meiner Mama verabredet und möchte noch malen. Ich habe Angst, dass mir das am Montag wieder auf den Kopf fällt.

Aber heute bin ich so gut drauf, ich kann es einfach ausblenden. Ich packe meine Sachen und begebe mich in das Büro der Kanzleiassistenten, um ihnen ein schönes

Wochenende zu wünschen. Annika und Petra sind schon weg, Deborah und Jane winken mir zu. Dann mache ich mich auf zu Izzys Büro, aber sie ist auch schon nicht mehr da. Na dann, nichts wie weg. Auf dem Weg zum Aufzug laufe ich Tom über den Weg.

»Nanu Emily, du schon so früh auf dem Weg ins Wochenende? Sonst bist du doch immer die letzte.« Wir schmunzeln beide, als wir in den Aufzug steigen.

»Ich glaube früh ist relativ«, erwidere ich, während ich auf die schon dunklen Fenster der anderen Firmenbüros in unserem Komplex zeige, freitags um halb sechs.

»Aber du hast Recht. Ich habe entdeckt, dass ich auch ein Leben neben der Arbeit habe«, sage ich und grinse wieder über beide Ohren.

»Sieh an, wer hätte das gedacht. Na dann einen schönen Abend und schönes Wochenende dir!«, sagt Tom und lächelt mir zu, während wir das Gebäude verlassen.

»Dir auch«, erwidere ich und gehe zügig Richtung U2. Während ich auf die U-Bahn in Richtung Pankow warte, denke ich an den letzten Freitag und wie ich Tim in der U Bahn wieder getroffen habe. Schon witzig, wie das ›Schicksal‹ so spielt. Ohne Natalie und Izzy, hätte ich nie in der U-Bahn gesessen. Oder auch ohne Pierre, der die Meditationsabende ausrichtet. Selbst Justus, der mich aufgehalten hat.

So viele Entscheidungen, die wir jeden Tag treffen, so viele mögliche Abzweigungen unseres Lebensweges. Ich philosophiere weiter, während ich die eingefahrene Bahn betrete. Ich bin die Schöpferin meines Lebens. Ich habe in jedem Moment die Möglichkeit frei zu wählen, wie ich auf jede Situation reagieren möchte. Genervt, ängstlich, kontrollierend, voller Freude und Zuversicht. Es ist mein Leben und ich muss es niemanden Recht machen, außer mir selbst. Oder Rechenschaft ablegen.

Huch, manchmal klinge ich selber schon wie ein

Selbsthilferatgeber. Aber ich finde meine Erkenntnisse nicht schlecht. Ich denke an meine Notizbuch in meiner Tasche und die Bereiche, die ich noch weiter durchgehen wollte. Das mache ich noch dieses Wochenende. Ich meine, was hat sich nicht schon alles die letzten Tage getan? Nichts ist unmöglich, denke ich bei mir. ›Only the sky is the limit.‹

Im italienischen Restaurant Giovanni angekommen, sehe ich Natalie schon von weitem. Ich umarme sie herzlich zur Begrüßung und lasse mich dann in den Stuhl sinken.

»Wie geht es dir, liebe Natalie?«

»Sehr gut, die Vorfreude steigt immer weiter auf mein großes Abenteuer und ebenso freue ich mich auf den Abend mit dir und das meditieren. Und dir, mi amore?« Sie schaut mich mit großen Augen an.

»Nein, sag nichts. Du strahlst von einem Ohr bis zum anderen, das habe ich schon lange nicht mehr bei dir gesehen. Erzähle mir alles darüber, woher dein Strahlen kommt!«

Auf das Stichwort beginne ich vom gestrigen Abend zu berichten. Von dem missglückten Versuch früher zu gehen auf Arbeit, über die unkomplizierte Art und Weise von Tim, dem Abendessen und der Vernissage. Inmitten dessen bestellen wir Essen und Wein. Als unser Wein serviert wird, bin ich gerade dabei, von unserem Kuss zu erzählen. Ich schließe damit, dass mir Tim, aber auch die Berliner Künstlerszene sehr gut gefällt und ich sehr glücklich bin, jetzt beides besser zu kennen.

»Natalie, du kannst es dir nicht vorstellen. Es war wie im Rausch. Und die Atmosphäre...« Ich verdrehe vor Verzückung die Augen, »Und das alles mit Tim.« Ich seufze theatralisch, nur damit wir loskichern wie Schulmädchen.

»Na, da bin ich aber froh, dass ich dich zu dem Date überreden konnte. Sieh nur, was das alles mit dir macht. Es ist schön zu sehen, wie du wieder vor Lebensfreude sprühst.

Denn das ist ein Teil von dir.« Sie lächelt mir aufmunternd zu. »Nur hatte ich den Eindruck, du hast sie die letzten Jahre weggesperrt. Zusammen mit den anderen Gefühlen. Weil der Schmerz zu stark war und es einfacher war nichts zu fühlen.« Ich sinniere ihren Worten nach.

»Das trifft es sehr genau auf den Punkt.«

»Umso schöner, dass du den Schlüssel zu dem Kellerverlies wiedergefunden hast und bereit bist, wieder richtig zu leben. Und...« Natalie hält kurz inne als suche sie nach den richtigen Worten.

»Auch wenn ich ein sehr gutes Gefühl mit Tim habe und sehr happy bin, dass er daran seinen Teil hat, vergesse nicht, dass all diese Freude und Liebe in DIR ist. Es ist natürlich schön, sie zu teilen und andere können einem helfen sie wiederzufinden, aber auch ohne Tim ist all das in dir.« Sie sieht mich durchdringend an, bevor sich ihr Mund zu einem Lächeln verzieht. Und ich merke, wie mir bei ihren Worten fast die Tränen kommen. Ich kann auf jeden Fall gerade nicht sprechen. So habe ich das noch nie gesehen!

Ich habe mich immer unvollständig gefühlt, in den letzten Jahren ohne Partner. Auch nie so, als hätte ich es verdient überhaupt diese Erfüllung zu erfahren. Aber dies ist nochmal eine ganz neue Perspektive, dass ich nämlich allein schon genug bin. Vollständig. Alles bereits in mir ist. Und jemand wie Tim, ist nur die Kirsche obendrauf. Ich nicke nur, weiterhin unfähig zu sprechen. Natalie legt ihre Hand auf meine.

»Ich weiß, es ist nicht immer einfach. Verstehe mich bitte nicht falsch, Liebe zwischen zwei Menschen ist wunderbar, aber du brauchst sie nicht um komplett zu sein.«

In dem Moment kommt unser Essen, frische Ravioli mit Pilzen für mich und ein Pizzabrot und Salat für Natalie. Das Essen gibt mir etwas Zeit, Natalies Worte zu verarbeiten. Verschiedene Erinnerungsfetzen kommen hoch in mir.

Natalie und ich, wie wir über Felder rennen und unsere Kleider flattern. Wie frei und losgelöst ich mich damals gefühlt habe. Und keinen Zweifel an mir und dem Leben hatte. Voller Vertrauen und Leichtigkeit. Ich muss lächeln.

»Du hast Recht. Ich glaube die Liebe zu mir selbst, habe ich irgendwo auf dem Weg, in diese Welt zu passen, verloren. Aber ich erinnere mich gerade an Momente aus unserer Kindheit...« Ich lasse das Ende des Satzes in der Luft hängen.

»Ja genau! Stattdessen suchen wir diese Liebe in Anerkennung und Bestätigung von außen. Erfolg und Macht, Kontrolle, es allen Recht machen. Dabei kann uns das nie dasselbe Gefühl geben, als wenn wir tief in uns wissen, alles ist gut. Und für eine Partnerschaft ist es auch so viel leichter, wenn beide sich selbst erst mal wertschätzen und dadurch nicht jedes Wort vom Partner als Angriff interpretieren oder alte Wunden aufgerissen werden. Es kann viel bewirken.«

Natalie wirkt plötzlich ganz verträumt und auch etwas traurig. Vorsichtig frage ich: »Sprichst du da aus Erfahrung von dir und Felix?«

»Hmhmm«, macht sie nur und lächelt dann wieder. »Ach Mann, auch nicht leicht, selber so loszugehen für sich, aber dabei seinen langjährigen Partner zu verlieren.« Jetzt lege ich meine Gabel ab und meine Hand über Natalies. Die Trennung von Felix ist erst ein paar Monate her.

»Es ist schon gut«, sagt sie taff wie eh und je. »Aber das heißt nicht, dass es nicht auch schwer war, ihn gehen zu lassen.«

»Ach Natalie, es tut mir leid, dass ich nicht mehr für dich war, so wie du für mich!«

»Alles gut, mi Amore. Ich glaube, das war ganz wichtig. Ich sehe es jetzt schon und in ein paar Monaten bestimmt noch mehr. Bis zu unserer Trennung war ich so hin- und hergerissen zwischen meinen Reiseplänen, der Ausbildung und ihm, jetzt bin ich frei dazu. Ansonsten hätte ich ihm das wahrscheinlich immer vorgeworfen und das hätte unsere Beziehung langsam vergiftet.« Sie holt tief Luft. »Und jetzt lass uns essen und rüber zu Pierre gehen, ich freue mich schon auf die Meditation!«

Kurze Zeit später verlassen wir guter Stimmung das Restaurant, als ich in der Ferne einen Mantel wiederentdecke. Ich kneife meine Augen zu.

»Schau jetzt nicht so auffällig zur nächsten Straßenecke auf der rechten Seite, aber da sind Amelie und ihr Verlobter.« Selbst ich höre, wie meine Stimme ein wenig zittert.

»Amelie, wie in Gott-sei-Dank-müssen-wir-diese-Bitch-nicht-wiedersehen-Amelie?«, fragt Natalie und ich bin dankbar für ihre Unterstützung an meiner Seite. Obwohl es nach all den Jahren fast wie Kindergarten wirkt, hatte Amelie sich letzte Woche wieder so aufgeführt. Ich nicke zustimmend.

»Willst du ein Gespräch, oder eher einem entgehen?«, möchte Natalie wissen.

»Lieber entgehen. Wir haben letzte Woche schon zu genüge gesprochen und ich bin nicht bereit für eine weitere Runde«, sage ich und Natalie geleitet mich zügig an den beiden vorbei und um die nächste Ecke. Danach fragt sie: »Das hast du gar nicht erzählt. Was ist passiert?«

»Ja, das stimmt, das hatte ich bei meinem ausführlichen Bericht von letztem Freitag ausgelassen. Nachdem ich aus der U-Bahn raus bin, hatte ich so einen Hunger und noch etwas Zeit, also habe ich mich auf eine Bank gesetzt, mein Futter ausgebreitet und gegessen, als Amelie und ihr Verlobter aufgetaucht sind. Natürlich on-Point gestylt und nur darüber redend, dass er Arzt ist und sie ein Haus am Wannsee haben.«

»Na und?«, unterbricht Natalie mich. »Da stehst du doch drüber, das willst du doch gar nicht.«

»Ja das stimmt, aber dann hat sie von Emmas Hochzeit angefangen und wie lustig es sei, dass die Jüngere zuerst geheiratet hat...« Ich lasse den Rest des Satzes in der Luft hängen. Zwischenzeitlich haben wir das Haus des Meditationsabends erreicht und steigen Stufen in die Höhe.

»Ach, Emy. Lass dich von ihr nicht mehr angreifen. Erinnerst du dich an meinen Spruch, ›Hurt People hurt people‹? Überlege mal, was ihr zuhause eingetrichtert werden musste, damit sie sich so verhält. Ich glaube nicht, dass sie wirklich glücklich ist, ein Leben danach auszurichten, einen tollen äußeren Schien zu haben und andere zu malträtieren.

Das zeugt eigentlich nur von einer sehr großen Unsicherheit, die in einer solchen Geltungssucht resultiert. Ich hoffe, du kannst auch bald sehen, dass es überhaupt nicht wichtig ist, was sie oder irgendjemand auf der Welt über dich oder darüber was du tust, denkt. Das einzige was wichtig ist, dass du deinen Werten treu bleibst und abends guten Gewissens einschläfst.« Sie bleibt kurz stehen um Atem zu holen.

»Nur weil ich das jetzt sage, heißt das nicht, dass ich ihr Verhalten gut heiße, aber vielleicht hilft es dir, dich besser davon zu distanzieren. Und vielleicht sogar irgendwann Mitgefühl zu empfinden. Weil am Ende, sind wirklich alle, die anderen Leid antun, selber sehr verletzt und wissen es nicht besser.« Sie lächelt mich an, als wir die letzten Stufen nehmen.

»Aber natürlich stehe ich trotzdem jederzeit schwesterlich an deiner Seite, wenn wir ihr Haus am Wannsee mit Klo-Papier einwickeln wollen.« Das liebe ich so sehr an Natalie. Sie teilt ihre Erkenntnisse mit mir, aber es kommt nie Oberlehrerinnenhaft rüber, sondern wir sind immer noch auf einer Ebene und können über uns selbst lachen. Wir nehmen uns fest in den Arm, bevor wir eintreten und ich mich von dem Ambiente des Raumes gefangen nehmen lasse. Die

Architektur, das gedämpfte Licht, die Farben der Kissen, der Duft nach Räucherstäbchen... ich entspanne mich augenblicklich.

KAPITEL 15

Eine gute Stunde später verabschieden wir uns beseelt von Pierre und den anderen. Pierre ist sichtlich erfreut gewesen, dass ich auch wieder dabei war.

»Das war himmlisch!«, seufze ich auf dem Weg die Treppen hinunter. Ich schwebe quasi, nach der entspannenden Meditation. »Diesmal kann ich mich auch an den Inhalt der Meditation erinnern«, ergänze ich und Natalie lächelt mir schelmisch zu. Auf dem Weg zur Bahn tauschen wir uns noch über unsere Wochenendspläne aus.

»Stell dir vor, morgen treffe ich mich mit Emma, später mit Tim und Sonntag mit meiner Mama zum Adventskranz basteln. Malen und zum Sport will ich auch.« Ich strahle, voller Vorfreude auf meine Pläne.

»Das einzige, was mir Kopfzerbrechen bereitet, ist die Arbeitslast bei uns im Büro. Es wird irgendwie immer mehr und alle sind es gewohnt, was ich bisher geleistet habe. Was nicht mehr möglich ist, wenn ich am Wochenende nicht arbeite. Das habe ich gestern sehr gut feststellen können, dass es so nicht weitergeht, wenn ich nicht jedes Mal meine Abendverabredung versetzen will...«

»Ich glaube du kommst nicht drum rum, dass genau so deinen Chefs mitzuteilen«, sagt Natalie einfühlsam und lächelt mich mitfühlend an, da sie ganz genau weiß, wie schwer es mir fällt jemanden zu sagen, dass mir etwas zu viel ist oder sogar Nein. Ich muss schmunzeln.

»Da mache ich doch lieber unser ganzes Biochemieprojekt in der Nacht allein, als einzugestehen, dass ich es nicht schaffen kann«, teile ich Natalie dann auch laut mit, damit sie weiß, an was ich dazu denken muss. Wir schauen uns beide an und müssen loslachen, als wir an diese Erinnerung denken.

»Ach ja, das gute Vulkan-Projekt, dass die Gruppe schon abgeschrieben hat, aber eine Emily Roberts lässt sich davon nicht unterkriegen«, schmunzelt nun auch Natalie.

»Ich glaube aber, du hast Recht«, gebe ich dann etwas kleinlaut zu. »Die Anzeichen dafür häufen sich. Und ich wäre ein Idiot, wenn ich sie ignorieren würde.«

»Das stimmt, das wärst du dann vielleicht. Deswegen, wenn du nächste Woche Zuspruch vor dem Gespräch brauchst, ruf mich gerne an. Vielleicht redest du mit eurem neuen Chef? Der klang aus deinen Erzählungen etwas zugänglicher als die, wie nennst du sie nochmal? Ähm… Weiszahn?«

Ich muss lachen. »Entschuldige. Weisdrachen nennen Izzy und ich sie. Aber ja, keine schlechte Idee. Ich muss nur noch motiviert dazu sein. Und das Vertrauen genau in dem Moment dann in mir finden.«

»Ich habe daran keinen Zweifel, Emy. Du machst das!« Ich blicke Natalie an und lasse dann meinen Blick schweifen durch das abendliche Berlin hier im Kollwitzkiez. Dit is Berlin! Alles ist möglich, denke ich bei mir, als ich Menschen in unterschiedlichsten Stylings sehe.

»Danke Natalie«, erwidere ich schließlich. »So ein schöner Abend! Es freut mich voll, dass du mich eingeladen hast, mit zum Meditieren zu kommen. Eine tolle Möglichkeit, um sich wieder mit sich zu verbinden.« Ich überlege kurz, dann ergänze ich »Ich habe das Gefühl, danach klarer zu sehen, mehr mit mir und meinem wahren Selbst verbunden zu sein und voller Vertrauen auf meine Intuition.«

Natalie lächelt mich an. »Ich weiß, Emy. Wie schön, dass du das auch feststellen kannst. Das freut mich so sehr für dich!«

»Und mich erst«, erwidere ich. In dem Moment kommen

wir an der U-Bahn Station an, verabschieden uns, mit dem Versprechen zu schreiben und zu telefonieren und uns nächsten Freitag wiederzutreffen.

Wieder in der Bahn, bin ich immer noch ganz beseelt von dem Abend, dem vielen Lachen und davon wie entspannt mein Körper und Geist nach der Meditation sind. Wie ich eben schon zu Natalie gesagt habe, sehe ich wirklich viel klarer. Das Gespräch mit meinen Chefs über die Arbeitsbelastung ist gerade mit den neuen Mandanten diese Woche unausweichlich geworden, so unangenehm es auch sei. Zu lange habe ich meine körperlichen Beschwerden aufgrund der Arbeitslast ignoriert.

Jetzt wo ich mich so gut fühle, merke ich überhaupt erst den Unterschied. Man muss sich nicht dauerhaft erschöpft fühlen oder müde. Es ist nicht normal, wenn man zu oft Kopfweh, Bauchzwicken oder etwas Ähnliches empfindet. Mein natürlicher Zustand ist schmerzfrei! Und deshalb werde ich dieses Gespräch angehen. Dies und auch die anderen Lebensbereiche in meinem Leben!

Genau! Ich krame mein Notizbuch heraus, nachdem ich Schönhauser Allee umgestiegen bin und schlage die Seite auf, an der ich das letzte Mal aufgehört habe. Ich überfliege kurz, was ich bisher schon notiert habe und gleiche das mit dem ab, was ich die letzten Tage schon abgeändert habe. In den Bereichen Familie, Freunde und Liebe, habe ich schon große Fortschritte erreicht. Ich gebe ihnen eine ganz andere Priorität und verbringe mehr Zeit mit den Menschen, die mir wichtig sind. Ich klopfe mir mental auf die Schulter.

Auch meine Gesundheit habe ich diese Woche ernster genommen. Da ist noch Potential nach oben. Mit meinen Finanzen, setze ich mich nächstes Wochenende auseinander, sonst knalle ich mir dieses Wochenende zu voll. Ich mache mir eine entsprechende Kalendernotiz.

Als nächstes kommt: Beruf und Karriere. Wie passend zu

heute Abend:

Beruf & Karriere:

- zu 80% zufrieden, finde ich sehr wichtig
- die 20% die fehlen sind, dass ich noch mehr sozial schwächeren Menschen helfen möchte und mir eine bessere Work-Life-Balance wünsche

Beruf & Karriere –Zukunft:

- für mich einstehen und herausfinden wie viel Arbeitslast ich tragen möchte, neben einem erfüllten Leben außerhalb der Arbeit
- Lösungen finden, meine Weltverbesserer-Träume zu verwirklichen

Das ist einfach so herausgeflossen. Stift angesetzt und diese Gedanken, die mir gar nicht so bewusst waren, zu Papier gebracht. Ich schaue raus, wir sind gerade Ostkreuz, also habe ich noch ein paar Stationen. Aber morgen muss ich unbedingt wieder kommen, um meinen Fahrausweis vorzuzeigen.

Jetzt folgt: Mindset. Hmhmm, was meinte Natalie nochmal dazu? Wer möchte ich sein auf der Welt? Also erst mal wer bin ich jetzt.

Mindset:

- 70%, wichtig
- teilweise schon reflektiert -Wuhu!
- Auch noch sehr viele Ängste, negativer Selbsttalk, Festhalten an alten Mustern

Mindset –Zukunft:

- ich möchte authentisch sein & für mich und mein Wohlbefinden einstehen
- Ich möchte liebevoll mit mir selbst sein

(Selbsttalk) und auch im Umgang mit anderen
- Ich möchte offen für neue Möglichkeiten und Veränderungen sein, mich nicht auf Dinge versteifen

Hey, dafür dass ich das so herausfordernd finde, habe ich einen richtigen Lauf. Umgebung schaffe ich auch noch, bevor ich aussteige. Eigentlich fühle ich mich hier in Berlin, in Deutschland, speziell in meiner Wohnung sehr wohl.

Umgebung:
- 90%, wichtig
- Wohnung schön, ich mag Berlin und prinzipiell auch Deutschland

Umgebung – Zukunft:
- noch mehr in der Natur sein, in jeder Jahreszeit
- mal verreisen
- Ansonsten bin ich aber ziemlich glücklich mit dem Bereich

So, fertig. Ich packe zügig alles ein, steige aus und schlendere nach Hause. Die Nacht ist sternenklar, hier am Innsbrucker ist nicht mehr viel los. Ja, mir gefällt es hier. Und die vielen Möglichkeiten, die man hier hat. Vernissagen, Meditieren, Veranstaltungen zum Beispiel auf dem Tempelhofer Feld, auch wenn ich das die letzten Jahre nicht viel genutzt habe.

Zuhause angekommen, bin ich noch so aufgedreht, dass ich auch noch die letzten beiden Bereiche machen möchte. Erst mal nehme ich, nachdem ich gerade über meine schöne Wohnung geschrieben habe, diese nochmal mit ganz anderen Augen war. Wie schön alles ist! Meine Küche mit den schwarzen Fließen. Meine Couch und die kleinen

Dekodetails. Mein Bett, das ich über alles liebe. Das frische sanierte Bad mit Badewanne. Hach!

Ich lasse mich auf die Couch plumpsen. So, was haben wir denn noch? Beitrag für die Welt fällt mir etwas schwer, ich mache erst mal meine Passion. Da habe ich in letzter Zeit schon vermehrt drüber nachgedacht.

Passion, Kreativität:

- 30%, wichtig
- momentan sehr wenig ausgelebt, viel unterdrückt, geht gerade wieder los

Passion, Kreativität – Zukunft:

- mehr meine Kreativität ausleben, regelmäßig malen, aber auch basteln, gestalten
- mich mit anderen Künstlern austauschen, mehr solche Veranstaltungen wie vorgestern besuchen
- auch andere Dinge unternehmen wie Keramik bemalen, vielleicht nochmal ein Malkurs?
- einfach mehr offen sein für all die Möglichkeiten: Markt am Samstag, Flohmarkt am Sonntag, wandern etc.
- in die Toskana reisen & nach Portugal

Mensch, da ist mir doch ganz schon viel eingefallen, was ich gern machen möchte. Ich freue mich, während ich auf mein Notizbuch schaue. Was kann ich den der Welt zurückgeben? Ich nehme den Stift wieder zur Hand.

Beitrag für die Welt:

- 60%, wichtig
- durch meine Arbeit helfe ich vielen Menschen, aber ich möchte noch mehr tun

Beitrag für die Welt – Zukunft:

- mehr ökologisch verträgliche Konzepte in unserer Kanzlei einbringen
- mehr für sozial schwache unternehmen

Ich nehme den Stift kurz in den Mund zum überlegen und schreibe dann noch:

- Menschen Freude machen/inspirieren mit meinen Bildern

Puh. Das ist jetzt ganz schon krass, das mal hinzuschreiben. Aber es ist schon mal ein erster Schritt. Ich habe noch nie vielen Menschen meine Bilder gezeigt. Aber nach dem Abend gestern, habe ich Lust bekommen, auch andere zu inspirieren, mich auszutauschen.

Ich darf akzeptieren, dass ich viele unterschiedliche Facetten habe und ich mich nicht zwischen Anwältin sein und meiner Leidenschaft zum Malen entscheiden muss. Ich kann beides haben!

Diesen Abend schlafe ich unfassbar glücklich und voller Vertrauen ein.

KAPITEL 16

Ich mache mir gerade einen Granatapfel auf, als im Radio angesagt wird, dass gleich ›Last Christmas‹ gespielt wird. Kaffeeduft beherrscht die Küche und ich singe lauthals mit, sobald die ersten Töne des Songs erklingen. Was für ein entspannter Morgen. Lecker frühstücken und Kaffee trinken mit so viel Zeit, wie ich möchte.

Unfassbar, dass nächstes Wochenende schon der 1.Advent ist! Die Zeit vergeht so schnell. Viele Straßen waren gestern Abend schon geschmückt und ich überlege, ob ich auch bald meine Deko rausholen soll, während ich weiter mitsinge und auch tanze, so wie man es eigentlich nur in der Küche kann.

Ich denke an meine liebsten Weihnachtserinnerungen. Meine Schwester und ich nebeneinander an der Arbeitsfläche voller Mehl und mit roten Wangen, voll konzentriert am Plätzchen ausstechen, während der Duft nach frisch gebackenem die Küche meiner Eltern erfüllt. Aus dem Radio ertönt Last Christmas und meine Mama singt mit. Ich muss lächeln, während die letzten Töne des Songs verklingen, ich einen Schluck Kaffee trinke und mich an den Tisch setze.

Vielleicht können wir auch diese Tradition wieder einführen, genauso wie den Kranz basteln. Das wäre toll, überlege ich bei mir. Mensch, wie schön, wieder all die Möglichkeiten zu sehen und nicht mehr komplett von der Arbeit eingenommen zu sein. Statt negativer und destruktiver Gedanken, so gut gelaunt wie heute aufzustehen. Ich habe ein gutes Gefühl dabei.

Vor allen Dingen kann ich mir jetzt überlegen, was ich diesen Vormittag machen will, bevor ich mich nachher mit

Emma zum Kaffee und danach mit Tim zum Schlittschuhlaufen treffe.

Sobald ich an Tim denken muss, fühlt es sich flau an in meinem Magen. Auf eine gute Weise und das liegt nicht an meinem leckeren Frühstück, Knuspermüsli mit Granatapfel und Joghurt. Ich freue mich darauf, ihn heute Abend wiederzusehen.

So viele Möglichkeiten! Möchte ich zum Sport? Nö, eigentlich nicht, lieber morgen früh. Heute ist es so gemütlich hier drin, mit der Musik, Kerze und in meiner super kuschligen Strickjacke. Einkaufen oder Haushalt? Ich checke den Kühlschrank und blicke mich um. Passt auch alles, reicht noch ein bisschen und muss jetzt nicht unbedingt heute sein.

Mein Blick fällt durch den Flur ins Wohnzimmer auf die Couch. Einfach ein bisschen rumlümmeln, was lesen oder anschauen? Eine attraktive Option. Vor allen Dingen ist es schön, zu wissen, dass ich das machen könnte, ohne ein schlechtes Gewissen zu haben. Einfach auf der faulen Haut liegen. Natalies Stimme hallt mal wieder in meinem Kopf nach.

›Wir denken immer, wir hätten uns erst eine Pause verdient, wenn wir was geleistet haben, gemäß dem Motto nach der Arbeit das Vergnügen. Dabei vergessen wir total, dass Regeneration zum Leben dazu gehört und wir ganze Tage davon brauchen ohne unmittelbar davor etwas geleistet zu haben. Dass wir wochen- oder sogar monatelang uns nicht genug Pausen gegönnt haben und der Körper das dann einfordert.

Was bedeutet überhaupt geleistet? Unsere Definition davon ist oft so hochgesteckt, dass wir selten an den Punkt kommen, an dem wir uns wirklich erlauben abzuschalten, außer vielleicht im Urlaub. Selbst wenn wir die to-do Liste abgearbeitet haben, dann kommt doch wieder der nächste

Punkt hinzu und wir kommen niemals an den Punkt, wo wir wirklich fertig sind.

Natalies These dazu ist, dass man den Weg genießen sollte. Ansonsten sind wir nur unser ganzes Leben damit beschäftigt Ziele zu erreichen, ergo Listen abzuhaken. Die Momente der Freude, beim Erreichen eines Meilensteins währen meist nur kurz. Wollen wir nicht mehr genießen in unserem Leben? Darüber sinniere ich, während ich abspüle.

Manchmal klingen meine Gedanken auch schon wie Natalies, denke ich bei mir und schmunzele. Dazu hat sie sogar auch eine Meinung, nämlich dass viele der Bücher zu den Themen Mindset oder Persönlichkeitsentwicklung auch nur ein paar Grundthesen und Erkenntnisse in unterschiedlicher Verpackung sind und vieles sich am Ende sehr ähnelt. Was an sich nicht unbedingt etwas Schlechtes ist!

Als ich in mein Schlafzimmer komme, sehe ich die Staffelei und weiß, was ich zu gern die nächsten Stunden tun möchte. Ich ziehe meine Malkleidung an und stelle mir für den Fall, dass ich wieder in einen Rausch komme, einen Wecker, sodass ich genug Zeit vor meinem Treffen mit Emma habe.

Dann trinke ich nochmal ein Glas Wasser und stelle mir auch eine Flasche in die Nähe, bevor ich beginne. Sobald ich den Pinsel in der Hand halte und er die Leinwand berührt, ist es wie Magie. Ich vergesse Zeit und Raum und bin komplett im Moment. Es gibt nur noch die Leinwand, mich und die Farben.

Es ist wundervoll. Farbe um Farbe, Detail um Detail, ergänze ich und das Ergebnis ist eine moderne Weihnachtsinterpretation. Als ich schließlich Abstand nehme, um es zu betrachten, bin ich begeistert. So viel Freude!

Mein Blick auf die Uhr bestätigt mir ein tolles Timing. Ich bin eine halbe Stunde vor dem Wecker fertig geworden, also habe ich jetzt viel Zeit, um zu duschen, etwas zu essen und mich fertig zu machen für den Nachmittag.

Anderthalb Stunden später steige ich aus dem Bus in der Nähe vom Mina Café in Schöneberg. Der Himmel ist grau und es ist kühl, aber trocken, denke ich mit Hinblick auf das Eislaufen später. Diesmal habe ich mitgedacht und mich so angezogen, dass ich direkt im Anschluss Schlittschuhlaufen gehen kann, je nachdem wie lange wir beide quatschen.

Emma hat das Café vorgeschlagen, weil ich leider nicht so viele Ideen hatte. Ein weiterer Beweis dafür, dass ich die letzten Jahre nicht so viel unternommen habe. Aber diese Beweisführung ist vorerst abgeschlossen, da ich das Urteil angenommen habe. Ich schmunzle. Als ich in die Straße des Cafés einbiege, sehe ich Emma schon vor der Tür stehen. Schick und glücklich sieht sie aus, in ihrem roten Mantel und hellem Stirnband.

»Emily, da bist du ja«, ruft sie erfreut. Ihre Augen funkeln und sie freut sich sichtlich mich zu sehen. Sie fällt mir um den Hals, so wie früher. Das haben wir schon ewig nicht mehr gemacht. Ich sehe das als gutes Zeichen. Vielleicht ist es wirklich möglich da anzuknüpfen, wenn ich über meinen Schatten springe und alles Alte loslasse. Wir uns vielleicht sogar aussprechen. Es tut gut, sie so innig zu umarmen. Ihr Haar riecht noch wie früher. Als wir uns lösen, sehen wir uns kurz in die Augen, bevor ich sage:

»Wollen wir reingehen?«

»Nach dir«, erwidert sie und wir betreten das Café.

Nachdem wir einen gemütlichen Platz gefunden und auch unsere Kaffee und Kuchen Bestellung aufgegeben haben, räuspern wir uns gleichzeitig. Emma beginnt »Also...«, während ich »Ich wollte...« sage. Wir grinsen uns an. Dann sagen wir beide wieder gleichzeitig »Du zuerst«. Wir lachen wieder. So wie früher. Das ist schön.

Seit Emma mit Konstantin zusammen ist, habe ich es

erfolgreich gemieden, mich mit ihr alleine zu treffen, fällt mir in diesem Moment wieder ein. Wie schön, dass zumindest das schon mal überwunden ist.

Ich fasse mir ein Herz und beginne nochmal. Emma sieht mich aufmerksam an. »Also, ich wollte dir nochmal sagen, wie sehr ich mich für dich freue. Und auch für mich! Ich meine, ich werde bald Tante!« Ich atme kurz durch, während Emma mich anlächelt.

»Außerdem finde ich es sehr schade, dass durch deine Beziehung zu Konstantin, wir uns über die letzten Jahre entfernt haben.« Ich sehe, dass Emma etwas sagen möchte und hebe die Hand. »Bitte lass mich kurz aussprechen.« Und sie schließt den Mund wieder.

»Das ist natürlich nicht nur deine Schuld, sondern ebenso auch meine. Es war echt ein herber Schlag für mich und sehr schmerzhaft, aber ich möchte das jetzt hinter mir lassen und mich einfach nur für dich freuen, dass du glücklich bist. Denn das wünsche ich mir für dich, als deine Schwester, die dich sehr liebt. Offensichtlich bist du das mit Konstantin. Können wir nochmal neu starten, oder anknüpfen, was denkst du?«

Zum Ende meiner Ansprache hin habe ich auf den Tisch geschaut, weil ich so aufgeregt und nervös war, all dies laut auszusprechen und nicht nur heile Welt vorzuspielen. Ich meine wir waren uns mal so nah, wir wussten alles voneinander, können wir da nicht wieder hin? Als ich Emma in die Augen blicke, sehe ich, dass diese mit Tränen gefüllt sind. Oh nein!

»Oh Emily! Ja, das wünsche ich mir auch so sehr!« Sie fällt mir über den Tisch in die Arme, bis ich auch beginne etwas zu weinen.

»Weißt du, es war für mich auch so schwer. Damals, als ich meine Gefühle für Konstantin erkannt habe und gleichzeitig wusste, wie sehr du leiden würdest. Ich habe sie echt versucht zu ignorieren und zu unterdrücken, aber als Konstantin sich mir dann offenbart hat... Ich hatte nie die Absicht dich zu verletzen!«

Ihre Worte lösen die letzten Reste der Mauer um meine Herz, die die letzten Tage schon begonnen hat zu bröckeln und meine Tränen reißen alles mit.

Als der freundliche Kellner mit unserer Bestellung kommt und uns bestürzt anschaut, lachen wir beide wieder los und ich schaffe es ihm zu versichern, dass alles gut ist, während meine Schwester noch Schwangerschaftshormone als Erklärung hinterherschiebt.

Nachdem wir uns beide mit einem Schluck Kaffee beruhigt haben, zwinkere ich Emma zu und sage »Schwangerschaftshormone? Das ist echt die beste Ausrede für einfach alles die nächsten Monate, oder?«

»Oh ja! Ich kann Konstantin abends um zehn zum Eis kaufen schicken und alle meine Stimmungsschwankungen und Wünsche müssen akzeptiert werden.« Emma schaut plötzlich bedröppelt. »Oh nein, ich wollte nicht... » Ich unterbreche sie:

»Hey, Schwesterlein, das gehört dazu, wenn wir uns wieder näher kommen wollen. Solange du mir nicht jede Einzelheit der Zeugung meiner Nichte oder Neffen erzählst, ist alles gut. Ich möchte wieder Teil deines Lebens sein. Also erzähle mir bitte alles, was ich verpasst habe!« Emma lächelt und dann beginnt sie zu erzählen.

Angefangen davon, dass sie jetzt gar nicht mehr in ihrer Kindertagesstätte arbeiten darf, da es für Schwangere wegen der vielen Kinderkrankheiten nicht erlaubt ist. Wie sehr es ihr momentan fehlt dort zu sein, jetzt wo die Übelkeit weg ist, sie aber noch keine dicke Kugel hat und noch nicht eingeschränkt ist. Sie vermisst den täglichen Austausch mit ihren Kolleginnen und die kleinen Kinder zu bespaßen. Deswegen ist Emma jetzt komplett im Nestbaubetrieb, richtet ein, macht Do-It-Yourself-Projekte und erlaubt sich voll auf die Schwangerschaft einzulassen.

»Du kannst dir nicht vorstellen, was es alles bedeutet und an welche Dinge man denken muss! Nicht nur natürlich alle Vorsorgeuntersuchungen, sondern es ist auch gar nicht so einfach eine Hebamme zu finden. Einen KiTa-Platz, einen Kinderarzt. Einen Geburtsvorbereitungskurs. Viel ist auch schon belegt. Ungefähr alles sollst du machen, sobald du es weißt. Wie stillt man richtig? Stoffwindeln oder herkömmliche Windeln?» Emma verdreht die Augen und ich muss lachen.

»Es gibt so viel, dass bedacht werden muss... Und dann die Hormone! Ich weine super schnell und die Hormone überrollen mich quasi, sobald ich irgendetwas Berührendes erlebe.« Kurze Pause, in der wir beide wahrscheinlich an uns vor einigen Minuten denken, dann spricht sie weiter »Also beispielsweise die Pflaster Werbung, in der der kleine Junge erst mal traurig ist, bevor er ein Pflaster bekommt.«

Ich schaue Emma an, sehe ihr Glitzern in den Augen und dass sie wahrscheinlich auch ein Lachen unterdrückt, ich beginne zu grinsen und dann prusten wir beide los. Als wir uns wieder eingekriegt haben, erzähle ich von meinen Erlebnissen der letzten Tage und auch meiner persönlichen Erkenntnisse.

»Am Ende gibt es immer nur das Hier und Jetzt. Die Vergangenheit können wir nicht mehr ändern und indem wir es versuchen und uns ärgern, fällt es uns deutlich schwerer, den gegenwärtigen Moment zu genießen. Ich glaube, vielen Menschen im Allgemeinen fällt es extrem schwer, diese Tatsache zu akzeptieren. Dabei denke ich mittlerweile, dass das der Weg zur Freiheit ist. Indem man probiert die meiste Zeit bewusst im Moment zu sein, ist man in Frieden und zufrieden.« Ich atme tief ein. Meine Schwester schaut mich mit großen Augen an.

»Natürlich ist das viel leichter gesagt als getan. Wir interagieren den ganzen Tag mit Menschen, der Großteil von Ihnen ist auch verletzt und hat aus diesem Grund Verhaltensmuster entwickelt, um sich vor weiteren Verletzungen zu schützen. Leider sind diese unbewusst ablaufenden Pfade, wie man fühlt, denkt und automatisch reagiert auf bestimmte Situationen, nicht unbedingt immer förderlich und führen oft dazu, dass sich beide Parteien missverstanden fühlen und gegenseitig verletzen.« Ich ende erst mal, da ich Emma nicht zu quatschen möchte. Sie hat währenddessen einiges von ihrem Schokoladenkuchen gegessen und sieht mich jetzt immer noch sehr interessiert an.

»Mensch Emy, du klingst wie ein Ratgeberbuch für Persönlichkeitsentwicklung. Woher hast du alle deine Weisheiten?« Sie schaut mich aufmerksam an. Ich überlege kurz.

»Irgendwie habe ich das Gefühl, dass sich gerade alles fügt, weißt du? Sie sind auf jeden Fall nicht auf meinem Mist gewachsen, sondern ich bin sehr beeinflusst von Dingen, die Natalie mir in den letzten Jahren erzählt hat sowie Bücher, die sie mir geschenkt hat, die ich aber bisher nicht richtig verstanden habe. Selbst jetzt habe ich das Gefühl, ich habe es rational verstanden, aber die Umsetzung fällt mir noch schwer. Immer und immer wieder hier in den Moment zu kommen, sich nicht von seinen Ängsten leiten zu lassen, sondern von seinem Vertrauen und seiner Intuition.« Emma nickt zustimmend, was mich ermuntert weiter zu sprechen.

»Auf der anderen Seite habe ich aber auch das Gefühl, dass ich mit diesem Wissen und dass ich jetzt bewusster wahrnehme, was mir gut tut und was nicht, ich nicht mehr genauso weiter machen kann wie bisher. Und das fühlt sich dann nicht mehr so an, als würde sich alles fügen, sondern doch eher so, als würde alles auseinanderbrechen und ich einen Verrat an meinen alten Werten begehen. Das ist dann wieder sehr beängstigend.« Ich nehme eine Kuchengabel von meinem Kuchen, da mich in dem Moment unterschiedlichste Gefühle überrollen und ich nicht genau weiß, wie ich damit umgehen soll.

»Hmhmm«, macht Emma. »Ich glaube, was dir auf jeden Fall helfen könnte, ist zu versuchen dich davon frei zu machen, was alle anderen glücklich machen würde. Darauf sind wir doch sehr getrimmt. Das ist an sich nicht verkehrt, wir sollten nicht absichtlich jemanden verletzten. Aber wir sollten uns auch nicht verbiegen, sodass wir nachher gar nicht mehr wissen, was wir eigentlich wollen.« Sie schaut mich intensiv an.

»Wir hatten das Thema eben schon und ich möchte es nicht unnötig ausbreiten, aber ich habe mich damit, nachdem ich mit Konstantin zusammen gekommen bin, auch viel beschäftigt, weil ich teilweise nicht ruhig schlafen konnte.« Sie verstummt, während ich versuche in mich rein zu fühlen. Dann spricht Emma weiter:

»Ich könnte mir vorstellen, dass du dir selber auch viel Druck machst, weil du weißt, wie stolz Mama und Papa auf dich sind. Auf dein Abi, dein Studium, dass du eine erfolgreiche Anwältin bist. In unserer Gesellschaft definieren wir viel unseren Erfolg über diese klassischen Statussymbole.« Ich muss schlucken. Das stimmt.

»Aber ich bin mir sehr sicher, dass am Ende beide nur wollen, dass wir glücklich sind, egal was wir tun. Also nehme alle anderen aus der Gleichung raus und höre nur darauf, was du willst. Mach dir keine Gedanken, was die anderen darüber denken.« Ich bin beeindruckt.

»Schwesterherz, wann bist du denn so weise geworden? Oder spricht da schon der IQ meines Neffen oder meiner super schlauen Nichte aus dir?« Ich strahle sie an, etwas ernster spreche ich weiter:

»Du hast Recht, ich denke, das trifft auch auf mich zu, ebenso wie für viele andere. Wir sind komplett darauf fokussiert die Anerkennung unserer Eltern zu ergattern... Aber ich glaube, das ist eher unbewusst.« Ich lasse meinen Blick schweifen und sehe, dass es schon langsam dunkler wird.

»Ich checke kurz mal die Uhrzeit, ich bin später noch verabredet«, erkläre ich, während ich mein Handy raushole. Krass, die Zeit ist wirklich verflogen und ich fühle mich Emma wieder so viel näher. Ich muss lächeln.

»Was hast du schönes vor?«, fragt sie.

»Ich gehe Schlittschuhlaufen«, antworte ich etwas geistesabwesend, da ich eine neue Nachricht von Tim sehe.

»Und mit wem?«, fragt Emma, während ich lese ›Freue mich schon auf später :)‹. Mein Herz fängt an schneller zu klopfen und ich grinse wahrscheinlich von links nach rechts. »Wie bitte?«

»Und mit wem?«, hakt meine Schwester nach. Ich hätte ahnen müssen, dass sie nicht locker lässt. Sie hat ihr Ich-weiß-alles-Gesicht aufgesetzt. Ich überlege, was ich sagen soll. Eigentlich möchte ich es gerne teilen, aber auch nicht verschreien und dass alle gleich ausrasten, weil es noch so frisch ist. Ich würde es gern noch etwas für mich behalten. Emmas Blick wird durchdringender. Andererseits, komme ich hier ohne eine glaubwürdige Erklärung wahrscheinlich nicht raus.

»Kennst du nicht«, antworte ich dann ausweichend.

»Ach ja?«, gibt sie zurück und zieht eine Augenbraue hoch. »Aber vielleicht sollte ich ihn kennen?«

»Nein...«, setze ich an, als sie mich sofort unterbricht »Ha! Es ist also ein Er! Ich will alles wissen! Gib mir alle Details!« Sie funkelt mich triumphierend an und ein Lächeln umspielt ihre Lippen.

Ich hätte es wissen müssen. Schon als Kind hat Emma

immer jeden dazu bekommen, ihr jedes Geheimnis zu verraten. Nicht nur einmal haben wir sie vorgeschickt, um Amelie auszuspionieren. Damals war ihre Unschuldstaktik nahezu perfekt. Eben war ich nicht aufmerksam genug.

Ich hebe kapitulierend die Hände und erzähle ihr von Tim und unserem Date heute Abend. Allerdings in Kurzfassung, da ich schon in einer Viertelstunde los muss zur Schlittschuhbahn. Emma ist ganz aus dem Häuschen und freut sich sichtlich mit, was auch meine Vorfreude weiter steigert.

Dazu kommt noch, dass ich super glücklich bin, endlich über meinen Schatten gesprungen zu sein und wieder diese Verbundenheit zwischen uns zu haben. Wir bestellen die Rechnung, verlassen das Café und umarmen uns herzlich zum Abschied.

»Es war so schön, Emy«, flüstert Emma, während wir uns noch drücken.

»Das fand ich auch«, gebe ich zurück. »Lass uns das bald wiederholen. Wir können das nächste Mal Keramik bemalen gehen, davon hat mir letztens eine Arbeitskollegin erzählt und das klang super!«

»Ja, gern!« Dann starten wir in verschiedene Richtungen. Als ich mich nochmal umdrehe, sehe ich noch Emma in ihrem roten Mantel um die nächste Ecke verschwinden.

KAPITEL 17

Tim und ich stehen bei der Schlittschuhausgabe des Eisstadions. Das Flair hat sich in dem Jahrzehnt, seit ich das letzte Mal Schlittschuhlaufen war, kein bisschen geändert. Es riecht immer noch nach Käsefüßen, überall liegen Mützen, Socken oder Snackpackungen und Kinder rennen durch die Gegend. Selbst die Musik ist nicht so viel anders, da die alten Klassiker gespielt werden.

Im Gegenteil zu damals jedoch, bin ich jetzt mit Tim hier, der lässig einen Arm um mich gelegt hat, während er mich anlächelt und wir darauf warten, dass die Gruppe vor uns fertig ausgestattet wird. Seit unserem endlosen Begrüßungskuss, grinse ich wahrscheinlich von Ohr zu Ohr und könnte hier ewig mit ihm stehen.

»Schön, dass es heute geklappt hat«, verleihe ich meinen rumwirbelnden Gefühlen etwas Ausdruck. Ich bin so dankbar für diesen Tag und die Veränderungen der letzten Tage.

»Das finde ich auch«, erwidert Tim und funkelt mich an bevor er sich zu mir rüber beugt, um mir einen Kuss zu geben. In dem Moment sind wir an der Reihe und wir lösen uns voneinander.

»Einmal Größe 45, bitte«, beginnt Tim und ich ergänze »und einmal 41, bitte!«

»Wir leben ja beide auf großem Fuß«, meint Tim während wir die Schuhe entgegennehmen und zu einer Bank gehen, um sie anzuziehen. Er grinst wieder so verschmitzt. Es flattert in meinem Bauch, wenn ich sein Lächeln sehe. Ich Glückspilz!

»Ja, ich war schon immer ein Verfechter der Dream-big-

Bewegung«, erwidere ich trocken und versuche meinen Gesichtsausdruck neutral zu halten, muss dann aber doch schmunzeln.

»Ich mag deinen Humor«, sagt Tim und sieht mich an. Ich schmelze dahin. Wer hätte gedacht, dass ich mich mal so fühle, wie in einem schnulzigen Liebesroman? Wahrscheinlich noch nicht mal ich vor einem Monat.

»Dito«, erwidere ich, um nicht völlig wegzuschmelzen, beziehungsweise irgendwie etwas Contenance und Haltung zu bewahren. »Hast du einen Euro für den Spind?«, frage ich während ich aufstehe.

»Ja, ich denke schon«, erwidert Tim und kramt in seinem Geldbeutel. Wir staksen zum Spind und schließen unsere Taschen und Schuhe ein.

»Bereit?« möchte Tim dann wissen und ich weiß, er meint die Eisfläche. Als erstes kommt mir aber in den Kopf ›mit dir für alles und immer‹. Mein Hormonvernebeltes Gehirn ist im Rosa-Rote-Brille-Modus. Ich muss mein Gesicht komisch verzogen haben, denn Tim hebt eine Augenbraue und legt einen Arm um mich.

»Du musst dir keine Sorgen machen, dass ich deine Fertigkeiten verurteile, nicht alle können so gut Schlittschuhlaufen wie ich«, sagt er gezielt gönnerhaft, um mich aufzuziehen, während er mich angrinst und wir uns zur Eisbahn begeben. Na warte, denke ich nur bei mir, während ich eine Unschuldsmiene aufsetze.

»Alles gut«, erwidere ich deshalb nur und probiere meine ersten Schritte auf dem Eis. Auch wenn ich lange nicht mehr hier war, ich war als Teenie sehr gut und konnte auch einige Tricks. Sobald ich mich wieder eingelaufen habe, kann ich ihn dann ein bisschen veräppeln und aufziehen.

Tim läuft elegant zu mir und nimmt meine Hand. Immer wieder lächeln wir uns an. Zu ›Mr.Vain‹ von Culture Beat laufen wir unsere erste Runde, während ich immer sicherer werde und es mir vor allen Dingen unfassbar viel Spaß macht. Die Musik, das Eis, die frische Luft, das Gleiten und Hand in Hand mit Tim, es kommt mir vor wie ein Traum. Oder ist das das reale Leben und ich konnte es vorher nicht sehen und fühlen? Habe ich mich zu sehr abgeschottet? Na ja, darüber kann ich später nachdenken. Jetzt bin ich im Moment. Und die kleine Emy, will ihre Tricks ausprobieren und schneller fahren. Also frage ich Tim »Lust auf ein Rennen?«

»Na klar. Ich bin immer bereit für eine Herausforderung.« Er zieht wieder eine Augenbraue hoch. »Oder einen leichten Sieg.« Er grinst siegessicher. Aha, so ist das also. Er provoziert mich absichtlich.

»Na dann, los«, gebe ich zurück. Wir verabreden eine Ziellinie und zählen dann gemeinsam runter:

» 3..., 2..., 1.... und LOS!« Wir sprinten los und liegen ziemlich gleich auf bis ich meine Technik noch mehr auf das längere Gleiten verlege, wodurch ich erst ein wenig zu Tim verliere, aber am Ende mit einem Hauch Vorsprung gewinne. Wir verschnaufen erst mal, bevor Tim mir gratuliert.

»Ich wusste, dass man mit dir viel Spaß haben kann!« Er lächelt mir zu. Da leuchten bei mir plötzlich alle Alarmleuchten rot. Spaß haben? Will er nur mit mir ins Bett, macht er deshalb so ein Aufheben um mich? Bin ich nur eine weitere Kerbe in seinen Bettpfosten? ›Emy, die mit der man Spaß haben kann. Aber keine, die man heiratet oder zu den Eltern mitnimmt‹, höre ich meine Lieblingsstimme mir zynisch zuflüstern.

Ich wende mich ab, damit er mein Gesicht nicht lesen kann und mache ein undeutliches Geräusch, was er als Zustimmung deuten könnte. Oder als was auch immer. Um mich abzulenken, drehe ich mich um, sehe ob frei ist und probiere rückwärts zu fahren. Es klappt immer noch! Ein

Gefühl der unbändigen Freude durchströmt mich.

»Wow!« höre ich da. »Ich sehe, ich habe dich unterschätzt« Ja, denke ich bei mir. Ich bin nicht nur eine zum Spaß haben, da hast du dich geschnitten, nimm dich in Acht, Tim. Warum nehmen Männer mich nicht ernst? Und warum geht es bei ihnen nur um das Eine?

Ich lasse mich nicht irritieren und fahre einfach weiter. Immer weiter. Und weiter. Am Rande nehme ich war, das jetzt ›Rhytm is a dancer‹ gespielt wird.

Plötzlich spüre ich eine sanfte Berührung am Arm, die mich aus meiner Trance reißt.

»Emily, alles gut bei dir? Habe ich etwas falsches gesagt?« Er sieht mich mit großen Augen an. Bei dem Anblick kann ich nicht mehr zynisch sein, sondern nehme meinen Mut zusammen um ehrlich zu sein.

»Weißt du, ich möchte nicht nur Spaß haben, ich suche wenn überhaupt etwas ernsthaftes«, sage ich etwas zaghaft und schlage die Augen nieder. Die aufgeblasene Wut von eben ist schon am verpuffen.

»Aber wie kommst du den darauf, dass ich das nicht auch suche?«, fragt Tim. Er wartet auf meine Antwort und ergänzt dann »Wegen dem Satz eben? Aber da ging es doch darum, mit dir herumzualbern und zu lachen. Ich finden das so essentiell wichtig!«

Ich bekomme gleich ein schlechtes Gewissen. Bin ich so misstrauisch den Männern gegenüber? Anscheinend schon. So wie er es jetzt sagt, macht es Sinn. Habe ich da nur fehlinterpretiert und im negativen Sinn gehört, was ich hören wollte?

»Es tut mir leid«, sage ich schließlich. »Irgendwie bin ich diesbezüglich etwas vorbelastet.« Ich schenke ihm ein schiefes Lächeln. »Ich finde herumalbern auch sehr wichtig.« Endlich lächelt auch Tim wieder.

»Alles gut. Wir haben alle unsere Narben.« Eine meiner ist

es anscheinend super misstrauisch gegenüber Männern zu sein. Ich hoffe, dass Tim mich nicht enttäuscht und dass ich nicht verbittert werde. Ich höre schon, wie mein innerer Kritiker noch mehr dazu sagen will. ›Dass ich es überhaupt nicht verdient habe, glücklich zu sein und mich eher wundern sollte, wenn so was passiert.‹

Aber ich versuche mich stattdessen auf die Musik und Tim zu konzentrieren. ›What is Love? Oh Baby don't hurt me, don't hurt me no more...‹ Wie passend. Wir drehen wieder unsere Runden zu funky 90s Pop und ich kann nicht an mich halten, etwas mitzusingen und zumindest die Lippen zu bewegen. Auch bei Tim kann ich sehen, wie er seinen Fahrstil mit einem lässigen Hüftschwung kombiniert. Ich schmunzle.

Wie würde Natalie jetzt sagen? Das Leben kann so leicht sein! Aber trotzdem spüre ich in mir, neben der Freude und Leichtigkeit auch noch ein weiteres Gefühl.

Die Angst. Angst davor, dass es nicht klappt. Ich wieder verletzt werde und dass ich es nicht schaffe. Dass ich daran zerbreche. Das ist wahrscheinlich der Grund, warum wir gar nicht erst andere Menschen nah an uns ranlassen, sinniere ich. Das gibt uns das Gefühl vermeintlicher Kontrolle, alles im Griff zu haben, uns selbst zu schützen. Aber ist es das nicht wert, voll reinzugehen, voller Vertrauen und den Moment auszukosten? Keiner weiß doch was Morgen ist. In dem Moment greift Tim meine Hand und versucht mich zu drehen.

Und damit treffe ich die Entscheidung, hier und jetzt zu genießen und nicht mehr so viel an Morgen zu denken. Ich lasse los.

»Aaaah«, ich schreie kurz auf und finde mich halb liegend auf der Eisfläche wieder. Vielleicht hätte ich das mit dem loslassen nicht so wörtlich nehmen sollen, in dem Moment habe ich nämlich Tims Hand mitten in der Drehung losgelassen und ohne die fehlende Stabilität, sind wir beide hingefallen. Wir sehen uns an und prusten los. Ich kann schnell nicht mehr vor Lachen, es fühlt sich an, als würde ich wirklich viel Spaß haben und endlich nicht mehr so ernst sein. Alles nehmen wie es kommt.

Tim schafft es als erster auf die Beine und hilft mir hoch. Wir drehen noch einige Runden und sehen all den anderen Gruppen, Teenies und Paaren zu, wie sie ihren Spaß haben, bevor wir einen Glühwein trinken und uns über unseren Tag austauschen.

Tim erzählt mir von einem Bandtreffen und einem neuen Song an dem sie schreiben. Ich berichte davon, wie ich meiner Schwester wieder näher gekommen bin. Mit ihm fällt es mir so leicht, ich habe nicht das Gefühl mich verstellen zu müssen. Er verspricht mir, mich mal zu einer Bandprobe mitzunehmen, wenn ich ihm etwas von meinen Bildern zeige, nachdem ich so enthusiastisch davon erzählt habe.

Nach der Rückgabe der Schlittschuhe schlendern wir zum S-Bahnhof Hohenzollerndamm, nicht ohne stehen zu bleiben und den Sternenhimmel zu betrachten. Je näher wir dem Abschied kommen, desto nervöser werde ich. Erwartet er, dass wir zu ihm oder mir gehen? Immerhin ist es unser drittes Date. Und das ist nach wie vor ein ungeschriebenes Gesetz.

Und natürlich schlägt in diesem Moment der Unsicherheit gleich wieder meine negative innere Stimme zu. ›Als würde er irgendetwas anderes von mir wollen als meinen Körper. Ich bin ja nicht wirklich feste Freundinnen Material. Was habe ich schon vorzuweisen? Selbstkomplexe, keine Freizeit, Dates mit Ben&Jerrys Eis und dem Fernseher und meine Arbeit.‹

Ich krümme mich schon innerlich und merke, wie ich mich verspanne. ›Und als würde er dich noch wollen, wenn er dich erst mal nackt gesehen hat. Du bist das Gegenteil von hübsch und sportlich, mit deiner Cellulite, den ganzen Speckrollen und hängenden Brüsten. Das will niemand, noch nicht mal mit der Greifzange.‹

Ich kann an gar nichts anderes mehr denken, als daran wie Tim sich angewidert wegdreht, nachdem er mich nicht mehr in meiner vorteilhaften Kleidung sieht, sondern nackte Tatsachen.

Das würde mir und vor allem meinen Selbstbewusstsein, das Herz brechen. Sich selber heiß und schön finden hin oder her, wenn der Typ, den ich toll finde mich nicht attraktiv findet, das könnte ich momentan nicht gut wegstecken.

Und da sind sie wieder, diese tief liegenden Glaubenssätze, von denen ich mich natürlich noch nicht von gestern auf heute verabschiedet habe. Danke, dass ihr immer wieder im passenden Moment auftaucht, um mir die Laune zu vermiesen, denke ich verzagt.

Immerhin bin ich mir jetzt dessen viel mehr bewusst, was man ja schon als Erfolg werten könnte. Ich höre Natalies Stimme in meinem Ohr. »Ja Emy, du bist auf einem guten Weg. Alles ist gut«

Zwischenzeitlich sind wir auf dem Bahnsteig angekommen. Tim stellt sich so vor mich, dass uns nur wenige Zentimeter trennen.

»Ich hatte viel Spaß heute Abend«, sagt er und schaut mir tief in die Augen, während ein Lächeln seine Lippen umspielt. Ich verstehe die Anspielung auf unser Gespräch früher am Abend und dass er mir damit sagen möchte, dass er nicht nur bei Sex Spaß haben kann.

»Ich auch«, schaffe ich es zu antworten, bevor Tim meine Lippen mit einem Kuss verschließt. Ich versuche mich ganz darauf zu konzentrieren und mir von der Stimme nicht alles vermiesen zu lassen. Klappt einigermaßen gut, denn wir knutschen rum, bis die Bahn einfährt und wir einsteigen. Da ich nur drei Stationen fahren muss, bleiben wir stehen und blicken uns an. Keiner von uns beiden sagt etwas. Als ich es schließlich nicht mehr aushalte, frage ich

»Und wie fährst du?« Super Emy, damit hast du jetzt ganz klar gemacht, dass ihr getrennte Wege geht. Wollte ich das? Ich weiß es nicht. Tim fährt sich durch die Haare.

»Bis Hermannstraße und von dort laufe ich. Ist nicht weit von dir.« Das stimmt, für Berliner Verhältnisse wohnen wir ziemlich nah beieinander. Wir halten Heidelberger Platz. Den ganzen Abend fiel es uns leicht zu reden, oder zumindest mir und jetzt drucksen wir rum. Schon verrückt. Warum kann man in dieser Phase nicht ehrlich sein? Das will man doch für später auch, oder? Ich sehe Tim an. Ja ich weiß schon, man will den anderen nicht verschrecken. Hat Angst vor Ablehnung. So wie ich eben, was er von mir nackt halten würde. Aber will ich ihn wiedersehen?

JA!!! schreit mein Herz. Das ist doch Antwort genug. Also nehme ich all meinen Mut zusammen.

»Was hast du so für Pläne für die nächsten Tage? Ab nächste Woche sind die Weihnachtsmärkte auf, hast du Lust mit mir einen zu besuchen?«, haspele ich schnell herunter, um es nicht wieder zurückzunehmen. Tim kommt einen Schritt auf mich zu, während wir Bundesplatz wieder anfahren, stolpert und steht dann direkt vor mir.

»Sehr gerne, Emily« Wie schön mein Name aus seinem Mund klingt. »Was hältst du von Mittwoch?«

»Klingt gut«, erwidere ich. Wir lächeln uns an und küssen uns zum Abschied, als der Innsbrucker Platz in Sichtweite kommt. Die Türen öffnen sich, ich steige aus und bleibe am Bahnsteig stehen, um mich nochmal umzudrehen

»Schlaf gut und süße Träume«, sagt Tim und sieht mich verschmitzt an. Ich grinse zurück.

»Gute Nacht, Tim!« Die Türen tröten und leuchten rot, bevor sie schließen und die S-Bahn losfährt. Ich sehe ihr kurz nach, bevor ich beschwingt nach Hause schwebe.

KAPITEL 18

»Und jetzt lasst eure Hüften kreisen, jaa genauso!«

»Gebt mir mehr davon, lasst eure innere Göttin raus!« Die Zumbalehrerin kennt kein Erbarmen. Die Stunde ist fast vorbei, ich bin komplett durchgeschwitzt und habe schon jedes Körperteil zu allen möglichen Beats bewegt. Während Beyoncés Stimme aus den Boxen ertönt und ich den Refrain von ›Single Ladies‹ mit summe, versuchen alle die Bewegungen unserer Lehrerin nachzuahmen, um auch so sexy auszusehen.

»Ihr müsst es fühlen«, ruft sie dann. »Schließt eure Augen, gleitet mit euren Händen an eurem Körper entlang, fühlt euch unwiderstehlich!« Ich tue wie geheißen, finde es dann aber doch etwas komisch und blinzle ein wenig, um zu schauen, was die anderen so machen. Bei denen sieht es sehr heiß aus und so als würden sie es wirklich fühlen.

»Lasst euch darauf ein. Es kann nichts passieren«, ergänzt sie. Ich schließe die Augen wieder, nehme die Arme über meinen Kopf und lasse sie dann an meinen Seiten heruntergleiten. Das fühlt sich gut an. Ich führe sie über meine Hüften an meiner Taille entlang wieder hoch. Hmhmm. Vielleicht habe ich ja doch eine innere Göttin in mir. Der Song endet und unser Dehnungssong startet.

Zwei Stunden später sitze ich in der Bahn auf dem Weg zu meinen Eltern. Ich sehe aus dem Fenster. Ein grauer Sonntag, passend zu Totensonntag, dem Sonntag vor der Adventszeit und perfekt zum Basteln. Trotz des tristen Wetters könnte es mir nicht besser gehen. Ich rekapituliere den heutigen Tag. Ich habe mir einen Obstsalat gemacht und Brötchen im Ofen aufgebacken und so einen entspannten

Sonntagmorgen genossen. Nur ich ganz allein.

Das war richtig schön, um mal zur Ruhe zu kommen und wahrzunehmen, wie es mir geht und wie ich mich fühle. Ziemlich gut, muss ich sagen. Ich habe den Eindruck, ich befinde mich auf einem guten Weg und habe deswegen auch weniger Kopfweh oder andere Beschwerden.

Ich denke an meine Schwester und wie unbeschwert wir gestern gelacht haben. Ich glaube unsere abgekühlte Beziehung die letzten Jahre, hat mich mehr belastet, als ich dachte. Ich fühle mich freier. Emma hat mir gestern Abend noch eine Nachricht geschrieben, wie schön sie es fand und natürlich nach meinem Date gefragt. Ich muss lächeln.

Tim hat mir eine sehr ähnliche Nachricht geschrieben und heute Morgen auch schon eine Guten-Morgen-Nachricht. Ich versuche nicht so viel über die Zukunft nachzudenken, sondern einfach das Hier und Jetzt zu genießen, ganz wie Natalie immer predigt. Apropos, ihr kann ich mal schreiben und fragen wie ihr Wochenende so ist. Gesagt, getan.

Meine Gedanken wandern weiter zu meiner Schwester, meinen Eltern, Natalie, Izzy und Tim. Was für unfassbar tolle Menschen ich in meinem Leben habe, ich kann mich wirklich glücklich schätzen. Ich habe das Gefühl, dass es sich in all meinen Lebensbereichen momentan zum Positiven entwickelt. Ich esse bewusster. Ich gehe zum Sport, wie heute Morgen, wenn ich Lust habe und mich danach fühle. Und Ich muss grinsen, sobald ich an Tim denke.

Ich habe aber auch endlich mehr Zeit für mich, um mich zu fragen, worauf ich heute Lust habe. Beispielweise endlich wieder zu malen. Das ist wirklich eine Leidenschaft von mir. Heute kann ich mich kreativ ausleben UND Zeit mit meiner Mutter verbringen. Eine Win-Win-Situation.

Leise meldet sich die Stimme in meinem Hinterkopf, dass all dies aber auf Kosten meiner Klienten und meiner Arbeit geht und dass ich nicht ewig so weitermachen kann. Gerade klappt es noch gerade so, weil ich die letzten Jahre sehr akribisch gearbeitet habe, worauf ich jetzt zurückgreifen kann, aber wenn ich weiter pünktlich Feierabend und nicht an den Wochenenden arbeiten möchte, kann ich meine Aufgaben nicht mehr erfüllen.

Mein Herz zieht sich zusammen. Ich fühle mich zerrissen zwischen meinen wiederentdeckten Freuden und dem Bedürfnis, der Welt zu helfen und ja, irgendwie mich auch zu beweisen. Was Natalie macht, klingt zwar super cool, aber ich könnte das nicht. Nicht zu wissen wie es weitergeht.

Mein eigener Wert ist immer noch sehr an meine Leistung auf Arbeit geknüpft... Wenn ich das aufgebe, verstärkt das nur die Stimme in mir, die jetzt gerade schon ruft, ›dass es sowieso klar war, dass ich hinschmeiße, weil ich nicht gut genug bin.‹

Dabei weiß ich selber nicht genau, was ich will. Eigentlich nur, das meine alte Arbeitslast, nicht mit meiner jetzigen Freizeit funktioniert und ich generell gerne noch mehr Leuten helfen würde. Das fühlt sich manchmal schon fast zwanghaft an. Wie als müsste ich das machen, als Ausgleich dafür, dass ich überhaupt existiere und Ressourcen verbrauche und es anderen Menschen so viel schlechter geht. Ich habe manchmal ein schlechtes Gewissen dafür, dass ich überhaupt existiere.

Natalie hatte dazu eine interessante These. Sie besagt, dass ich mich schuldig fühle, überhaupt auf der Welt zu sein. Dabei kann ich nichts dafür, sondern nur meine Eltern, die sich entschieden haben, Sex zu haben. Brrr. Ich schüttle mich. Eigentlich ganz logisch, aber trotzdem will man da nicht zu viel drüber nachdenken.

Mittlerweile bin ich fast am Haus meiner Eltern angekommen. Unmittelbar nach meinem Klingeln, höre ich meine Mutter schon rufen:

»Wolfgang? Gehst du bitte?« und anschließend die Schritte

meines Vaters. Als er die Tür öffnet, strahlt sein ganzes Gesicht.

»Emy! Wie schön dich zu sehen!« Er nimmt mich in den Arm.

»Hallo Papa!«

»Und zwei Wochen in Folge, ich bin ganz begeistert!« Er zwinkert mir zu und hält mich wieder eine Armeslänge auf Abstand. »Gut siehst du aus! Deine Augen funkeln wieder«

»Es geht mir auch gut«, erwidere ich.

»Na komm erst mal rein, Mama wartet schon auf dich.« Mein Elternhaus mit seinem Duft nimmt mich gleich gefangen, in alte Kindheitserinnerungen, die mir mehrheitlich ein Gefühl von Geborgenheit vermitteln. Heute riecht es zusätzlich nach frisch gebackenem Lebkuchen.

»Emy, mein Schatz!« Meine Mutter, mit Schürze bekleidet und roten Wangen, kommt in den Flur, wo ich meine Jacke, Schuhe und Schal abgelegt habe.

»Hallo Mama!«, begrüße ich sie.

»Ich habe schon Kaffee aufgesetzt und frischen Lebkuchen gebacken. Wir stärken uns erst mal und dann legen wir los« Dann nimmt sie mich auch in den Arm. »Schön, dass du da bist!«

»Das finde ich auch«, erwidere ich.

Eine warme Tasse Kaffee in der Hand und zwei Stücke Kuchen später fühle ich mich selig. Mama hat natürlich versucht herauszufinden, was es mit dem Treffen von Emma und mir von gestern auf sich hatte und ich habe mich unbändig gefreut, als ich ihr ganz beiläufig erklärt habe, dass wir Schwestern sind, uns nahestehen und uns regelmäßig treffen.

Sie hat erst mal mit offenem Mund zu Papa geschaut und dann sehr stark gelächelt, während Papa ihren Oberschenkel getätschelt hat. Ich könnte nicht glücklicher sein.

»Wir sind so stolz auf dich!« hat Papa dann noch gesagt.

Später, als alles Kaffeegeschirr weggeräumt, Papa sich in die Garage verzogen hat und wir in trautem Schweigen Tannenzweige verknüpfen, muss ich nochmal an diesen Satz denken. Dass meine Eltern stolz auf mich sind. Und wie viel mir das bedeutet. Und dass ich fast alles tun würde, um sie nicht zu enttäuschen. Ich überlege kurz.

»Weißt du, Mama. Ich bin mir momentan nicht mehr so sicher, ob das was ich gerade arbeite und meine generellen Lebensziele, die ich immer hatte, noch das sind, was ich wirklich will«, platzt es dann aus mir heraus. Mama sieht mich an.

»Ach Emy«, seufzt sie. »Das ist doch nicht schlimm. Im Gegenteil, schlimmer wäre es, wenn du das nie hinterfragen würdest. Nicht alle Menschen erfüllt das gleiche und das ist auch gut so.« Sie macht eine kurze Pause. »Und egal, was du für Entscheidungen triffst, dein Vater und ich werden dich immer unterstützen, hinter dir stehen und stolz auf dich sein.«

Mir fällt ein Riesenstein vom Herzen. Ich lasse meinen Tannenzweig kurz los, greife ihre Hand und drücke sie.

»Das bedeutet mir sehr viel«, schaffe ich es zu sagen, ohne in Tränen auszubrechen. Meine Mutter nimmt ihre andere Hand und streichelt meine Wange.

»Ich weiß, unter wie viel Druck du dich selber gesetzt hast, um deine an dich gesetzten Erwartungen zu erfüllen. Und ich bin mir sicher, dass das auch einiges mit uns zu tun hat. Ich versuche aber eigentlich immer, mich nicht so viel einzumischen. Weil ich davon überzeugt bin, dass wir einige Dinge am eigenen Leib erfahren müssen, vorher können wir es nicht verstehen. Deswegen habe ich mich oft zurückgehalten, statt dir die ganze Zeit ungewollte Ratschläge zu geben.«

Ich hänge gebannt an den Lippen meiner Mutter. Mir fällt auf, von wie viel Weisheit ich, mit den Menschen, die um mich sind, umgeben bin.

»Aber Emy, du darfst diesen ganzen Druck und die Erwartungen loslassen. Du musst es niemanden beweisen, was für ein toller Mensch du bist. Der bist du. Ohne dass du jeden Tag ablieferst. Du musst es nicht uns beweisen und auch sonst niemandem.«

Das ist zu viel, die Tränen kullern mir über die Wangen. Meine Mutter schiebt ihren Stuhl an meinen und nimmt mich in den Arm. Das fühlt sich gut an. Mehr befreiend als traurig. Diese Wahrheit zu erkennen und sich gleichzeitig so geborgen zu fühlen.

»Weißt du«, sage ich langsam. »Ich weiß momentan selber nicht so genau, was ich will. Und weil ich immer einen genauen Plan hatte, fühlt sich das komisch an.« Ich überlege kurz, während meine Tränen langsam verebben. »Obwohl, das stimmt nicht so ganz, Eigentlich bin ich gerade am Herausfinden, was ich mag und was nicht. Und das fühlt sich eigentlich gut an. Aber die Zukunft ist jetzt viel ungewisser und das macht mir Angst.«

Ich kuschle mich noch mehr in die Arme meiner Mutter, die mir über den Kopf streichelt.

»SchSch«, macht sie. »Alles ist gut, mein Schatz« und ich beruhige mich langsam. Ich muss mich jetzt auch nicht entscheiden, zwischen dem klassischen Leben á la Emma, oder komplett unkonventionell wie Natalie. Vielleicht bin ich irgendwo dazwischen. Und das darf sich alles finden. Alles ist gut.

Alles ist gut.

KAPITEL 19

Am Sonntagabend bin ich in tiefem Frieden mit mir und der Welt eingeschlafen. Zweieinhalb Tage später, ist davon aber nicht mehr viel zu spüren. Ich bin erschlagen von Arbeit. Die beiden Wochenenden ohne Arbeit haben mich eingeholt und trotzdem möchte ich alle Klienten glücklich machen. Die Kanzlei Auerbach & Partner läuft. Etwas zu gut sogar. Sobald ich mit einem Fall vorankomme, ruft mich Frau Dr. Weisberg an und will dass ich für sie etwas übernehme oder vorbereite.

Die einzigen Lichtblicke sind die kurzen Momente mit Izzy, Petra und den anderen, wenn ich diese zufällig in der Kaffeeküche treffe, oder mir jemand etwas zum Mittagessen mitbringt. Die letzten beiden Abende habe ich meinen Laptop auch wieder mit nach Hause genommen, da ich sonst kein Land sehe. Leider sind Aktivitäten wie selber kochen, malen, Sport oder jemanden treffen dann nicht mehr möglich. Wenigstens habe ich es am Montag noch geschafft, mein Jahresticket am Ostkreuz nachzuzeigen, da ich einen Gerichtstermin in der Nähe hatte. Während ich dort anstand, habe ich nochmal darüber sinniert, wie sich aus dem es-geht-alles-schief-Tag, so etwas Gutes entwickeln konnte. Ich musste verschlafen, die Wäsche nicht aufhängen, abends was bestellen, deswegen mein Portemonnaie vergessen und super spät dran sein, damit ich über Tim meinen Fahrschein ins Glück bekommen konnte.

Trotzdem weiß ich noch nicht, wie ich es schaffen soll, Tim heute Abend auf dem Weihnachtsmarkt zu treffen, da ich noch so viel für Morgen, eine große Verhandlung im Amtsgericht Charlottenburg, vorzubereiten habe. Bei dem

Gespräch mit Herrn Lechner muss ich unbedingt meine Arbeitslast ansprechen. Das ist nächste Woche.

Als Deborah am späten Nachmittag mit noch weiteren Akten zum morgigen Fall vorbeikommt, Beweise, die die Gegenseite erst heute eingereicht hat, natürlich direkt vor der Frist, beschließe ich, dass ich es nicht schaffen kann und schreibe Tim.

Ich schlage die Hände über dem Kopf zusammen, als ich überlege, was ich schreiben soll und was für einen Alternativvorschlag ich habe. Eigentlich nur Samstag oder Sonntag. Mensch, Sonntag ist schon der 1.Advent! Zwei Wochen in Folge ihn wegen der Arbeit versetzen? Ich fühle mich ganz elend.

Emma hatte mir auch nochmal geschrieben und gefragt, wann wir Keramik bemalen wollen. Izzy und die anderen wollten auch, dass wir mal gemeinsam auf den Weihnachtsmarkt gehen. Natalie ist nur noch einen Monat hier fürs erste.

Wie soll ich das alles unter einen Hut bekommen? Gleichzeitig habe ich aber auch ein super schlechtes Gewissen, Tim schon wieder zu vertrösten.

Ich tippe die Nachricht an Tim und atme nochmal durch, bevor ich mich wieder an die Akten mache, da steckt Izzy ihren Kopf in die Tür. Mit ihr habe ich die letzten Tage auch kaum geredet. Wir hatten gar keine Zeit, nochmal ausführlicher zu quatschen.

»Hey Süße, ich mache jetzt Feierabend. Mach nicht mehr so lange, ja?« Ich nicke zustimmend, während ich innerlich hinter dem Rücken meine Finger verschränke.

»Ich kenn dich doch«, sagt Izzy dann. »Du musst wirklich mit den Chefs sprechen!«, ergänzt sie mit dem metaphorisch gehobenen Zeigefinger und verlässt mit einem letzten Winken das Büro. Bevor ich wieder loslege, sehe ich mein Handy blinken.

›Schade! Hast du schon was zu Abend gegessen? Nicht dass du im Büro verhungerst. Ich bin schon in der Nähe, ich könnte dir was bringen ;)‹

Oh, wie süß ist das denn bitte? Jetzt wo er es vorschlägt, merke ich, dass ich tatsächlich bald etwas essen müsste. Wir haben zwar immer Obst und Kekse in der Küche und ich habe auch Müsliriegel in der Schublade, aber das wäre schön. Das würde mir nochmal etwas Extrapower geben, diese Nachtschicht zu schaffen.

Eigentlich ist es zwar nicht gern gesehen, aber jetzt um die Uhrzeit, kann es mir niemand verübeln, wenn mein ... ja, was eigentlich? Mein Freund? Ein Freund? mir Abendessen bringt. Was soll‘s, mein Wunsch Tim zu sehen überwiegt etwaige Befürchtungen.

Ich stimme zu und gebe ihm entsprechenden Hinweise, um in unser Gebäude zu kommen. Anschließend sage ich dem Empfang unten Bescheid, dass ich Tim Schumann erwarte, damit er reingelassen wird. Danach widme ich mich wieder meinen Akten und komme ganz gut voran, bis mich meine Blase daran erinnert aufzustehen und das Badezimmer aufzusuchen.

Das Büro ist fast ausgestorben, nur bei Auerbach Junior brennt noch Licht. Ich beschließe kurzerhand schon mal Besteck mit in mein Büro zu nehmen und gehe in die Küche. Während ich die Besteckschublade nach einer weiteren Gabel durchforste, anscheinend sind sie alle in der Spülmaschine, höre ich plötzlich jemanden eintreten.

»Hallo Emily. Schön dich zu sehen.« Justus ist auch in die Küche gekommen, wahrscheinlich auf der Suche nach einem Abendsnack.

Ok, Emily, ganz entspannt. Biete ihm keine Angriffsfläche, denke ich bei mir und schlucke das ›das kann ich nicht zurückgeben‹ herunter. Denn je mehr ich diese Ironieschiene bespiele, desto mehr habe ich den Eindruck seinen Jagdtrieb zu reizen. Also ganz gelassen, als fände ich es nicht unangenehm mit ihm in einem Raum zu sein.

»N'Abend« , sage ich deshalb und widme mich wieder der Schublade, während ich überlege einfach noch irgendwas aus der Schublade zu nehmen und zu gehen, oder nochmal in der Spülmaschine zu schauen. Justus kommt in der Zwischenzeit immer näher auf mich zu.

»Aber, aber, meine Liebe. Bist du nicht erfreut mich zu sehen?« Meine Alarmglocken schrillen. Rückzug ist angesagt, vor allem da ich mich in der hintersten Ecke der Küche befinde und mich sonst an ihm vorbeiquetschen muss.

Ich erwidere »Eher nicht«, während ich mir ein Messer und einen Löffel schnappe und versuche die Küche an Justus vorbei zu verlassen.

Plötzlich schnellt Justus Arm an mir vorbei zur Arbeitsplatte und versperrt mir damit den Weg.

»Nicht so schnell, Emily«, sagt er genüsslich langsam, während er sich direkt vor mich stellt und auch noch die andere Hand auf die andere Seite neben mir auf die Arbeitsplatte legt. Ich werde etwas panisch, versuche aber weiter ruhig zu atmen.

»Lass mich gehen, Justus. Das ist nicht professionell und auch nichts, was ich möchte«, schaffe ich es noch zu sagen, obwohl ich selber höre, wie meine Stimme zittert.

»Ach, meine Süße«, sagt er und rückt noch näher an mich heran. »Wir wissen doch beide, dass das nicht stimmt. Du stehst darauf, dass ich dich anmache und gibst dich gerne unnahbar. Das ist Teil des Spiels.« Ich will gerade antworten, dass das alles nicht stimmt, dass ich gleich schreie, oder ihm endlich mit dem Knie in die Eier treten werde, aber ich stehe unter Schock. Ich versuche mich zu sammeln als er fortfährt »Und mir gefällt es, sehr sogar. Aber heute will ich meinen Preis.«

In einer fließenden Bewegung drückt er mich an sich,

seine Lippen auf meinen Mund, eine seiner Hände an meinem Po, die anderen an meinem Rücken. Ich versteife noch mehr, höre auf zu atmen und erst als er probiert mir die Zunge in den Mund zu stecken, fällt mir ein, dass ich nicht wehrlos bin. Ich will gerade meinen Stand verlagern, um mein Knie heben zu können, da höre ich ein erschrecktes Keuchen von der Tür.

»Emily?« Dort steht Tim und mir wird vor Erleichterung ganz flau im Magen. Justus zieht sich etwas zurück und ich nutze den Moment um mich zu lösen. Anscheinend kann er die Situation nicht einschätzen.

»Oh Tim, Ich bin so froh, dass du da bist!« sage ich erleichtert, während ich ein paar Schritte auf ihn zugehe.

Aber Tim macht keine Anstalten auf mich zuzugehen. Im Gegenteil. Er stellt seine Tüten auf dem Tisch ab und meint nur »Das sehe ich.« Dann sieht er mich traurig an. »Länger arbeiten, ja? Es tut mir leid, Emily, aber du wirst dir jemand anderen suchen müssen zum dumm verkaufen.«

Damit dreht er sich um und geht. Erst in diesem Moment wird mir klar, wie das auf ihn gewirkt haben muss. Ich war so erleichtert, dass ich daran gar nicht gedacht habe. Scheiße, denke ich bei mir. Justus kommt einen Schritt auf mich zu und lächelt wieder süffisant. Das reicht. Jetzt werde ich wirklich wütend. Sein ekelhaftes Verhalten versaut mir schon das ganze letzte Jahr. Wir leben im 21.Jahrhundert, es kann nicht sein, dass nur weil er der Sohn vom Chef ist, ich das toleriert habe.

Mensch, was hatte ich nur für eine Angst, dass mir keiner glaubt. Das alle denken, ich hätte das provoziert. Aber daran wird sich nichts ändern, wenn sich nicht mehr Frauen wehren und Männer wie Justus anscheinend denken, das ist nur ein Spiel.

»Wie nett, jetzt haben wir was zur Stärkung für danach«, sagt Justus dann und kommt wieder näher. Shit, soll ich ihm jetzt die Meinung sagen oder lieber schnell Tim hinterher?

Die Antwort auf diese Frage brauche ich nicht mehr, da Justus mir wieder seine Hand auf die Hüfte legt. Diesmal bin ich aber nicht erstarrt, sondern gebe ihm eine Backpfeife, die sich gewaschen hat. Dann richte ich mich zu voller Größe auf, während Justus sich seine Wange hält und mich erstaunt ansieht.

»Wage es ja nicht, mich nochmal zu berühren, oder sexistisch anzusprechen. Sonst bleibt es nicht bei der Verwarnung hier im Büro, sondern wir sehen uns vor Gericht. Dies gilt auch für alle anderen Frauen auf diesem Planet!« Dabei imitiere ich so gut es geht den wenn-Blicke-töten-könnten Blick von Izzy. Justus sagt nichts und das ist auch gut so, denn ich habe keine Zeit mehr zu verlieren, wenn ich noch mit Tim sprechen möchte.

Ich drehe mich auf dem Absatz um und gehe höchst würdevoll aus der Küche, nur um dann zum Aufzug zu sprinten. Natürlich ist Tim nicht mehr da. Ich drücke wie eine Verrückte auf den Knopf, als würde es dazu führen, dass der Aufzug schneller kommt. Mein Herz klopft wie verrückt, aus Angst, dass Tim mir nicht glaubt, aber auch Stolz, endlich meine Frau vor Justus gestanden zu haben. Endlich kommt der Aufzug und fährt unfassbar langsam ins Erdgeschoss. Unten angekommen, hechte ich aus dem Aufzug. Als ich am Empfang vorbeilaufe, rufe ich dem Nachtportier zu:

»Der junge Mann, der eben nach unten kam, wohin ist er gegangen?« Der Portier deutet in Richtung der S-Bahn. Das macht auch Sinn. Ich renne zum S-Bahnhof, über den Weihnachtsmarkt am Potsdamer Platz, wo wenn meine Arbeit nicht wäre, wir jetzt stehen und Glühwein trinken würden. Allerdings vermutlich mit meiner dicken Jacke, denn um Tim noch zu erwischen, bin ich so wie ich war, rausgerannt. Ich muss einigen Leuten ausweichen und mein

Tempo drosseln, nicht das ich es auch sowieso nicht länger schaffe zu rennen.

Endlich an der S-Bahn, haste ich die Treppen hinunter. Und gelange gerade an das Gleis, als eine S-Bahn in Richtung Süden ihre Türen schließt. Ich gehe näher, um einen Blick in die Waggons zu erhaschen, als die S-Bahn anfährt und tatsächlich, im zweiten Wagen steht Tim. Er sieht mich allerdings nicht.

Ich will Tim anrufen, als mir einfällt, das ungefähr alles, nicht nur meine Jacke, auch meine Tasche, mein Handy, mein Geld und mein Schlüssel noch im Büro ist. Shit.

Eigentlich fühle ich mich jetzt in meiner Kraft gegenüber Justus, aber wer weiß wozu er in der Lage ist, jetzt wo ich ihm die Pistole auf die Brust gesetzt hat. Dafür bin ich dann doch ein zu großer Schisser, als um zurück ins Büro zu gehen und in Gefahr zu laufen wieder allein mit ihm zu sein. Ich überlege meine Optionen. Wer wohnt nah genug und ist jetzt Zuhause, dass ich bei ihm übernachten kann? Wie vertrackt ist meine Situation mal wieder bitte? Meine Eltern und Schwester wohnen zu weit weg.

Am besten zu Izzy, sie wohnt am nächsten und hat bestimmt auch Business-Kleidung, die ich morgen anziehen kann. Wie fahre ich dann jetzt am besten? Ah, die nächste S-Bahn in Richtung Norden. Vier Minuten noch. Ach Mist. Tim wird denken, dass er mir nichts bedeutet, wenn ich mich jetzt nicht mehr bei ihm melde heute. So eine Kacke. Langsam fange ich an zu frieren und laufe etwas auf und ab, um mich warm zu halten. Wenigstens ist es hier unten wärmer als an einer Bushaltestelle.

»Na, wenn das mal nicht meine liebe Freundin Emily ist«, höre ich da eine näselnde Stimme und im nächsten Moment steht Amelie direkt vor mir, in einer glitzernden Abendrobe und Pelzmantel. An ihrer Seite natürlich wieder das GQ-Model. Irgendwie passen sie überhaupt nicht hier in den S-

Bahnhof. Ich muss mir unvermittelt das Grinsen verkneifen.

Warte mal, muss ich das? Eigentlich muss ich gar nichts. Der Abend war so grausam, eigentlich ist es doch perfekt, wenn ich das wenigstens mit Humor nehmen kann.

Also lache ich los. Schon allein der Gesichtsausruck auf Amelies Gesicht ist es wert. So verdutzt und sprachlos, allerdings hält es nicht lange an, bevor sie ihre Sprache wiederfindet.

»Was ist los, Emily? Bist du betrunken? Ist das auch der Grund für deinen fehlenden Mantel? Können wir dir irgendwie helfen?« Ihren letzten Satz begleitet ein süßliches Lächeln, das dafür gedacht ist, hilfsbereit zu wirken, zumindest schließe ich das aus dem kurzen Kontrollblick zu ihrem Verlobten, der den Köder zu schlucken scheint.

Auf einmal bin ich schrecklich müde. Müde dieses Schauspiels, der Scharade, das eine sagen, dass andere meinen. Ich habe keine Lust mehr generell wütend auf sie oder irgendwen zu sein, denn das vergiftet nur alles. Ebenso wie Geheimnisse, denke ich reumütig, während ich an die Ereignisse des Abends denke.

»Nein, Amelie, danke der Nachfrage, ich bin klarer denn je. Dafür brauche ich vor allen Dingen keine zweideutigen Gespräche, vorgeheuchelte Nachfragen oder die Freude über die Demütigung anderer. Mir geht es um wahre Freude, Liebe und das tun, was mir gut tut.» In dem Moment fährt die Bahn ein. Amelie sieht mich verdutzt an.

»In diesem Sinne, wünsche ich auch dir ein erfülltes Leben, aber bitte treibe nicht mehr diese Spielchen.« Ich nicke ihrem Verlobten kurz zu, bei dem ich sehen kann, wie es im Kopf rattert und lächle Amelie an, bevor ich in die Bahn steige. Ich sehe wie er eindringlich auf sie einredet, bevor die Bahn wieder losfährt und muss lächeln. Ich fühle mich seltsam frei. Frei von Justus. Frei davon, was die Leute sagen oder davon halten, dass ich ohne Jacke unterwegs bin.

Ich suche mir einen Sitzplatz und lasse mich auf den Sitz fallen. Mein Kopf sinkt an die Fensterscheibe und ich schlinge meine Arme um meinen Körper. Alles woran ich denken kann, ist Tim und was er jetzt wohl vermutlich von mir denkt. Und alles nur, weil ich mich nicht vorher getraut habe, von Justus zu erzählen oder von seinem aufdringlichen Verhalten zu berichten.

Tagsüber die taffe Anwältin im Gerichtssaal, aber trotzdem fehlte mir gegenüber Justus die Kraft meine Frau zu stehen. Aber das wird jetzt anders werden. Gleich morgen früh werde ich als erstes zu Herrn Lechner gehen und mit ihm über die Verhältnisse sprechen. Es kann nicht sein, dass er damit weiter durchkommt. Ebenso werde ich auch ansprechen, wie viel Arbeit ich in den letzten Monaten und Jahren immer abends und an Wochenenden übernommen habe und dass ich diese Arbeitslast nicht weiter tragen kann.

Bei diesem Gedanken fällt mir ein Stein vom Herzen. Mir war gar nicht bewusst, wie viel ich da geschultert habe, denn mir sind die Fälle unserer Klienten sehr wichtig. Ich denke, wir brauchen wirklich noch weitere Mitarbeiter, um diese Menge an Fällen weiter bearbeiten zu können.

Meine Gedanken wandern wieder zu Tim. Was für ein Schlamassel! Ich lege meine Arme enger um mich, als ich Nordbahnhof aus der Bahn steige und zu Izzys Wohnhaus laufe. Gott sei Dank ist es nicht so weit, denn langsam bin ich wirklich durchgefroren. Ich erreiche das Gebäude und sehe, dass in ihrem Wohnzimmer noch Licht brennt. Glück gehabt, sie ist zu Hause und wach! Ich klingele und kurz da darauf erklingt der Türsummer.

Oben angekommen mustert sie mich erst mal von unten bis oben und fragt »Was ist denn mit dir passiert und wo ist deine Jacke?«

»Gleich, dafür brauche ich erst mal etwas zu trinken. Hast du was da?«

»Na, klar! Was möchtest du denn? Tee oder etwas stärkeres?« Ich bin mir erst nicht sicher, was ich will. Lieber alles in Alkohol ertränken oder ein Heißgetränk?

»Ich glaube ein Tee wäre jetzt genau das Richtige und vielleicht hast du auch eine kuschelige Strickjacke?«

»Ja, klar!« Sie reicht mir eine graue Strickjacke von ihrer Garderobe. Daraufhin gehen wir in ihre Küche. Izzy stellt das Wasser an und öffnet einen der Küchenschränke, um nach Teebeuteln zu suchen.

»Welche Sorte hättest du gerne? Ich hätte im Angebot: heiße Liebe oder Winter Punsch.« Ihre Augenbrauen wandern nach oben, als sie von heißer Liebe spricht.

»Dann nehme ich den Winter Punsch. Von heißer Liebe hatte ich heute schon genug.« Ich kann mir das Grinsen nicht verkneifen.

»Jetzt schieß schon los, was machst du um diese Uhrzeit ohne deine Jacke und deine Tasche hier?«

»Das ist eine lange Geschichte«, beginne ich und erzähle ihr dann von meinem Abend. Dass ich es nicht geschafft habe, mit Tim auf den Weihnachtsmarkt zu gehen und von seiner lieben Idee vorbeizukommen. Dann stoppe ich.

»Es gibt da noch etwas, was ich dir erzählen möchte.« Sie schaut mich mit großen Augen an ohne mich zu unterbrechen.

»Und zwar«, kurze Pause, »es ist wegen Justus.«

»Ich wusste es«, ruft Izzy sofort.

»Was wusstest du?«

»Nichts Genaues, aber dass irgendetwas zwischen euch war und es schien mir eher einseitig zu sein.«

»Da hast du Recht, er war schon immer aufdringlich, aber ich wollte nichts sagen aus Angst den Job zu verlieren oder dass mir niemand glauben würde. Letztes Jahr bei der Weihnachtsfeier, als wir gemeinsam in der Küche waren, wurde er dann noch aufdringlicher und hat mit mir gegen meinen Willen rumgemacht.« Jetzt ist es raus. Das war doch gar nicht so schwierig. Ich fühle mich erleichtert. Dann erst schaue ich ihr in die Augen. Isabel schaut ungläubig, bevor sie anfängt mich aus zu schimpfen.

»Ach, Emy wieso bist du nicht schon früher damit zu mir gekommen? Und wieso hast du es nicht schon früher angezeigt? Das ist echt nicht okay, so darfst du dich nicht behandeln lassen!«

»Ich weiß!« Ich schlage meine Hände vors Gesicht. »Ich habe mich so geschämt.« Sie streichelt mir über den Rücken.

»Alles ist gut. Es ist nicht schlimm. Es ist gut, dass du es mir jetzt gesagt hast.«

»Und heute hat er mich wieder alleine erwischt in der Küche«, bringe ich etwas stockend hervor.

»Während ich mir gerade überlege, wie ich ihm am besten mein Knie in seine Eier ramme, kommt Tim in die Küche, überrascht uns und schließt völlig die falschen Schlüsse. Ich bin nach einem kurzen Intermezzo mit Justus, wo ich ihm klar gemacht habe, dass es so nicht weitergeht, direkt hinterher, aber habe ihn knapp verpasst. Dann hatte ich trotzdem ein wenig zu viel Schiss alleine wieder zurück ins Büro zu gehen. Und deswegen bin ich hier.«

»Ach Emy. Alles wird gut, ich verspreche es dir und du kannst es Tim bestimmt erklären.«

»Ich bin mir da nicht so sicher. Meine Handtasche ist auch noch im Büro und wenn ich mich jetzt den ganzen Abend nicht melde, wird er sich schon die schlimmsten Szenarien ausmalen. Wenn ich mich dann morgen bei ihm melde, will er vielleicht schon nie wieder etwas mit mir zu tun haben. Aber zumindest weiß ich jetzt, dass ich deswegen auf jeden Fall mit den Chefs sprechen muss, damit er sich nicht auch zukünftig anderen Frauen gegenüber so verhält. Auch wenn ich froh bin, dass trotz allem das mit Justus jetzt raus ist.« Izzy sieht mich intensiv an. Sie nimmt einen Schluck von ihrem Tee.

»Ist dir schon wieder etwas wärmer oder möchtest du vielleicht noch ein Bad nehmen?«

»Es ist schon viel besser. Ich glaube ich würde aber trotzdem gerne heiß duschen und mich dann einkuscheln.« Wir machen uns fertig fürs Bett und nachdem wir weiter beratschlagt haben, wie wir vorgehen können bezüglich Justus Verhalten mir gegenüber, falle ich, ganz entgegengesetzt meiner Überzeugung nicht schlafen zu können und mich die ganze Nacht nur herum zu wälzen, in ein tiefen traumlosen Schlaf.

KAPITEL 20

Den Morgen beginnen Izzy und ich mit einem Kaffee, Grapefruit und Müsli bei ihr in der Küche. Sie hatte mir schon gestern Abend Kleidung rausgesucht und ich kann sogar einen ihrer Wintermäntel zur Arbeit anziehen. Auf dem Weg zur Arbeit besprechen wir noch mal unseren Masterplan, um Justus Verhalten nicht ungestraft zu lassen, Tim zurückzugewinnen und meine Arbeitslast zu reduzieren.

Als wir die Kanzlei betreten, kommt Justus auf uns zu mit einem gewinnenden Lächeln, das vermutlich jeden außer uns täuschen könnte. Doch Isabel hatte heute Morgen schon unsere restliche Büro Crew instruiert ohne Details herauszugeben, sodass sie jetzt nur Stefanie ansehen muss. Diese reagiert sofort in dem Moment, in dem Justus uns erreicht.

»Herr Auerbach Junior, sie müssen sofort im Büro ein Telefongespräch entgegennehmen. Es ist Frau Doktor Nielsen.« Gut gespielt denke ich bei mir, denn Frau Dr. Nielsen ist eine unserer Haupt Klienten. Justus Blick wandert von mir zu Stefanie, hin und hergerissen zwischen seinen Pflichten und seinem Bedürfnis mich zum Schweigen zu bringen.

Schließlich ergänzt Stefanie »Es ist wohl dringend!« und blickt ihn so unschuldig an, dass er in Richtung seines Büro sprintet. Stefanie schaut uns an.

»Los, ihr habt nicht viel Zeit. Sobald er merkt, dass niemand am Telefon ist, wird Petra ihn noch kurz ablenken. Aber Doktor Lechner und Herr Auerbach sind jetzt bereit, das ist eure Chance!« Izzy und ich sputen in das Büro von Herrn Auerbach und schließen gerade die Tür, als wir sehen, wie Justus aus seinem Büro stürmt und dabei von Petra angehalten wird. Ich nehme Platz, Herr Auerbach Senior und Herr Lechner sehen mich aufmerksam an, Izzy positioniert sich bei der Tür. Ich atme tief ein und aus. Will ich das wirklich tun? Ich blicke zu Isabel, sie sieht mich bestärkend an.

«Entschuldigen Sie dieses kurzfristig anberaumte Meeting, aber es ist sehr wichtig. Ich bitte Sie, mich auf jeden Fall ausreden zu lassen und auch Justus weg zu schicken, falls er gleich hinein stürmt. Es ist wichtig für mich, erst meine Seite der Ereignisse darstellen zu dürfen.«

»Guten Morgen Frau Roberts. Nun denn«, antwortet Herr Lechner, auch Senior macht eine zustimmende Geste. Mein Herz klopft, vor allem da ich weiß, dass ich nicht mehr viel Zeit habe und wieviel von der genauen Formulierung und Auffassung der beiden abhängt.

»Es ist so, dass Herr Auerbach Junior mich über die Maße eines kollegialen Verhältnisses interessant und attraktiv findet und mir das schon häufiger gegenüber zum Ausdruck gebracht hat. Ich habe versucht dies zu ignorieren, da ich zu keinen Konflikten in der Kanzlei führen wollte und ich außerdem Angst hatte, dass wenn sein Wort gegen meins steht, sie mir nicht glauben werden.« Ich habe bisher fast nur auf die Tischplatte gesehen, um mich zu konzentrieren und den Mut aufzubringen dies auszusprechen. Allerdings sehe ich jetzt, dass sowohl bei Herrn Lechner als auch bei Herrn Auerbach die Augen Untertassen groß geworden sind und fahre fort

«Allerdings gab es vor kurzem Vorfälle, die ich nicht weiter ignorieren kann und weswegen ich mich entschieden habe zu kündigen, da ich nicht weiter mit Herrn Auerbach zusammenarbeiten kann.« In dem Moment ertönt ein Rütteln an der Tür und wir sehen Justus hinter der gläsernen Tür stehen. Während Isabel mich nur mit offenem Mund anschaut, denn das war nicht das was wir besprochen hatten.

Das stimmt, es ist mir eben einfach so rausgerutscht. Eigentlich hatten wir einen anderen Plan, indem ich meine Stunden reduzieren wollte und dass sich die Chefs was für Justus überlegen sollten. Falls es nicht zufriedenstellend wäre, würde ich Anzeige erstatten.

Aber eben im Eifer des Gefechts hat sich das einfach am besten angefühlt. Vielleicht war das der Arschtritt, den ich gebraucht habe, um mir eine Firma zu suchen, die besser zu meinen sozialen und ökologischen Ansichten steht. Gerade kann ich es nicht mehr mit mir vereinbaren hier zu arbeiten.

All die Gedanken gehen mir in Sekundenschnelle durch den Kopf. Ich sehe wie sich Herr Auerbach Senior und Herr Lechner sprachlos anschauen und wie Izzy jetzt aktiv versucht die Tür zu zu halten. Als ich Justus vor Wut verzerrtes Gesicht erblicke, spüre ich in mir, dass es vielleicht echt gut sein kann noch einmal woanders anzufangen, um genau das zu finden, was für mich besser passt.

Natürlich werde ich Isabel und die anderen Mädels vermissen, aber vielleicht kann ich mich selbst mehr verwirklichen. Herr Lechner scheint seine Stimme wiedergefunden zu haben.

»Bitte Frau Roberts, lassen Sie uns nochmal über Ihre Entscheidung reden. Ich schätze Ihre Arbeit und Ihre Vision dieser Kanzlei sehr.« Er setzt an weiter zu sprechen, doch in diesem Moment stürmt Justus hochroten Kopf in das Büro. Izzy springt zur Seite, um nicht von der Tür getroffen zu werden. Er sprudelt nur so los:

»Glaubt ihr kein Wort! Sie will mich nur als Konkurrenten ausschalten, um selber hier Teilhaber zu werden.« Ich muss in mich hinein grinsen, da hat er mich wohl unterschätzt. Er konnte sich nicht vorstellen, dass mir das gerade überhaupt nicht mehr wichtig sein könnte und deswegen seine Behauptung auch nichtig werden würde. In diesem Moment wird mir klar, dass mir eigentlich ziemlich egal ist, was mit Justus weiter passiert. Klar, möchte ich dass er eine Lektion erhält und aufgrund dieser nie wieder Frauen belästigt. Allerdings ist mein Rachedurst verschwunden.

Aus diesem Grund erhebe ich mich und sage ruhig aber bestimmt »Das wird nicht mehr nötig sein, da ich mit rechtlicher Wirkung die Kanzlei verlasse.« Der Blick auf seinem Gesicht ist es dann doch irgendwie ein bisschen wert. Ich nicke Herrn Lechner und Herrn Auerbach Senior zu.

»Meine Herren«, verabschiede ich mich und verlasse dann mit Isabel an meiner Seite den Raum. Endlich kann ich dieses Geheimnis und meine Hilflosigkeit damit umzugehen hinter mir lassen.

Auf dem Weg in mein Büro berührt Izzy meine Schulter in Anerkennung für das, was ich gerade getan habe.

Dabei wird mir klar, dass mir gerade nur noch eins wichtig ist: nämlich Tim! Mich bei ihm zu melden und alles klarzustellen. Endlich in meinem Büro angekommen fallen Isabel und ich uns in die Arme.

»Danke Izzy. Du bist wirklich ein Schatz!«, sage ich.

»Dafür sind Freundinnen doch da!«

»Du bist einfach der Wahnsinn, aber jetzt will ich nur noch mit Tim sprechen.« Ich schnappe mir meine Tasche und krame nach meinem Handy. Als ich es endlich finde, sehe ich, dass ich nur noch ganz wenig Akku habe. Also jetzt zügig. Isabel lässt sich in einen meiner Besuchersessel sinken. Ich versuche Tim anzurufen, aber er geht nicht dran. Das war eigentlich zu erwarten. Ich tippe eine Nachricht:

›Hallo Tim, es tut mir so leid, was gestern passiert ist. Ich weiß, es klingt wie aus einem Film, aber es war nicht so, wie es aussah. Mein Arbeitskollege Justus stellt mir schon seit längerer Zeit nach und hatte gestern Abend, wie er dachte, einen guten Zeitpunkt erwischt, um mich in die Ecke zu treiben. Ich hoffe, du gibst mir eine Chance dies und alles was danach passiert ist persönlich zu erklären. Denn du bist mir wirklich wichtig. Alles Liebe, Emy‹ Ich tippe auf senden und schaue dann, was ich sonst seit gestern Abend verpasst habe. Eine Nachricht von Natalie und von meiner Schwester, gerade als ich sie lesen will, geht mein Handy aus.

»Hast du ein Ladekabel mit diesem Anschluss?«, frage ich Izzy.

»Nein, leider nicht, aber vielleicht einer der Mädels. Sie sind sowieso super gespannt darauf zu erfahren, was eigentlich los ist.« Also machen wir uns auf in das Büro von Petra und den anderen. Als wir eintreten befallen uns alle mit Fragen.

»Was war denn das gerade für ein Showdown?«

»Was ist mit Justus passiert?« All die Fragen prasseln auf uns ein.

«Langsam, eins nach dem anderen«, sage ich dann und erzähle den Mädels von Justus Verhalten, dem heutigen Gespräch und was gestern passiert ist, als Tim reingekommen ist. Begleitet wird dies von ein paar besonderen Gesichtsausdrücken und Ahs und Ohs. Schließlich kommen wir darauf, dass ich mich seit gestern Abend nicht mehr melden konnte und jetzt mein Handy Akku alle ist. Hilfsbereit reichen mir Annika, Deborah und Petra ihre Ersatz-Ladegeräte, die sie hier im Büro haben. Aber keins von ihnen passt. Shit, shit, shit.

»Was soll ich jetzt bloß machen?« spreche ich meine Verzweiflung laut aus.

»Hast du heute irgendwelche Gerichtstermine?«, fragt Deborah.

«Nein, eigentlich nicht.«

»Na dann ab mit dir nach Hause, oder in den nächsten Media Markt. Alles Weitere kannst du mit den Chefs auch noch Montag besprechen. Deine Arbeit läuft dir nicht weg. Tim vielleicht schon.« Jetzt blicken mich alle abwartend an.

Ich schaue ihnen nacheinander ins Gesicht und entscheide mich dann, genau dies zu tun.

»Du hast Recht. Was habe ich jetzt noch zu verlieren?« Auf dem Weg nach draußen laufe ich an einer sehr verdutzten Frau Dr. Weisberg vorbei, die mir noch hinterherruft:

»Aber Frau Roberts, wohin gehen sie den? Stimmt es, was man hört?«

»Ja, es ist alles wahr. Ich wünsche Ihnen noch ein schönes Leben. Kleiner Tipp am Rande, geben sie dem nächsten Anwalt mehr Freizeit!« Damit betrete ich den Aufzug und schaue in das Gesicht einer sehr verdutzten Frau Dr. Weisberg. Während sich die Aufzugtüren schließen, schließe auch ich meinen Frieden mit dem Weisdrachen.

Auf dem Weg nach Hause überschlagen sich meine Gedanken. Schade, dass ich mein Notizbuch nicht dabei habe, um ein paar von ihnen niederzuschreiben. Was sich alles in meinem Leben verändert hat, seitdem ich meine Handlungen und auch meine Gefühle mehr hinterfrage.

Auch wenn jetzt alles ungewiss ist, bin ich mir dennoch sicher, dass alles gut wird. Ich glaube das ist es, was alle meinen, wenn sie von Vertrauen sprechen.

Das Vertrauen in mich. Das Vertrauen in das Leben, das einem nur die Herausforderungen schenkt, damit man noch größer daraus hervorgehen kann, über sich hinauswachsen kann. Ich weiß, dass ich einen neuen Job finde. Ich bin mir sicher, dass ich in Kontakt bleiben kann mit meinen Mädels. Und dass der neue Job mehr meinen sozialen und ökologischen Einstellungen entsprechen wird.

Ich steige aus der Bahn am Innsbrucker Platz, die Sonne scheint mir ins Gesicht. Ich höre ein paar Vögel zwitschern, ein paar Kleinkinder lachen. Es ist Freitagvormittag und ich fühle mich, wie neu geboren.

Ein neuer Tag, ein neues Leben, das auf mich wartet.

EPILOG
1 Monat später

Ich öffne die Tür des Flughafengebäudes und trete auf den Vorplatz. Gerade habe ich mit anderen Freunden Natalie verabschiedet, die in ein paar Stunden in einem Flugzeug in Richtung Bali sitzen wird. Es war emotional und einige Tränen sind geflossen. Aber die Trennung ist nicht für lange, denn im Mai werde ich sie besuchen.

Die letzten Wochen gemeinsam mit ihr waren so schön und ich freue mich unbändig für sie. Wir waren noch einige Male freitags beim Meditieren. Ihre Abschiedsfeier war einfach der Knaller. Wir haben getanzt, gelacht und uns an unserem Leben erfreut. Danach das gemeinsame Streichen hat fast genauso viel Spaß gemacht. Wir haben nicht nur die Wände, sondern auch uns gegenseitig bemalt.

Ich konnte meine kreativen Talente unter Beweis stellen und habe ein weißes Kunstwerk erschaffen. Nicht nur dort, auch mit meiner Schwester beim Keramik bemalen durfte ich mich frei entfalten. Unsere Eltern haben sich sehr über die dabei entstandenen Unikate als Weihnachtsgeschenk gefreut.

Ach, unser Weihnachtsfest, das war dieses Jahr wieder so harmonisch. Nachdem ich mit dem Thema mit meiner Schwester und Konstantin endlich meinen Frieden geschlossen habe, war es so schön wie noch nie. Man sieht schon langsam eine kleine Kugel bei Emma und sie strahlt voller Freude. Wir stehen uns wieder so nah wie früher, vielleicht sogar noch näher.

Dabei tauschen wir uns auch darüber aus, was wir jetzt für geänderte Routinen haben, im Vergleich zu früher. Bei mir angefangen damit, dass ich mir ab und zu geführte Meditationen anhöre und weiterhin vorhabe, auch ohne Natalie, regelmäßig zu den Abenden zu gehen.

Auch hat sie mich, wie viele andere, dabei belächelt, dass ich jetzt regelmäßig in mein Journal schreibe. Meine Wünsche, meine Träume, auch Ängste. Wofür ich dankbar bin. Durch mein Leben durchzugehen und mich zu fragen, ob mir das gut tut. Meine Erkenntnisse und meine Erfolgserlebnisse.

Nachdem ich an dem Tag meiner Kündigung nach Hause gekommen bin, habe ich weiter versucht Tim zu kontaktieren oder seine Adresse herauszufinden. Danach konnte ich nur warten. Also bin ich erstmal zum Sport, um mich abzulenken und habe mir dann frisches Essen gekauft und mir selber eine Pasta gezaubert.

Als Tim mir dann immer noch nicht geantwortet hatte, habe ich angefangen auszumisten. Das war sehr befreiend. Mir war gar nicht bewusst, dass ich so viele Dinge besaß die ich eigentlich nicht wirklich brauche. Ich hatte etwas zu tun, diese Dinge auf ebay-Kleinanzeigen zu stellen, während ich wartete.

Ich wurde von der Kanzlei kontaktiert und wir einigten uns auf ein weiteres Gespräch am folgenden Montag, um alles weitere zu besprechen. Bei diesem Gespräch ergab sich, dass bei einer der Firmen, die Herr Lechner kannte, eine Anwältin in Teilzeit gesucht wurde. Es stellte sich heraus, dass diese Firma ein Berliner Startup war, deren Idee es war nachhaltigere Lebensmittel zu verkaufen.

Schon die Woche darauf hatte ich ein Vorstellungsgespräch und wir verstanden uns auf Anhieb. Da ich meine Fälle bei Auerbach und Partner noch abwickeln wollte, fange ich erst jetzt zum ersten Januar an. Allerdings bin ich sehr zuversichtlich, dass mich diese Arbeit sehr erfüllen wird und dass ich auch weiter Kontakt zu meinen jetzigen Arbeitskollegen halten werde. Zu Isabel sowieso, aber auch zu den anderen.

Denn was haben wir uns auf der Weihnachtsfeier, nach ein einigen Gläsern Glühwein, hoch und heilig versprochen? Unsere regelmäßigen Mädels Abende sollen am zweiten Donnerstag jedes Monats stattfinden. Bei Auerbach & Partner laufen währenddessen schon Vorstellungsgespräche. Sie suchen nicht nur jemanden für mich, sondern auch für Justus. Isabel hat erzählt Auerbach Senior hätte ihn nach Namibia geschickt, um dort als Anwalt ohne Grenzen Frauen zu helfen, die von ihren Männern schlecht behandelt worden sind. Ohne Witz. Laut Petra, soll der Senior dem Junior ins Gewissen geredet haben. Es gäbe da wohl auch ein Ultimatum. Es ist mir nicht mehr so wichtig. Hauptsache, er belästigt nie wieder eine Frau gegen ihren Willen.

Wahnsinn, was sich alles in dem letzten Monat in meinem Leben geändert hat. Und eins dieser Dinge steht jetzt direkt neben mir. Tim legt seinen Arm um mich. Er sieht mich auffordernd an.

»Na, wieder in Gedanken? Wollen wir?« Eine Welle an Dankbarkeit überrollt mich. Ich drücke ihm einen Kuss auf die Nasenspitze. Gemeinsam begeben wir uns auf den Weg in Richtung S-Bahn. Tim gehört auch weiterhin zu meinem Leben. Er hatte sich an diesem Tag nicht gemeldet, da er vormittags eine wichtige Klausur hatte und später direkt zur Bandprobe ist und dabei nicht daran gedacht hat, sein Handy wieder aus dem Flugmodus rauszuholen.

Als er schließlich meine Nachricht gesehen hat, hat er sich direkt gemeldet und wir haben uns, als wollte uns das Schicksal diesen Weihnachtsmarktbesuch geben, auf dem Weihnachtsmarkt am Schloss Charlottenburg getroffen. Dort konnte ich Tim alles erklären. Er war nach kurzer Irritation ziemlich verständnisvoll und seit diesem Tag, dem ersten Dezember, sind wir offiziell ein Paar.

Vor dem Hintergrund des Schloss Charlottenburg war es ein magischer Abend, vor allem als dann die ersten Schneeflocken gefallen sind. Ich blicke zu Tim und muss lächeln. Seine Hände sind in meine verschränkt und ich könnte nicht glücklicher sein.

Die letzten Tage eingekuschelt auf seinem oder meinem Sofa oder beim Spazieren gehen haben wir sogar schon über eine Reise in die Toskana im September gesprochen. Ganz beseelt davon habe ich schon einige Toskana inspirierte Gemälde gezeichnet. Jetzt wo ich viel Zeit dafür habe, habe ich mich sogar bei einem Malkurs angemeldet, der mir sehr viel Freude bringt.

Am Bahnhof angekommen zieht Tim mich wieder in seine Arme und küsst mich, als wäre ich die einzige und tollste Frau auf der ganzen Welt. Ich fühle mich unbesiegbar und sicher, dass auch wenn es mir mal nicht gut geht, denn auch das hatte ich die letzten Tage zwischendurch mal, dass es mir viel leichter fällt diese Stimme in meinem Kopf auszuschalten, wie beispielsweise jetzt mit diesem Kuss.

Ich nehme sie wahr, aber ich mache mir bewusst, dass ich nicht sie bin und dadurch verliert sie automatisch an Macht und ich kann mich ganz auf den Kuss konzentrieren ohne gegen sie kämpfen zu müssen. Besonders stark war sie noch mal vor ein paar Tagen als Tim eine Überraschung für mich hatte.

Er hat mich an einen Ort in Mitte geführt und wir waren auf einer weiteren Vernissage. Dort hat er mich weiteren Personen vorgestellt und mir eröffnet, dass er dem Besitzer der Galerie einige Fotos von meinen Bildern gezeigt hatte und er mich gerne in der nächsten Ausstellung mit ausstellen würde. Mir blieb vor Unglauben der Mund offen stehen und mein innerer Kritiker hat gleich wieder los gezetert, ›dass das nicht sein kann, mich niemand liebt und niemand meine Bilder mag und dass ich hier in einer Fernsehshow bin, die mich danach dafür auslacht, dass ich darauf reingefallen bin«. Ich habe dann in meinem Kopf liebevoll zur Stimme gesagt, es ist okay. Schließlich bin ich wie ein kleines Kind vor Freude auf und abgesprungen und Tim als auch dem Galeristen um den Hals gefallen.

Wir steigen in die Bahn und ich muss wieder grinsen bei der Erinnerung an diesen Moment. Meine Freude darüber, dass ich bald Teil einer Ausstellung sein werde und dass der Mann an meiner Seite mein Freund ist, ist unbändig. All das wäre nicht möglich gewesen, wenn ich nicht begonnen hätte mich zu hinterfragen und etwas zu verändern.

Ich weiß jetzt, was ich möchte und nicht mag, was mich glücklich macht und dass ich nicht das bin, was diese Kritiker-Stimme in meinem Kopf mir sagt. Ich habe das Vertrauen in mich und in das Leben wiedergefunden und weiß, dass auch wenn es mal gerade nicht so gut ist, es auf jeden Fall wieder gut wird.

Denn alles was ich dafür brauche, ist bereits in mir und ich bin genug.

ENDE

Liebe Leserin, lieber Leser…

Mir ist es eine Herzensangelegenheit, mehr Liebe, Freude und Leichtigkeit in das Leben von Menschen zu bringen.

Deshalb frage ich dich:

Was kannst du heute tun, um die Welt für dich und/oder andere ein klein wenig schöner zu machen?

Dafür habe ich im Anhang ein paar Fragen für dich vorbereitet, die dich dabei unterstützen können, erfüllter zu leben.

Ich würde mich freuen, wenn du mir davon berichtest, wie deine nächsten Schritte aussehen, oder womit du gerade haderst. Wie du mich erreichen kannst, siehst du auf der folgenden Seite.

Als Selfpublisherin, ohne Verlag, sind Rezensionen und persönliche Empfehlungen besonders wichtig für mich. Wenn dir das Buch gefallen hat, freue ich mich riesig über deine Bewertung bei Amazon. Erzähle deiner Oma, deinem besten Freund und deinem Trainingskumpel davon, wenn du denkst, dass es ihnen auch gefallen könnte.

Vielen Dank für dein Vertrauen und dass du dir Zeit für dich genommen hast.

Denn du hast es verdient, glücklich zu sein!

Deine Vivien

Wir müssen bereit sein, uns von dem Leben zu lösen, dass wir geplant haben, damit wir das Leben finden, dass auf uns wartet.

Joseph Campbell

E-Mail: vivibischmann@gmail.com
Instagram: travel.love.mindset
https://www.instagram.com/travel.love.mindset/

Mein Geschenk für dich:
20 Impulsfragen zur Selbstreflektion

Hol dir etwas zum Notieren und schreibe deine Gedanken zu jeder Frage nieder.

- Was beschäftigt dich gerade? Wie ist deine allgemeine Stimmung?
- Welche Gedanken kreisen momentan immer wieder durch deinen Kopf? Sind diese Gedanken wahr?
- Welche Bereiche in deinem Leben fühlen sich momentan kompliziert an?
- Was kannst du tun, um dein Leben schrittweise zu vereinfachen und mehr Entspannung hineinzubringen?

- Welche drei Dinge machen dich momentan besonders glücklich?
- Wenn du dir einen Wunsch erfüllen könntest, welcher wäre das?
- Was magst du? Worauf freust du dich in deiner freien Zeit, am Wochenende oder im Urlaub? Welche Tätigkeiten, Hobbys und Menschen liefern dir Energie? Wann bist du im Flow?
- Wieviel von diesen Dingen, die du magst, sind momentan regelmäßig in deinem Leben integriert?
- Was tust du momentan, um deinen Körper und deinen Geist zu stärken?
- Welche Eigenschaften magst du an dir? Was sind deine Stärken?

- Was würdest du tun, wenn Zeit und Geld keine Rolle spielen würden?

- Was würdest du tun, wenn du nur noch ein Jahr zu leben hättest?
- Was würdest du ausprobieren, wenn du wüsstest, dass du nicht scheitern wirst? (Gamechanger-Frage für mich)
- Welchen Rat würdest du deinem 18 Jahre alten Ich geben?

- Über welches Thema informierst du dich gerne? Welche Suchbegriffe gibst du im Internet ein? Über welche Themen kannst du dich stundenlang unterhalten?
- Welches Problem, welchen Missstand oder welches Vorurteil würdest du gerne bekämpfen?
- Was motiviert dich dazu, über dich hinaus zu wachsen?Wen bewunderst du und warum?
- Welche fünf Dinge möchtest du gemacht haben, bevor du 75 Jahre alt bist?
- Reise in Gedanken zehn Jahre in die Zukunft. Wie sieht dein Traumleben aus?
- Welchen Schritt könntest du schon heute gehen, um deinem Traumleben näher zu kommen?

Über die Autorin:

Vivien Bischmann ist Berlinerin mit einer großen Liebe zum Reisen. Mit ihrem Leben als Autorin, die von überall auf der Welt schreiben kann, ist für sie ein Traum wahr geworden. Niemals hätte sie gedacht, dass ihr Kindheitswunsch, zu schreiben, einmal Realität werden würde.

Ihr aktuelles Buch ist in Sri Lanka, Guatemala und Bali entstanden. Ihre Inspiration holt sie sich aus dem wahren Leben und von den Themen, die uns Menschen bewegen: alte und neue Lebenskonzepte, Erwartungen und Enttäuschungen, die Liebe zu sich und anderen und die Suche nach dem Sinn des Lebens, während in vielen Teilen der Welt große Missstände herrschen.

Neben ihre Familie und Freunde liebt Vivien Yoga, Tanzen, Schokoladeneis und Sonnenuntergänge am Meer.

Danksagung

Ich möchte mich bei all den Menschen bedanken, die in meinem Leben sind. Ohne den Austausch mit euch, eure Unterstützung, wäre ich heute nicht der Mensch, der ich bin und diese Zeilen tippen würde. Meine Familie, meine Eltern und mein Schwesterherz. Meine erweiterte Berliner Familie. Meine Freunde, die mir so sehr ans Herz gewachsen sind. Mit euch kann ich lachen, tanzen, weinen und freue mich auf alles was noch kommt!

Ein ganz besonderer Dank geht an Vicky und Michi. Ohne euer Feedback zum Manuskript, ständig neuen Titeln und Klappentexten, würde das Buch vermutlich immer noch auf meinem Desktop liegen. Danke, dass ihr meine Freundinnen seid, in guten wie in schlechten Zeiten.

Mein nächster Dank geht an Robert, den ich bei Brittas 30. Geburtstag kennengelernt habe, zu einem Zeitpunkt, wo ich schon fieberhaft überlegt habe, wie ich mein Cover gestalten kann. Dank seiner spezifischen Fragen, hat er das Bild in meinem Kopf genial zu Papier gebracht.

Sören, mein Fels in der Brandung, mein Lieblingsmensch, es gibt nicht genug Worte meine Liebe zu dir zu beschreiben. Dir habe ich es zu verdanken, dass ich überhaupt den Mut habe, fremde Menschen meine Worte lesen zu lassen, denn du bist mein größter Cheerleader und mein Partner in Crime.

Und ein letzter Dank geht an meine Leserinnen und Leser, die es mir ermöglichen, meinen Traum vom Schreiben zu verwirklichen. Ohne euch wäre all dies nicht möglich.

In Liebe,

Vivien

Impressum
©2022 Vivien Bischmann
Fahrschein ins Glück
1. Auflage

Vivien Bischmann
Stubenrauchstraße 34
14167 Berlin

© Covergestaltung: Robert Becker
robertbecker.design@gmail.com

Das Werk, Cover und Titel sind urheberrechtlich geschützt. Alle Rechte sind vorbehalten. Jede unautorisierte Verwertung, Vervielfältigung sowie Einspeicherung und Verarbeitung in elektronische Systeme ist unzulässig und wird strafrechtlich verfolgt.

Alle Personen, Orte und die Handlung in diesem Buch sind frei erfunden. Ähnlichkeiten zu realen Personen und Orten sind zufällig und nicht beabsichtigt. Genannte Markennamen und Warenzeichen sind Eigentum der jeweiligen Eigentümer.

Wichtiger Hinweis:

Dieses Buch enthält Vorschläge von Übungen, die tiefgehende Selbstreflektion und –prozesse in Gang bringen können. Bei bestehender oder befürchteteter psychischer Labilität sollte ärztlicher oder psychologischer Rat eingeholt werden, bevor die Übungen durchgeführt werden. Sämtliche Übungen werden von den Leserinnen und Lesern auf eigene Verantwortung durchgeführt, deshalb sind Haftungsansprüche gegenüber dem Autor grundsätzlich ausgeschlossen.

Printed in Great Britain
by Amazon

84193173R00139